打破张力，解密悖论，轻松化解棘手难题

BOTH/AND THINKING
Embracing Creative Tensions to Solve Your Toughest Problems

〔美〕温迪·K. 史密斯 (Wendy K. Smith)　著
〔美〕玛丽安·W. 刘易斯 (Marianne W. Lewis)

笪舒扬　译

中国出版集团
中译出版社

图书在版编目(CIP)数据

灰度思维/(美)温迪·K.史密斯,(美)玛丽安·W.刘易斯著;笪舒扬译.--北京:中译出版社,2025.1

书名原文:Both/And Thinking: Embracing Creative Tensions to Solve Your Toughest Problems

ISBN 978-7-5001-7814-9

Ⅰ.①灰… Ⅱ.①温… ②玛… ③笪… Ⅲ.①思维方法—通俗读物 Ⅳ.①B804

中国国家版本馆CIP数据核字(2024)第066248号

Both/And Thinking: Embracing Creative Tensions to Solve Your Toughest Problems
Original work copyright © 2022 Harvard Business School Publishing Corporation
Published by arrangement with Harvard Business Review Press
Unauthorized duplication or distribution of this work constitutes copyright infringement.
Simplified Chinese translation copyright © (2025)
by China Translation & Publishing House
ALL RIGHTS RESERVED

著作权合同登记号:图字 01-2024-1025 号

灰度思维
HUIDU SIWEI

出版发行 / 中译出版社
地　　址 / 北京市西城区新街口外大街28号普天德胜大厦主楼4层
电　　话 / (010) 68005858,68358224(编辑部)
传　　真 / (010) 68357870
邮　　编 / 100088
电子邮箱 / book@ctph.com.cn
网　　址 / http://www.ctph.com.cn
出 版 人 / 刘永淳
策划编辑 / 杨光捷
责任编辑 / 杨光捷　贾晓晨
文字编辑 / 郑　南　白雪圆
营销编辑 / 白雪圆　郝圣超
版权支持 / 马燕琦
封面设计 / 潘　峰
排　　版 / 潘　峰
印　　刷 / 山东新华印务有限公司
经　　销 / 新华书店
规　　格 / 710mm × 1000mm　1/16
印　　张 / 18.75
字　　数 / 167千字
版　　次 / 2025年1月第1版
印　　次 / 2025年1月第1次

ISBN 978-7-5001-7814-9　　定价:89.00元

版权所有　侵权必究
中 译 出 版 社

温迪：
献给迈克尔，
感谢你成为我的另一半。

玛丽安：
献给我的父亲史蒂夫·惠尔赖特，
您是我的榜样。

| 序 |

纷扰世界，灰度思维彰显力量

在当前这个日益复杂、迷离、不确定的世界，我们从未如此迫切地需要从黑白思维转向灰度思维。艰难险阻无处不在，唯有兼收并蓄、兼容并包，方能迎难而上。我与温迪·史密斯和玛丽安·刘易斯相识多年，她俩试图解读人们所遭遇的挑战背后究竟隐藏着哪些棘手的悖论，并且尝试为人们指明前行的道路。这两位才华横溢的学者基于自己的创新性研究，提出了"张力具有价值"——即便我们极为抗拒张力将我们向相反的方向拉扯。这种认知上的转变十分关键，能够帮助人们找到新颖、持久，并且充满创造力的解决方案。

为何当下灰度思维如此重要

随意浏览一下近几年的头条新闻，我们就会发现，冲突是常态。在个人、组织和社会等各个层面，我们每天都在努力应对持续不断的冲突。起初，一场全球性大流行病蔓延至世界各国，带来了巨大的破坏，从各个方面改变了人们的物质、精神和经济生活。伴随着大流行病的持续影响，工作和生活之间的冲突日益加剧，直至失控，引发了所谓的"大辞职"浪潮——员工大规模地辞职，离开原先的岗位，寻求薪酬更高、更灵活、更有意义的工作。一些关键性事件（从自然灾害到明尼阿波利斯市民乔治·弗洛伊德谋杀案）引发了社会关于人道主义和全球性挑战的激烈争论。然而，这些事件非但没有使人们团结起来，反而加剧了政治分歧。地球生态可持续发展、社会公平公正、人人拥有经济机会等，似乎成了不可能实现的梦想。以联合利华的前首席执行官保罗·波尔曼（本书将会介绍）为代表的商业领袖，已经开始呼吁商业界保护脆弱的环境，停止破坏。不过，进展依旧十分缓慢。我们依然面对着各种各样、纷繁复杂且十分棘手的问题。

温迪和玛丽安认为，理解悖论的含义（她们将其定义为持续存在且相互依存的矛盾）对于解决悖论所致的难题来说至关重要。通过她们的文字我们会发现，悖论无处不在。我们也会感受到相互冲突的需求将我们向相反的方向拉扯：今时与明日，自我与他者，保持稳定和寻求改变之间都存在冲突。我们希望无论是正在想方设法应对全球性大流行病的国家领导人，还是试图灵活应对市场变化的各类组织机构的领导者，抑或是在自己的职业生涯中奋力挣扎的个体，人人都能"拥抱"冲突。温迪和玛丽安提出，通过"拥抱"冲突，人们能够在应对挑战时保持创造力和活力。

我同温迪和玛丽安一样，也在自己的研究中体会到跨界挑战的价值（我的研究主要关注组织中的学习和团队合作）。在知识密集型和专家密集型环境下，成功的关键在于持续学习。并且，长期的团队合作也越来越重要——跨知识领域、跨层次、跨时空与人进行沟通和协调。学习与合作的过程都充满了张力。学习要求我们尊重今日旧识，同时也要保持开放心态，才能接受明日新知。团队合作则仰赖于强大的个人力量，同时也需要为集体利益牺牲个人需求和偏好。这些悖论使持续学习和团队合作既有利又颇具挑战性。如果没有安全的人际环境，人们无法坦诚相待，那么应对悖论的过程将会困难重重。我的研究以及其他几位学者和实践者的后续研究表明，心理安全——一种能够自如地表达自我、做自己的状态，能够使团队更有效地学习。然而，"心理安全"这一概念也包含着悖论的张力：脆弱需要勇气。我认为，勇气和心理安全是同一枚硬币的两面。一方面，心理安全来自某种低人际风险的环境；另一方面，承担这些风险的个体必须有勇气，因为他们不能事先就知晓自己的所作所为会受到褒奖还是惩罚。如果一个人既想表达自己的想法，又担心会被别人否定，那么他就会陷入困境。我发现，身处困境时，能清晰地意识到自己身处什么样的困境会对我们很有帮助。人们都应该关注这种张力！这样一来，我们就能与他人对话，获得帮助，从而更好地应对冲突，找到前进的道路。

温迪和玛丽安的书之所以如此引人入胜，是因为她们不仅仅指明了我们所面临的悖论，而且还提供了应对的方法，将这些看似无解的难题变成了创造力和可能性的源泉。基于二十五年以上的研究经验，她们介绍了一些工具，并展示了这些工具如何在一个集成化系统中共同发挥作用。在她们的思想中，美好和力量并存。我相信，未来几年内，领导力培养课程将广泛应用她们的悖论系统。

为何我因温迪和玛丽安撰写了这本书感到兴奋

我第一次见到温迪时,她还是哈佛商学院的一名博士研究生,我有幸担任她的毕业论文答辩委员会的委员。她研究了美国国际商用机器公司(IBM)的高层领导们如何在维持公司现有产品和服务的同时追求创新。他们意识到在提升未来收益的同时,也必须管理好当前收益。通过这一研究,她提出了关于"悖论"的想法。虽然她的研究聚焦于悖论有其合理性,但也极具风险。尽管关于悖论的探讨可以追溯到几千年前,而且在20世纪七八十年代,像查尔斯·佩罗、安迪·范德文、马歇尔·斯科特·普尔、鲍勃·奎因和金·卡梅伦这样有影响力的管理学领域的学者都曾在组织理论中探讨过悖论,但这些年来,这一流派悄无声息。然而,温迪并未因此放弃。

对于温迪来说,幸运的是,玛丽安也在大胆地开拓创新,试图在商业研究中探索悖论。而对于我来说,幸运的是,多年前我遇到了玛丽安——她的父亲曾是我在哈佛商学院工作时的一位资深同事,经他介绍,我与玛丽安相识。玛丽安曾经撰写了一篇关于悖论的开创性论文,结合了哲学与心理学的经典理论和组织行为学研究。组织行为学是我们共同的领域,这一领域正在兴起,但相关研究仍十分有限。玛丽安的这篇论文成为一本顶级期刊的年度最佳论文,并很快引起学术界的广泛讨论。

针对这些想法,温迪和玛丽安通力合作,形成了可靠的团队。首先,她们对这些概念进行了理论分析,一起撰写了一篇重要的论文,奠定了悖论的基础。这篇论文成为一本著名的学术期刊在过去十年中被引用次数最多的文章。而后,她们进行了实验研究,拓展

序

并测试关于悖论的基本理论，探索人们该如何驾驭悖论。与她们自己的理念一致，温迪和玛丽安还建立了社群，为那些对悖论感兴趣的学者、商界领袖和其他个体提供相互联络的平台，也为该领域的专家学者组织会议和座谈。在过去的十年里，我们看到全球各地的学者对悖论式管理的性质进行了广泛的研究。温迪和玛丽安还与企业领导人、中层管理人员和一线员工合作，向他们学习，并帮助他们运用这些思想来推动自己的工作。总而言之，温迪和玛丽安推动了"悖论"这一概念的发展，这将对研究和实践带来重要影响，而这种影响恰恰是当下所需的。

最后，温迪和玛丽安强调了灰度思维的力量，认为这种思维方式能够为个体所面临的挑战和全球性危机提供更具创造力和可持续性的解决方案。如前所述，每当我们深入了解困境时，就会发现其中存在持续性的矛盾。因此，悖论会给人带来烦恼，让人崩溃。然而，当我们拥抱其中的创造性冲突时，它们也能激发能量，促进创新。书中呈现的工具和插图为我们提供了宝贵的指导。盼各位读者悉心品读。

艾米·埃德蒙森

哈佛大学商学院，诺华[1]领导力与管理学教授

---

[1] 诺华公司是一家总部位于瑞士巴塞尔的跨国制药企业。该企业在哈佛大学商学院捐赠设立了"诺华领导力与管理学教授"职位，该职位目前由艾米·埃德蒙森担任。此举旨在增强学术机构在相关领域的研究与教育能力。——编者注

目 录

引言 — 01

为何有些问题颇具挑战性？

第一部分 — 17

基石：悖论的风险与机遇

第一章 感知张力 — 19
为何聚焦悖论？为何着眼当下？

第二章 陷入恶性循环 — 46
兔子洞、破坏球和堑壕战

第二部分 — 77

路径：悖论系统

第三章 利用悖论系统实现良性循环 — 79
骡子和走钢丝的人

第四章 转向灰度假设 — 96
培养悖论心态

第五章 建立边界以控制张力 — 134
创造更为明确的结构

第六章 在不适中寻找慰藉　　　　　　　　165
如何运用情绪适应冲突

第七章 激发活力以释放张力　　　　　　　185
做出改变，以免重蹈覆辙

第三部分　　　　　　　　　　　　　　　209
应用：将灰度思维付诸实践

第八章 个人抉择　　　　　　　　　　　　211
是去是留？

第九章 人际关系　　　　　　　　　　　　226
弥合不断扩大的鸿沟

第十章 组织领导力　　　　　　　　　　　246
走向可持续

附录　　　　　　　　　　　　　　　　　275
悖论心态量表

致谢　　　　　　　　　　　　　　　　　281

| 引言 |

为何有些问题颇具挑战性?

在撰写这篇引言时,我(温迪)常常受到干扰。当时,全球新冠肺炎正处于"大流行"状态。封城期间,我们一家五口都试着居家办公或上网课,所以家里很是热闹。

在我写作期间,我那九岁的儿子正坐在餐桌对面,不停地找我帮忙,问我问题。他一会儿想不起来祖姆[1]的密码了,一会儿耳机不好使了,一会儿又想和我聊聊中国。那时,他们班刚巧正在学习中国文化,而且他知道,我在他这个年纪的时候,曾经在中国待了四个月。我很乐意与他互动交流,但是我也倍感压力,难以完成这篇引言的初稿。过去我所构建的工作与生活之间的界限完全被打破了。

我感到越来越懊恼。我的写作陷入一团乱麻(这章的内容我重写了好几遍)。我的儿子错过了不止一节网课(我吓坏了,他倒还好)。我感觉自己身处一场终极拉锯战,工作需要和我儿子的学习需求在两端不断拉扯。

与此同时,我(玛丽安)在另一个城市独自居家隔离。当我与

---

[1] 祖姆(Zoom)是一款视频会议软件。——译者注(后文未标明出处均为译者注)

一位商学院的重要支持者通完电话后，我的内心十分挣扎。他不太满意。十年前，当我还是副院长时，我与他合作创设了一个新的荣誉项目[1]。

现在我们有三个这样的荣誉项目，起初每个项目是为了满足不同的需求。然而，随着时间的推移，这些项目发生了变化，各自的目标逐渐变得模糊。我们需要创新，从而适应快速变化的商业需求和学生需求，同时也要解决品牌混淆和内部低效的问题。

如今，我是美国辛辛那提大学林德纳商学院的院长，可谓肩负重担。经过了长达六个月的策略规划我们发现，如果将这些项目合并为一个项目，结合各个项目的优势，会带来可观的效益。然而，学生、校友和赞助人都十分珍视他们各自的项目。我感到左右为难，不知道该为了未来进行创新，还是尊重传统。大家的情绪越来越不稳定，我也不例外。

人们都说学者研究的问题其实是他们个人所面临的最大难题——研究就是"研究自我"（对于我们来说，其实就是"研究我们自身"）。我们非常认同这种观点。我们进行了长期的学术合作，维系了多年友谊，在这个过程当中，我们彼此分享了在工作和生活中，以及两者交叉时遇到的诸多困扰。我们也曾深夜难眠，思考那些正在给世界带来挑战的、更为宏观的问题，如政治多极化、气候变化、种族不平等、经济正义等。这些问题——无论是个人问题，还是全球性问题——都会加剧冲突。由于共同经历了这一切，我们知道自己并不是单打独斗。冲突使我们成为人，并且使我们彼此联结。古代和现代的

---

[1] 荣誉项目（Honors Programs）指的是美国高等教育中的一种特殊的教育计划，旨在为学生提供更深入、更专业化的学术学习体验。

引言

文学、哲学、心理学、社会学和组织理论等文本都会提醒我们，持续的冲突是永恒的人类境况。

仔细想一想，聚焦于一个你所面临的难题。比如，像我们一样，你也在新冠肺炎疫情期间遇到了育儿难题；抑或是在全球封锁时，你不知该如何才能既保持安全的社交距离，又避免与世隔绝；或许你也必须决定自己是否要接受一份新的工作；是否要解聘一名员工；又或者是否为了一项新的倡议投入资源；你可能会像我们一样，在领导小组、领导业务部门或是领导某个组织的时候感到无力，难以做出重要的战略决策。我们都能轻易地意识到自己所面临的问题。无论是《财富》500强公司的首席执行官，还是企业家、经理、家长、学生，人人都面临着诸多难题，从个人问题到集体性的、组织性的难题，甚至是一些极为严重又棘手的全球性危机。这些令人厌烦的难题消耗了我们很多情绪和精神能量。

那么现在问问自己，为何这个问题如此棘手？当我们大家回顾自己曾面临的挑战，我们通常会回想起自己的不安、犹豫和猜疑。有时候，我们也会想起自己在解决问题过程中的点点滴滴，但我们极少会去了解为何这些问题带来了这么多麻烦。

几十年来，这一疑问一直激励着我们进行研究：我们所遭遇的那些最棘手的问题背后究竟隐藏着什么？而我们又该如何应对？如果我们能更好地抓住问题的根源，那么我们就能制订更有效、更具创造力、更可持续的解决方案。

在过去的二十五年里，我们进行了一项研究。研究发现，人们在理解和应对他们所遭遇的最棘手的问题时，所采用的方法存在显著差异。我们的调查对象包括美国国际商用机器公司（IBM）和乐高（LEGO）等行业巨头、初创公司和社会企业，也包括非营利组织和政府机构。这项研究将我们带到了希腊、柬埔寨，以及位于地球四角之一的福戈岛[1]。各类领导者们都在努力应对极为棘手的组织性挑战，我们从他们身上学习经验。此外，我们的研究对象还包括那些正经历着自我挣扎的人，他们面临的问题小到日常琐事，大到改变命运的抉择。

无论是在什么情况下，这些复杂的难题都会使人们面临诸多选择，从而陷入两难困境。我该沿着目前的职业轨道，待在自己的舒适区，还是大胆改变，拥抱新的机遇？我该优先考虑公司的整体利益，还是员工的个体利益？我该注重自我需求，还是以他人为先？我们会感到紧张——产生某种对抗感。我们的内心像是历经一场终极拉锯战，亟待做出抉择。

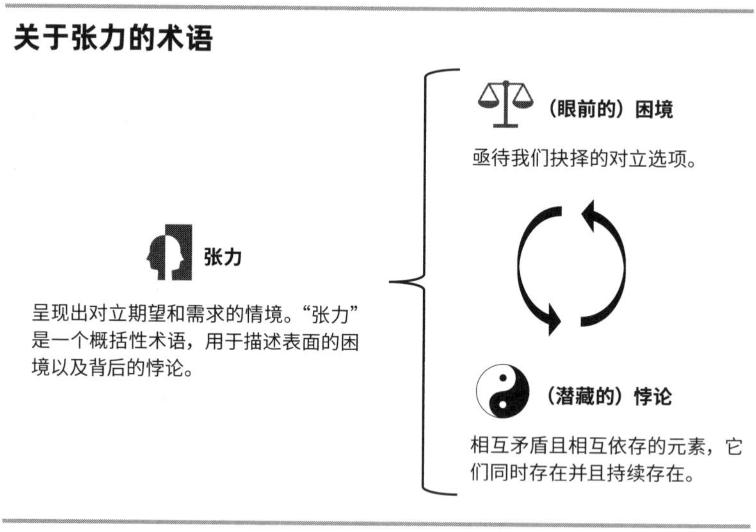

关于张力的术语

张力
呈现出对立期望和需求的情境。"张力"是一个概括性术语，用于描述表面的困境以及背后的悖论。

（眼前的）困境
亟待我们抉择的对立选项。

（潜藏的）悖论
相互矛盾且相互依存的元素，它们同时存在并且持续存在。

图 I–1

---

1 在地平说时代，福戈岛是地球的四角之一，被认为是"世界尽头"。

| 引言 |

对于如何面对这些问题,做出明确且合理的选择,很多书都给我们提供了重要建议。但是在做出选择之前,我们必须先深入了解问题的本质。我们需要审视一些核心问题,这些问题推动了本书所涉及的研究。我们需要理解张力和困境的含义,而且最重要的是,我们需要知道什么是悖论。让我们从这些术语的定义开始讲起吧。

- 张力(有时也译作冲突、紧张关系)指的是那些呈现出对立期望和需求的情境。通常我们的内心会历经一场拉锯战。"张力"是一个概括性术语,用于描述表面的困境以及背后的悖论。张力没有好坏之分,既可能推动创新,促进可持续发展,也可能导致防备心理,造成破坏。张力所带来的影响取决于我们应对的方式。
- 困境包含了对立的选择,每种选择都提供了合乎逻辑的解决方案。我们所遇到的问题和挑战常常以两难困境的形式出现,我们必须从不同的选项中做出抉择,因而倍感压力。然而,当我们试图权衡不同选择的优缺点时,我们会发现自己深陷其中。一种选择的优点往往是另一种选择的缺点,反之亦然。我们不断地兜着圈子,试图寻找明晰、正确且可持续的解决方案,但往往不能如愿。此外,当我们在各种选择之间做出决定时,随着时间的推移,我们也可能落入窠臼,从而陷入恶性循环。
- 悖论是相互依存的、持续的矛盾,潜藏于眼前的困境之中。当我们试着探查困境,在更深的层次上思索各种选择时,我们会发现对立的力量此起彼伏、相互交织。悖论一开始可能看起来很荒谬,因为它们整合了矛盾,然而通过更深入的思考,我们可以揭开奥秘，理解竞争性需求的整体协同作用。其他学者采用了"极性"或"辩证法"等词汇来表达类似的含义。在我们的研究中，我们采用了"悖论"一词，与过往大多数文献的用语习惯一致，能够反映其复杂性和神秘性。

让我们回顾这篇引言的开头提到的困境。我（温迪）边挣扎着完成自己的工作，边照顾儿子。这种困境的背后是工作与生活、自我与他人、纪律与自由、给予与索取等悖论。我怎样才能帮助我的儿子，主动满足他的需求，但同时也保持自律，守住边界，从而也能专注于自身的需求？我（玛丽安）不仅要维系和重要的捐赠者以及校友之间的关系，也要努力应对挑战，为学校进行重要战略创新。这种两难困境意味着我们需要做出选择，决定是否要调整我们的荣誉项目。然而，在这一困境背后是过去与未来、稳定与变化、中心化与去中心化的悖论。怎样才能在应对市场机会和运营需求的同时，尊重宝贵的传统和身份认同？某种张力牵引着我们，把我们拉向相反的方向。这一过程造成了不适和焦虑。我们常常在面临各种备选方案的两难困境时体验到这种张力，我们被迫做出选择。但是，这些困境背后的悖论不仅是对立的，也是相互依存的。悖论的对立力量相互界定，相互强化。想想关注自我和关注他人这一悖论。我们过得越好，就越能有效地与他人打交道，也越能有效地为他人提供支持。我们越是得到他人的支持，就过得越好。同样，如果组织拥有了强大的中央核心，就可以赋予不同的分权单位更多自主权，反之亦然。这些相互冲突的需求能相互促进。

让我们再想想生活中的许多挑战，似乎都体现了稳定与变化的悖论。我们是该固守成规还是推陈出新？我们有时追求稳定，希望能脚踏实地、专心致志地做事。然而，我们有时也寻求变化，希望体验新事物、尝试冒险、收获成长。稳定和变化虽然相互对立，但它们其实也相互交织。你希望改变自我，或是对某个组织进行改革吗？最好从珍视当下的人和事开始。你想要更稳定吗？那就需要做出一些改变。是否能长期生存和发展，取决于是否接受稳定和变化之间的相互作用。

相互对立而又相互依存的关系永远不会消失，这种关系永远存在。无论你多少次面对自我和他人、过去和未来、稳定和变化之间的冲突，你都会感到矛盾。虽然呈现出的困境可能会在细节上发生变化，但万变不离其宗，其中隐含的悖论未曾改变。我（温迪）坐在我九岁的儿子对面的那一刻，其实代表了我作为职场母亲所面临的无数个类似的时刻。这些经历的细微差别随着时间的推移而变化，但所有情境都指向了同样的潜在悖论，包括工作与生活、自我与他人、给予与索取等。虽然眼前的困境会迫使我们寻找解决方案，但其中潜藏的悖论却永远无法解决。

从黑白思维转向灰度思维

培养灰度思维，首先要开始注意到潜藏在困境表象之下的悖论。下一步则是学习如何更有效地应对这些悖论。

应对悖论首先要意识到张力是把双刃剑——可以把我们推向消极的方向，也可以把我们推向更积极的方向。就像波是一种传递能量的形式，既可以是建设性的，也可以是破坏性的，张力也可以被释放，造成破坏和损害，或者被利用，从而创造和提供机会。先锋学者和活动家玛丽·帕克·福莱特强调，张力反映了自然的、不可避免的，甚至有价值的冲突——目标、需求、利益和观点之间的差异。她以摩擦的性质为例来描述这些冲突：

> 我们不应该谴责"摩擦"，而应该学会利用它。想想机械工程师是如何应对摩擦的。当然，他们的主要工作是减少摩擦力，但也确实在利用摩擦力。皮带的动力传输取决于皮带和滑轮之间的摩擦力；火车的牵引力则来自火车头的驱动轮和轨道之间的摩擦力；所有的抛光都是通过摩擦完成的；小提琴的乐声也是通过摩擦产生的。

然而，冲突往往会助长焦虑情绪。当我们经历困境时，我们面临着不同的选择。这些选择中的未知之处会带来不确定性。面对不确定性，我们常常想要逃跑，从而重获稳定性和确定性。我们往往会将目光聚焦于有限的选择，关注问题，应用更多的黑白思维，评估备选方案，而后做出最终选择。虽然做出明确的选择可以消除不确定性，在短期内最大限度地减少焦虑，但也会抑制创造力，阻碍可持续发展。我们往往会运用这种黑白思维来应对生活中的各种挑战，从去哪儿吃饭（比萨店还是小酒吧）这种日常琐事，到重要抉择（结婚还是分手）。领导者采用黑白思维来应对他们的战略困境（进军全球市场还是固守国内市场），就像父母也用黑白思维来为他们的孩子做出选择（送去日托班还是在家看护）。我们会觉得这些困境中的选择相互排斥，选择一个选项意味着放弃另一个选项。

有时，黑白思维卓有成效。当做出决定带来的后果微不足道，

引言

而且也不值得花时间或精力进一步探索时,我们可能会做出明确的选择。我们不需要深入挖掘悖论来决定晚餐吃什么或下次读床头柜上的哪本书。如果我们相信某个问题不会再次发生,我们也有可能会做出某一最终选择。正如我(温迪)总爱教育我的学生:有时,采用黑白思维来脱离一段糟糕的关系非常有效。

然而,大多数情况下,在面对困境时采用黑白思维可谓弊多利少,说得好听些,会有很多局限,而说得难听些,百害而无一利。冲突会诱发防御心理,使我们想要做出决定。但做出选择却会使问题变得越发严重。心理学研究多次指出,相对于变化和不确定性,人们更倾向于选择稳定和一致性。一旦做出选择,人们往往希望保持一致。因此,人们会习惯于自己做事的方式,使自己陷入困境。我们常常故步自封,直至被迫改变。这种倾向通常会导致我们矫枉过正,使钟摆摆向相反的方向,引发持续的恶性循环。如果你在节食减肥,你可能经历过这种摇摆——节食、放纵,然后再节食。组织机构经常会在创新过多和创新不足之间摇摆。在政治上,我们会在更保守和更自由的政策之间摇摆不定。最终,这种黑白思维会导致我们陷入恶性循环,在各种备选方案之间转换——这是一条漫长而曲折的道路,沿途会出现很多混乱时刻。

如果我们以不同的方式思考我们的困境呢?如果我们不是试图在相互排斥的选项中做出选择,而是先揭示潜伏在困境之下的悖论,并认识到这些悖论是无法解决的呢?与其在悖论的两极之间进行选择,不如提出另一个问题:我们如何同时考虑到两极?我们如何逐渐适应相互竞争的需求?这样做能帮助我们学会运用灰度思维,利用张力,以实现更具创造性、更有效、更可持续的解决方案。

这样一来，我们方能超越二元对立，拥有全局眼光。灰度思维可以开启对话，促进良性循环。

在过去的二十五年里，我们与首席执行官、高层管理团队、中层管理人员、同事、学生和朋友一起工作，应对悖论。这些人中的许多人首先确定了困境之下的悖论，然后运用了灰度思维。例如：

- 齐塔·科布出生在加拿大纽芬兰岛的福戈岛，她希望自己能帮助福戈岛重新焕发活力。和许多乡村社区一样，福戈岛的主要资源——鳕鱼——已经开始枯竭。科布在二十多岁的时候，和许多人一起离开了福戈岛。四十多岁时，她在捷迪讯光电有限公司担任高管，成为加拿大薪酬第二高的女性高管。这时，她回到福戈岛，希望能帮助福戈岛实现经济发展。这样，福戈岛社区就不会像鳕鱼一样枯竭。然而，科布苦苦挣扎于如何将当地社区与全球经济联系起来，同时保持其独特的遗产和文化。她感受到在关注过去的同时为现在而改变的需求，感受到在确保现代化的同时保持传统的愿望，也感受到"立足本土、走向全球"能够带来的好处。

- 泰瑞·凯莉在美国戈尔公司成立五十周年之际接任了其首席执行官的职务。该组织建立在"小团队的力量"的基础上，具有强大的本地决策文化，并将其分配给授权的领导者。这种分权的方法把组织变成了一个个分散的小单元，缺乏一个强有力的核心。凯莉面临着两难的境地，即如何在一个重视小团队文化的公司中实现大发展。为了解决这个难题，她知道她必须面对集权与分权、成长与亲密关系之间的矛盾。

| 引言 |

- 格雷格·马伦是南卡罗来纳州查尔斯顿市的警察局长。由于种族歧视,在伊曼纽尔非裔卫理圣公会教堂发生了一起枪击案,九名黑人被射杀。对于这一事件,马伦感到十分沮丧,他希望能把社区打造成一个更安全的地方。然而,为了达成这个目标,必须解决社区与警察之间的严重分歧和不信任。他所面临的挑战蕴含着信任与不信任、公民与官员、包容与排斥之间持续存在的悖论。于是,马伦努力打破对立群体之间的障碍,使他们能够朝着共同的目标一起努力。
- 艾拉·弗兰克(化名)终于带领她的梦之队成为一家医院的筹款团队,然而此时她获得了另一家医院的邀约,担任一个更重要的新职位。她面临着一个两难的选择——留下来带领目前的团队完成他们重要的资本运作,还是离开,接受一个更具挑战性的机会?一方面,她重视对团队的忠诚,希望能完成当前的任务。另一方面,她想在事业上有所发展,并且对新事物感到好奇。为了解决工作上的困境,弗兰克必须先剖析她对工作的忠诚和她对拓展自己事业的渴望之间存在的潜在悖论。

上文提到的这些人都利用了悖论来解决他们所面临的最具挑战性的问题。他们超越了眼前的困境,发现了潜在的悖论。这样做可以让他们找到新的方法来解决最棘手的问题。在本书中,我们分享了他们的故事,以及其他在事业和个人生活中利用悖论的故事。虽然故事的主人公有不同的处境,面临着不同的挑战,但这些故事有一个共同点:灰度思维揭开了困境的面纱,使潜在的悖论显露出来,让我们看到了生活中全新的、更有创造力、更持久的可能性。

时机就是一切

悖论并不是一个新概念。大约在两千五百多年前,知性思维[1]进入萌芽期,这些观点也应运而生。我们在研究的过程中不断地向古代先哲学习。我们借鉴了东方哲学,比如中国古代思想家、哲学家老子的《道德经》;同时,我们也借鉴了西方哲学,比如古希腊哲学家赫拉克利特的学说。有趣的是,他们出现在同一个时代,但是却出现在全球不同的地方,互相并没有沟通或联系。

随着时间的推移,我们的社会更加关注理性和线性思维,不再关注潜藏在挑战之下的悖论。无论是在个人层面,还是在全球层面上,我们眼下面临的挑战都需要我们对悖论有深入的了解,这样我们就可以运用灰度思维来解决我们面临的最棘手的问题。在我们的研究中,我们发现了三个凸显潜在悖论的条件——变化、稀缺性和多元性。[2]变化的速度越快,未来就越快到来,我们就越要努力解决今时和明日之间的冲突。资源越稀缺,我们就越想分一杯羹,从而暴露出自我与他人、竞争与合作之间的冲突。声音、想法和见解越多,为解决共同问题而提出的相互冲突的方法就越多,我们就越会在统一的全球观点和独特的地方观点之间感到紧张。鉴于技术变革不断加速,自然资源逐渐减少和全球化的持续扩张,今天我们的世界正处于一场悖论风暴的中心。

在日常问题之外,我们也发现了在最危险和最棘手的社会挑战背

---

1 "知性思维"是哲学术语,意指运用普通形式逻辑的思维规则所进行的思维。
2 我们阐述了不断加剧的变化、稀缺性和多样性等因素如何揭示并凸显了后续的悖论。——作者注

后，依然潜藏着悖论。气候问题暴露了系统性和个体性变化之间，以及短期和长期变化之间的悖论。同样，人类多样性和种族正义问题也充满了包容与排斥、个人关系和制度变革的悖论。

随着挑战不断加剧，人们越发频繁地用到"悖论"一词，并且分析在不同情境下相互交织的对立面。例如，我们已经看到世界各国的领导人——来自对立的政治派别——呼吁大家运用灰度思维。当作家兼学者布芮尼·布朗采访巴拉克·奥巴马时，这位美国前总统谈到了他曾经历的悖论：

> 看到生活中的那些悖论、模棱两可、灰色地带和荒谬之处是可能的，也是必要的，但切勿因此失去勇气。作为美国总统，我的责任是保障美国公民的安全。另外，在我们的国界之外，和平、公平和正义也是一种普遍的利益。我该如何调和这些因素，同时仍然能够以美国军队最高统帅的身份做出决定？
>
> 这也关乎应对经济危机的方法，我们的自由市场体系创造了极高的效率和巨大的财富，这不是一个我们随随便便就能摧毁的体系，因为很多人都指望我们在经济方面做出正确的决定。另外，经济中也有一些部分运转不灵，或缺乏公正，让人们感到沮丧和愤怒。我们必须接受这一事实，而后，也仍然需要做出决定。

奥巴马总统的竞选对手约翰·麦凯恩参议员也有类似的感慨。2018年，麦凯恩知道自己罹患脑瘤，将不久于人世。他写了一封告别信，敦促我们所有人不要停留于"部落争斗，那只会给全球各个角落播下怨恨、仇恨和暴力的种子"。相反，他呼吁大家团结起来，并找到将我们联系在一起的方法。"当我们躲在墙后而不是拆掉墙，当我们怀疑我们理想的力量而不是相信它们一直以来都是推动变革的强大力量时，我们就削弱了我们的能量。"两位领导人都知道，我们需要通过理解、欣赏和接受推动我们政治制度的重要对立力量来尊重我们世界的复杂性。虽然是政治对手，但奥巴马和麦凯恩都认为，为了解决我们最大的问题，我们需要与日益严重的政治两极分化作斗争，并想方设法在不同的意识形态和价值观之间重新建立联系。

　　组织领导人也在使用蕴含灰度思维的语言来传达组织的目标和使命。英国巴克莱银行曾发起了一项名为"兼容并包"的活动，强调这家拥有300多年历史的银行只有保持与股东和利益相关者的密切联系，并确保其专注于市场和使命，才能在下个世纪生存下去。星巴克的首席执行官最近回答了一个问题，即该公司是想为顾客提供一杯方便、快捷的咖啡，还是在打造一个聚会空间。他解释说："我们不认为需要进行这种权衡，我们的第三空间¹可以继续将两种体验进行融合。"耶鲁大学的营销活动也采用了这样的语言，一本宣传册中这样描述：耶鲁大学的最佳定义是"兼容并包"。这所大学所采用的教育方法融合了宏观与微观视角，既在课堂内又在课堂外，鼓励多样性，也促进团体精神。最近，幕僚长胡玛·阿贝丁将她的回忆录命名为《两者兼之：多世界生活》(*Both/And: a Life in Many Worlds*)，讲述跨越不同世界的生活。在我们周遭，这样的例

1　"第三空间"（Third Space）指的是居住和工作地点以外的非正式公共聚集场所，如咖啡馆、茶馆、酒吧等，强调其社交作用。

| 引言 |

子比比皆是。

灰度思维有何新颖之处？

"灰度思维"正在成为一句口号。使用悖论的语言是一个良好的开端，能够帮助我们看到在困境之下交织的对立面，并强调将冲突的力量结合起来的重要性。但真正的力量在于将标签付诸实践，使之成为某种方法。我们将如何理解困境中更深层次的悖论？我们将如何利用灰度思维来有效地驾驭这些悖论，以获得积极和持久的影响？

这就是我们撰写这本书的初衷——帮助所有人通过运用灰度思维来解决个人层面和社会层面最棘手的问题。作为学者，我们花了二十多年研究悖论。我们不仅致力于明确悖论的本质，还研究了人们如何通过运用灰度思维做出有效回应。我们现在的目标是将这一研究转入后期，提供经验证据、理论见解和实用工具，从而了解和驾驭悖论。

为了运用灰度思维，我们首先要理解悖论的本质，同时也要识别那些会不断把我们拉回黑白思维的陷阱。在第一部分，我们讨论了一些基础观点。在第二部分，我们阐释了运用灰度思维的方法。这些方法会影响我们对悖论的思考和感受，并要求我们置身于一个既能提供稳定结构又能实现动态变化的环境之中。为了实现这一目标，我们找到了一套工具，并在我们的悖论系统中进行了介绍。最后，有了这套工具，我们将研究如何将这个系统付诸实践，以便人们能在各种困境中运用灰度思维进行思考。在第三部分，我们深入探讨了具体过程——本质上就是悖论系统的使用说明。为了适应竞争性需求，我们研究了该系统在个人决策、群体之间的人际冲突和组织战略中的应用。

几千年来，悖论为哲学家、心理学家、神学家和其他学者带来了诸多困惑和苦恼，也曾带来欣喜。现在，我们越来越频繁地在个人和组织所面临的挑战当中感受到悖论的存在。

忽视悖论只会使它们更具影响力。我们认为，应对悖论更好的方法是有效地适应它。激发创造性张力将帮助你更好地应对自己所面临的挑战，同时更有针对性地与他人合作，解决全球问题。这是一个不断成长和学习的过程。我们希望这本书能激励你加入我们的行列，一起努力为人类最棘手的问题制定更具创造力和可持续性的解决方案。

第一部分

基石：悖论的风险与机遇

世界千变万化，无论是日常琐事还是全球性挑战，常常将我们向相反的方向拉扯。面对周遭各类对立的需求，我们应当关注当下的需求还是未来的需求，自身的需求还是他人的需求，稳定的需求还是变化的需求？不过，在这些困境之下都潜藏着悖论——相互矛盾而又相互依存的冲突。如果我们想要有效地应对悖论，首先，必须更深刻地理解悖论的本质。

几千年来，悖论激励着哲学家、科学家和心理学家，但也为他们带来了诸多困惑。这种相互矛盾又相互依存的关系是一把双刃剑，可能会带来新颖的、有创造力的、可持续的观点，也可能会引发巨大的挫败感。我们可能会被非理性和荒谬的想法控制，走入死胡同。在本书的第一部分，我们将探讨灰度思维的基石。为了直面冲突，我们必须对悖论进行更深刻的解读——有哪些利与弊，以及价值与挑战？我们研究了悖论的定义、特征和类型，也将提醒读者：究竟哪些原因会使我们陷入困境，走向恶性循环。

| 第一章 |

感知张力

为何聚焦悖论？为何着眼当下？

穿越迷雾，勇往直前。
——加拿大纽芬兰民间谚语

齐塔·科布感到左右为难。纽芬兰省的福戈岛是她的家乡，她在那里长大。因此，她最近刚刚辞去企业高管的职务，想用自己的商业头脑帮助福戈岛发展地方经济。然而，作为福戈岛的第八代居民，她也希望能尊重福戈岛的独特性——岛上的风俗、美景和文化。这可并非易事。

多年来，科布见证了福戈岛的变迁。在她"野性"的青春里，孩子们可以自由自在地探索荒野地带。在大西洋极北部的海岛和周边海域，他们采摘蔓虎刺浆果，追寻北美驯鹿的踪迹，在海面找寻海鹦的踪影，躲避冰山，花数小时在崎岖的海岸上帮助渔民从小木船上卸下他们每天捕获的鳕鱼（这是岛上的主要资源）……在成长过程中，科布能感受到这个紧密团结的集体为了生存而共同努力，她曾备受鼓舞。

然而，20 世纪 70 年代，国际船厂出动大型拖网渔船在深海捕捞鳕鱼，导致近海渔业资源枯竭。大部分纽芬兰人以捕鱼为生，但那时，他们出海一天归来，却发现船上空空如也。随着当地鱼类资源逐渐枯竭，人们开始感到饥饿、沮丧和气馁。和其他失去主要资源的小镇一样，人们陆续离开这里。为了保护鱼类资源，省政府发令禁止近海捕鱼活动，鼓励捕鱼者转行进入制造业工作。福戈岛的人口开始减少，省政府随之缩减了渡轮班次和其他服务，如垃圾清运。医疗服务越发有限，日托也没了。由于失去了生计，更多人离开了这里。科布最终搬到了渥太华，在卡尔顿大学读商科。

后来，科布成为捷迪讯光电公司的首席战略官，也成了加拿大著名的女性商业领袖。然而，福戈岛在向她召唤。2006 年，她回到岛上，从叔叔阿特处继承了一栋盐盒屋[1]，她有时就住在屋里。当时，她正处不惑之年，是岛上的年轻一代。

科布和众多岛民都十分珍视岛上独特的认知和生存方式。他们有独特的木工工艺和捕鱼技术，有好客文化，有对北大西洋水域的崇敬，也有在恶劣气候中实现繁荣发展的韧性——岛民们以此为荣。这些认知方式是他们继承的礼物，他们也希望继续代代相传。但是

---

[1] "盐盒屋"（Saltbox House）是一种房屋建筑形式，形状颇似用来装盐的容器，屋顶呈斜坡状。

如今他们意识到，保护传统文化的唯一办法就是与时俱进。世界在进步，因此，他们再也不能只靠近海捕鱼维持生计，也不能无视全球经济的呼唤。正如科布所说，他们需要找到"认识旧事物的新方法"。此外，他们知道，当地经济的发展其实取决于他们如何与世界互动。

这项任务十分艰巨。如何才能在尊重过去的同时迈向未来？岛民们如何才能与全球经济接轨的同时，依然保留当地社区的独特价值？为了不忘初心，他们需要改变。为了保持其独特性，他们也必须张开双臂，拥抱更广阔的世界。

一开始，科布与她的兄弟艾伦和托尼认为，帮助福戈岛发展的最佳方式是设立奖学金，资助学生上大学。岛上的许多人从未离开过港口对面最近的小镇——甘德。他们认为帮助年轻人提升能力、拓宽视野和获取技能，能够为福戈岛注入新的活力，创造新的机遇。但岛民们很快就发现，这一想法可能会造成意想不到的后果。设立奖学金只会加速岛上的人才流失。学生们会去岛外上大学，领略新世界的魅力，然后一去不复返。科布遂放弃了这一计划。

而后，她又尝试建造一些新的建筑物，试图以此吸引一些思想前卫的人来岛上发展。谁能比先锋派艺术家们更合适呢？她创建了四个艺术家工作室，并设立了一个驻留项目，邀请作家、画家、雕塑家等艺术家在福戈岛美丽的自然环境中创作。她希望这些艺术家能够与当地居民建立联系，与岛民分享他们的创意和世界观，同时也了解福戈岛的独特文化，并向全球进行推广。虽然艺术家确实带来了新的见解，但进展十分缓慢，远远无法满足日益迫切的变革需求。如果福戈岛的居民想要发展经济并实现人口增长，每隔几个月来四位艺术家可远远不够。

那么，科布还能做些什么来重建福戈岛呢？最简单的办法可能是创办一家公司或工厂。但是，工厂会破坏岛上延续了几个世纪的原生态自然文化和社区氛围，更不用说会破坏自然景观了。

科布正处于十字路口。她感受到了新与旧、传统与现代化、地方特色与全球联系、缓慢发展与迫切需求之间的冲突。从根本上说，科布正在与悖论作斗争。

理解悖论

"悖论无处不在"——我们第一次见面时就达成了这一共识。彼时，我（玛丽安）刚完成一篇论文，这篇论文从哲学、心理学和历史的视角深入探索悖论。我读得越多，就越能看到生活中大大小小的挑战都蕴含着相互交织的对立面。我写得越多，就越精神抖擞。然而，我也有些焦虑，有些不知所措，我不知该如何应对这些令人费解却又普遍存在的不合理现象。让我感到欣慰的是，当我向温迪描述这些想法和感受时，她不停地用力点头。她也看到了无处不在的悖论，也感受到了这种神秘的复杂性所引发的复杂情绪。

彼时，我（温迪）还是一名博士生，正在研究大型企业的领导者如何在管理市场上现有产品的同时进行创新，而与玛丽安的第一次交流便帮助我理清了思路。在我的研究中，领导者面临着今时和明日的双重需求，悖论的概念帮助我理解了他们所面临的最紧迫的挑战。然而，我也感到十分困惑，这些企业领导者怎样才能面对过去并把握当下呢？

当我们与更多人谈论悖论时，我们发现大家时而明了，时而困惑。我们所面临的挑战有时清晰可见，但很快又变得模糊不清。那些看似睿智的见解也很容易就会变得荒诞不经。

管理学家威廉·斯塔巴克曾经指出，在人们眼中，悖论有时显得多么荒谬。他认为，或许是因为人类认知存在局限，我们才会认为悖论是如此荒谬且令人困惑。"我们可能就像是纽约证券交易所橡子上荡来荡去的黑猩猩，试图阐明其中的规律。以我们有限的推理能力和逻辑形式，我们看到的悖论似乎不合逻辑，但对于大脑更复杂或采用不同逻辑形式的生物来说，它们可能是合理的。"

正如斯塔巴克所言，悖论可能会挑战人类认知的极限。然而，我们相信，在我们的认知范围内，我们也能找到规律，并进行更深刻的解读，从而更有效地理解和应对悖论。为了拨开这层迷雾，多年来，我们借助学术工具包来更加准确地理解悖论：什么是悖论？为什么悖论十分重要？我们该如何应对悖论？

首先，我们必须明确其定义。人们采用了许多方法来定义这些对立力量之间不合逻辑且无法解决的循环关系。在我们的研究中，我们借鉴了古今中外的学者所提出的观点，将悖论定义为相互矛盾却又相互依存的元素，这些元素同时存在，并随着时间的推移而持续存在。

后文注释栏"悖论：千年的形成"讨论了悖论思想的根源。东方哲学家提出的阴阳符号描绘了悖论的3个核心特征：矛盾、相互依存和持续存在（见图1-1）。

阴阳：悖论图

- **矛盾**：黑色和白色的部分代表了对立的两面。
- **相互依存**：黑色和白色的部分相互界定、相互强化，共同构成一个完美的圆。
- **持续性**：黑色和白色的部分不断地由小到大，而每个部分中对立的圆点则表达了一种力量如何为其相反一方孕育力量，暗示了持续的变化。

图 1–1

在这些持续存在且相互依存的矛盾中，说谎者悖论是个经典案例。几千年前，希腊哲学家就提出了这一悖论，自那时起，它就一直困扰着逻辑学家。这一悖论可以简化为"我在说谎"，这句话体现了真理与谬误之间对立的本质。我们会发现其中的矛盾有某种荒谬且相互依存的循环关系。如果我说我在说谎，而我所言为真，那么我就是在说谎；如果我说我在说谎，而我确实在说谎，那么我所言为真。尽管多方在逻辑和哲学上努力寻求解决方案，但这句话在真理与谬误之间制造了一种永远不会消失的紧张关系——随着时间的推移而持续存在。

我们生活中的悖论与这个逻辑谜题十分相似。想想福戈岛面临的挑战，居民们面临着许多进退两难的选择，并且迫切需要找到解决方案。例如，为了恢复岛上的人口数量，他们需要决定尝试哪些机会，以及投资于哪些项目。在这些困境的背后便是悖论。试图维持福戈岛的人口、生计、文化和智慧意味着社区最终必须改变。他们必须在立足本土的同时，放眼世界。在目前的两难境地之下，潜藏着稳定与变化、新与旧、传统与现代化、本土化与全球化的悖论：他们感到必须在两极之间做出选择，要么专注于过去，要么专注于现在；要么保持本土文化，要么让全球力量涌入他们的社区。然而，科布认识到，在这两极之间做出选择将导致解决方案十分局限，甚至有害。正是这种忽视整体情况的还原论思维，使福戈岛一开始就陷入困境。省里关闭渔场、将岛民迁往制造业城镇的举措，只关注经济上的短期挑战，而完全忽视了地方和社区的价值所在。因此，岛民需要借助一种不同的方法来摆脱困境。

悖论：千年的形成

大约在公元前五世纪——距今已有2500多年，人们开始认识到万事万物都有相互交织的对立面。德国存在主义学家卡尔·雅斯贝尔斯将这一时期称为"轴心时代"（Axial Age）。这一时期出现的变革性思想认为，世界仿佛绕着它的轴心旋转，重新奠定了文明的基础。正是在这个时期，社会首次接触到悖论思想。

悖论思想在全球各地如雨后春笋般不断涌现。我们将以东方哲学（来自中国）和西方哲学（来自古希腊）的观点为例。有趣的是，不同地域的哲学家对世界的矛盾本质产生了相似的理解。其中，有两个共同点：二元论和动态性。

首先，这两种哲学都强调对立统一——整体的和谐取决于二元对立的融合。例如，中国的老子在《道德经》中提出了"有"与"无"的协同作用："万物生于有，有生于无。"古希腊哲学家赫拉克利特更直接地阐述了同样的观点："互相排斥的东西往往结合在一起，不同的音调造成最美的和谐，一切都是通过斗争而产生的。"

其次，这些哲学家认为生命是动态的，[1] 处于不断变化之中。赫拉克利特有句名言至今仍然常常被反复提及："人不能两次踏进同一条河流"。流动的河流每时每刻都在变化，人也是如此。同样，老子也曾说道："质真若渝。"

更深刻的是，这些哲学家指出，二元对立激发了活力。当对立面不断碰撞和相互转换时，就会出现不断的变化。老子进一步阐述了这一观点："将欲歙之，必先张之；将欲弱之，必先强之；将欲废之，必先举之；将欲取之，必先予之。是谓微明。"

在两千五百多年后的今天，二元论和动态性仍然是悖论的基础。现代悖论思想家正以千年以来形成的观点作为基础进行进一步的思考。

在这里，我们想与大家分享另一个更贴近生活的例子，想想你与生活中很重要的人之间的关系，其中不乏悖论。伴侣们往往看重他们之间的相似之处，因为正是这些相似之处让他们走到一起。然

---

1 本书作者并未引用《道德经》原文，本书原文"true steadfastness seems changeable"来源于《道德经》英译本第四十一章，由米切尔翻译，此译本并未对《道德经》原文进行逐字翻译，故译者此处引用《道德经》原文最贴近本句句意的内容进行翻译。

而，正如格言所说——异性相吸。往往是差异，是互补之处，促使人们互相接触，产生火花，实现协同效应。随着时间的推移，这些差异可能会造成持续的冲突。有些时候，这些差异微不足道，而有些时候，则会引发激烈的争执。伴侣间的差异体现在生活的方方面面，包括日常琐事、度假选择和财务决策等。在这些分歧时刻，困境浮出水面，而在困境之下则是持续存在的动态的二元对立——潜在的悖论。

困境的表象就像普通感冒的症状。我们被症状所吸引，却往往忽略了病症的根源。例如，我们在决定下个假期去哪里度假时，可能会权衡各种选择：是跟团还是去海滩自由行？是就近还是出国？是与大家庭共度时光还是前往自己愿望清单上的目的地？然而，无论我们在某一特定时刻如何选择，潜在的悖论仍然存在于对立的欲望之间：有计划的还是随性的，"穷游"还是"富游"，关注自我还是关注他人。这些相互交织且持续存在的对立面构成了令人困扰的挑战，可能让我们不知所措，灰心丧气。但是，其中也蕴含着学习、成长和创造的机会。如果我们重视共同的目标和互补的差异，从而促进联系、加强纽带和相互支持，就能发掘这些可能性。

四种悖论

我们并不孤单，很多人都能看到相互交织的对立面。从早期历史时期到现代，哲学家和其他人一直在努力解决这些问题（参见注释栏"漫长而曲折的悖论之路"）。越来越多的人开始探讨各种领域中的紧张关系。悖论的例子比比皆是：知与不知、权力与弱小、善与恶、稳定与变化、爱与恨、进与退、集权与分权、工作与生活、自律与享乐。在我们的心理、群体、组织等众多系统中，我们都会经历悖论。

心理学家和精神分析学家指出了我们内心深处的悖论。精神分析学家荣格的著作中充满了悖论——意识与物质、美德与恶习、精神与肉体、生与死、善与恶、真理与谬误、统一性与多样性等。后来，心理学家科克·施奈德在他的著作《过与不及》(The Paradoxical Self)中描述了这些悖论。他借鉴了哲学家索伦·克尔凯郭尔的观点，认为人类的心理存在于一个连续统一体中，既有较为拘谨、内敛和孤僻的一面，也有较为放恣、冒险和外向的一面。当我们过于偏向其中一面时，就会出现人体机能障碍，这种习惯可能导致一端抑郁，另一端狂躁。我们面临的挑战是如何与这些紧张关系共处，不断寻求交汇点。作家兼学者布芮尼·布朗进一步提醒我们，我们自身的力量取决于我们接纳自身弱点的能力。如果我们能够直面内心的恐惧，就能挣脱恐惧的"枷锁"。

当我们在个人与集体、合作与竞争、自我与他人之间徘徊时，我们所在的集体和团队中就会出现悖论。肯温·史密斯和大卫·伯格在《群体生活的悖论》(Paradoxes of Group Life)一书中也指出了这些矛盾。正如他们在书中谈到的，打造高绩效团队，需要团队中的个体都尽己所能，不辞劳苦。这势必会造成团队成员间的激烈竞争，然而，个体也需要以集体为先，互相协作。此外，当团队和组织希望能成长、学习和适应环境时，悖论就会持续存在。艾米·埃德蒙森在《协同》(Teaming)一书中提醒我们，团体、团队和组织要想表现出色，唯一的途径就是不断学习。学习要求我们进行实验、尝试新事物、不断犯错且经历失败——这一切都是为了让我们茁壮成长并取得成功。她的作品探讨了如何在团队中建立一种心理安全的氛围，使我们能够在做好当下工作的同时，为未来而学习。

漫长而曲折的悖论之路

东西方都出现了关于悖论的见解。然而，这些思想在东西方的发展路径却大相径庭。老子是一位学者，也是统治阶级的顾问，他为孔子的思想和学说提供了借鉴，而孔子的思想和学说后来塑造了众多中国人的思维模式。与此相反，赫拉克利特的思想被认为是抽象且荒谬的，而与他同时代的巴门尼德则对他的思想提出了挑战。巴门尼德是一个很有魅力的演说家，常常因思维清晰且逻辑严谨而受到称赞。巴门尼德赢得了胜利。几个世纪以来，东西方哲学之间的差异变得越来越微妙，也越来越明显。正如心理学家彭凯平和理查德·尼斯贝特所述，西方倾向于线性、理性的思维方式，这种严谨的思维方式大大推动了科学的发展。同样，强调双重性、和谐和循环的东方文明也孕育了各种形式的神秘主义，极大地提高了人类的正念能力和超验思维。

今天，随着思想在纳秒内跨越地理界限，不同的知识正在融合。以物理学领域为例，艾萨克·牛顿的线性物理学加深了人们对重力的理解，推动了天文学和流体力学等领域的发展。然而，在19世纪末，像迈克尔·法拉第和詹姆斯·克拉克·麦克斯韦这样的科学家，以及后来的阿尔伯特·爱因斯坦和尼尔斯·玻尔开始将对立力量之间的推力和拉力概念化——这些见解后来成为量子物理学的基础。在《物理学之"道"》(The Tao of Physics)这部作品中，科学家弗里乔夫·卡普拉详细描述了这些突破是如何体现和反映东方哲学方法的，包括接受对立力量的统一，以及循环和精神观念。

物理学将悖论引入物质世界，而精神分析学则将其引入人类的精神世界。在西格蒙德·弗洛伊德和卡尔·荣格等学者的引领下，精神分析学开始将人类经验概念化为极具二元性的内在本能和动机的整合。其中，荣格提出了一种人性的矛盾理论。他认为，启蒙时代使西方文化过分重视逻辑和理性，而他认为逻辑和理性是片面的，缺乏感觉和直觉的价值，正如他的一句名言："只有悖论才接近于理解生命的全部。"他将悖论描述为"我们最宝贵的精神财富之一"。例如，荣格认为，自性具有整合性，它涵盖了个体的意识自我所展现的积极特性，同时也包含了受压抑的阴影自我所具有的消极欲望。他指出，当人们竭力规避或压抑阴影自我[1]时，反而可能会触发意识自我做出有害行为。例如，他将自恋定义为个体过度专注于他人如何看待自己。自恋者希望能规避并远离自己的阴影，他们会将这些特质投射到他人身上。荣格提出，个人成长的关键是接受和整合自己的阴影特质，而非排斥和

---

[1] 荣格将"阴影"定义为"一个人不希望成为的东西"，是人格的负面，是个人无意识的部分。

> 压抑它们。
>
> 　　这段简短的历史凸显了一个不断重复的有趣模式。在地理上相距甚远的地方所诞生的思想最初趋于一致，但很快就分道扬镳了，几千年后最终又趋于一致。那么，悖论究竟是一个古老的概念，带来了根本性的启示，还是一种新的方法，给我们复杂的世界带来了影响？好吧，从悖论的角度出发……两者皆是。

　　领导者更是身处悖论的泥沼。学者一致指出，领导者面临着相互对立但又相互交织的需求，比如真实性与透明度、技术技能与情商、学习与表现之间的矛盾。在《上任第一年2：从团队管理者到卓越领导者的成功转型》一书中，琳达·希尔和肯特·莱恩巴克指出，应对悖论对于领导者来说是一项至关重要的技能。领导者必须在培养员工的同时，应对团队之外的大环境。

　　矛盾的张力在组织中也很普遍。多萝西·伦纳德对产品开发进行研究，研究发现，组织在提升技术能力、加强共同价值观和稳固现有产品的同时，也在形成核心能力。由此造就的成功反过来进一步增强了这些优势，但也引发了不利因素。核心能力演变成了抑制创新的主要因素。后来在其他研究中伦纳德的见解得到了验证，说明了推动组织成功的因素往往导致其失败这一悖论。金·卡梅隆和罗伯特·奎恩进一步指出，组织的成功取决于悖论的运用。他们的"竞争价值框架"确定了似乎对立的组织价值观——合作、创造、控制和竞争。组织的有效性取决于能否从这些不同的价值观中汲取营养。

类似的例子广泛而多样。当向观众展示这些例子时，他们的反应不一——就像我们自己的反应一样。人们感到倍受鼓舞，但又不知所措。为了拨开迷雾，探索奥秘，我们将各种悖论进行了比较及分类。在研究中，我们确定了四种类型的悖论：绩效悖论、学习悖论、组织悖论和归属悖论（见图1–2）。这些悖论会出现在多种层面。例如，今时和明日的悖论可能会造成某个人职业生涯的下一个困境，同时也可能是其作为一个大型组织的领导者所面临的挑战。

驾驭悖论的关键并不是准确地对其进行分类。本书所介绍的策略适用于不同的悖论，而且大部分悖论并不独属于某一类别。相反，这种类型学的价值在于帮助我们了解悖论影响我们的世界和生活的各种方式。

绩效悖论

绩效悖论涵盖了我们的目标、成果和期望当中的竞争性需求。当我们提出一些关于"为什么"的问题时，它们就会浮出水面：我为什么要选择这条人生道路？我为什么进行这项投资？我们为什么要采用这一战略？

企业的社会责任是一个典型的绩效悖论。在很久以前，企业的目标和宗旨就曾引起争论。进入21世纪后，随着人们要求企业对气候变化、经济不稳定、种族不平等和环境恶化等问题负责，这种争论进入白热化。一方面，企业的目标是为股东赚钱。1970

年,芝加哥大学经济学家米尔顿·弗里德曼在《纽约时报》发表了一篇专栏文章——《企业的社会责任是增加利润》,成为这一观点的标杆。这篇文章认为,企业领导人应该关注企业的底线。弗里德曼强调,应该由非营利组织或政府监管部门来应对社会问题或环境影响。然而,企业聚焦于利润可能会导致不良行为和破坏性后果。20世纪90年代末,安然、世通和泰科等公司相继破产就是明证。

另一方面,在以股东为中心的选择之外,还有另一种选择。人们一直呼吁组织机构同时实现多重目标,遵守双重或三重底线。本·科恩和杰瑞·格林夫特尔德于1978年创立了本杰瑞公司,成为这一方法的早期引领者。随着时间的推移,人们越来越强烈地呼吁领导者关注利润与热情、使命与市场、利益相关者与股东——将绩效悖论纳入组织战略。我们的同事托比亚斯·哈恩教授、卢兹·普罗伊斯教授、乔纳坦·品克斯教授和弗兰克·费济教授强有力地证明了采用灰度思维,重视社会使命与财务成果之间的复杂互动,是如何实现组织的长期可持续发展的。最近,组织学者弗里曼、柯尔斯顿·马丁和比丹·帕尔马在他们的著作《"和"的力量》(*The Power of And*)中探讨了企业参与[1]的新方法。通过广泛的研究他们发现,领导者可通过以下五大核心理念,制定更具影响力、更有力、更可持续的商业解决方案:

---

1 "企业参与"指的是企业与社会、政府、非营利组织等各方面的互动和合作,以实现共同的社会责任和商业目标。

四种不同类型的悖论

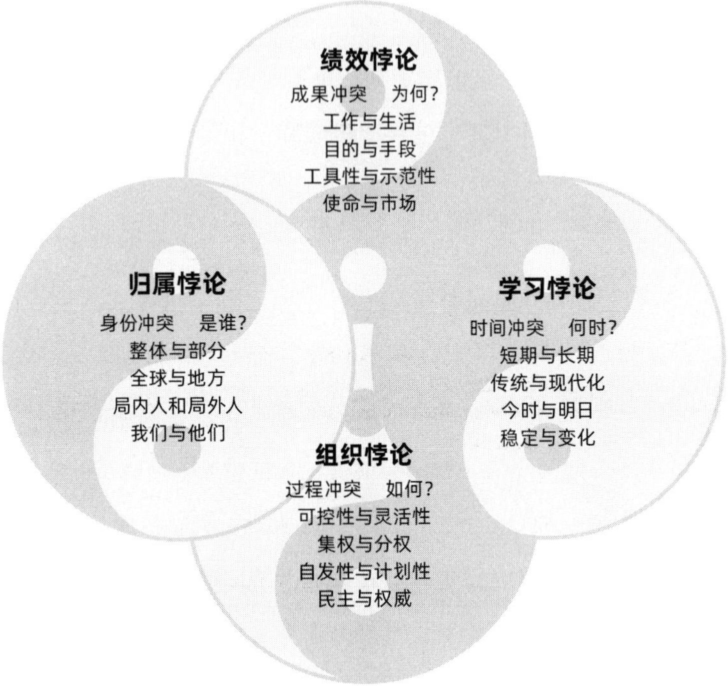

绩效悖论
成果冲突　为何？
工作与生活
目的与手段
工具性与示范性
使命与市场

归属悖论
身份冲突　是谁？
整体与部分
全球与地方
局内人和局外人
我们与他们

学习悖论
时间冲突　何时？
短期与长期
传统与现代化
今时与明日
稳定与变化

组织悖论
过程冲突　如何？
可控性与灵活性
集权与分权
自发性与计划性
民主与权威

图 1–2（黑色和白色的部分代表了对立的两面）

1. 目标、价值观、道德和利润的重要性
2. 为利益相关者和股东创造价值的重要性
3. 将企业视为社会机构和市场机构
4. 正确认识人性以及对经济利益的追求
5. 将"商业"和"道德"融入更全面的商业模式

在个人生活中也会出现绩效悖论。我们在决定买什么、去哪里买时，可能会纠结于社会和经济因素。去国内大型商场还是本地商店？买更经济实惠的商品还是更耐用的商品？在工作中，我们必须面对多位领导的期望相互冲突的情况，以及解决职业需求和个人需求的冲突。与此同时，我们必须在遵守纪律和保持灵活性之间寻找平衡，继而实现个人的目标和追求。如果我们回顾一下每年的新年愿望就会发现，正在萌芽的绩效悖论开启了坚持与放弃之间的拉锯战。

学习悖论

学习悖论为我们如何从过去走向未来提出了挑战。这类悖论涉及时间上的冲突，如今时与明日、新与旧、稳定与变化、传统与现代化之间的冲突。这些悖论提出了关于"何时"的问题：我们何时从当前的现实转向新的现实？创新和变革问题凸显了核心的学习悖论。当我们与组织领导者交谈时，他们经常会提到企业越来越希望能保持灵活性和适应性。然而出色的企业往往发展得如此庞大和结构化，以至于它们就像海洋中的油轮，在风向改变时，无法轻易转向。仔细想想，为何企业在《财富》500强榜单上停留的时间越来越短暂。已故组织学者詹姆斯·马奇明确指出了这一挑战：与管理核心业务相比，创新需要不同的技能、方法和视角。他将这两种模式描述为"探索新的机会"和"利用现有资源"。鉴于这一挑战，迈克尔·图什曼和查尔斯·奥莱利发起的研究表明，组织需要同时具备"探索"和"利用"两种能力。也就是说，组织需要接受学习悖论。与其在今天和明天之间做出选择，不如同时关注两者并寻找实现协同作用的方法。今天的成功如何促进明天的发展？明天的创新如何为今天的成功注入新的活力？

在个人层面，我们也会面临有关今时与明日的挑战。我（温迪）有一位朋友想重返校园，回法学院读书，但又不敢轻易放弃目前在金融服务行业的职位和薪水。他花了十年时间考虑是否要迈出这一步——最终结论是"为时已晚"。我们身边每时每刻都发生着变化。我们的反应是否足够敏捷？我们能否在周遭环境发生变化之前就探索出新的技能和可能性？我们是否能够在应对这些变化的同时，仍然充分利用我们当前取得的成就？

归属悖论

归属悖论提出了"我们是谁"的问题，突出了我们的角色、身份、价值观和个性之间的冲突。对于我们许多人来说，拥有多个相互竞争的身份极具挑战性，因为我们可能会竭尽全力确保自己的形象统一。利昂·费斯廷格和詹姆斯·卡尔史密斯的早期心理学实验验证了人类对一致性的追求。当被试者花一个小时从事一项无聊的工作却只得到很少的报酬时，他们就会想尽办法证明自己所花的时间是合理的。所以，当被问及这个问题时，他们会表示自己认为这个实验很有趣，也很令人兴奋。费斯廷格和卡尔史密斯把这种现象称为"认知失调"——人们会改变自我意识，使之与客观现实保持一致。

工作与生活之间的矛盾经常体现在如何分配时间的问题上。然而，这些难题的核心是对于身份的质询。我是一个尽职尽责的组织领导者还是一个好家长？我可以为他人提供服务还是只关注自己的需求？然而，由于自我意识往往涉及多重相互矛盾的身份，我们可能会深陷困境；我们可能会纠结于自己是局内人还是局外人，是发明者还是执行者，是诗人还是斗士，是领导者还是追随者，是给予者还是索取者，是独一无二的个体还是忠诚的团队成员。然而，根据不同的时间、环境和问题，我们经常会转换身份——或者身兼多重身份。我们的自我意识卷入了相互交织的对立面。美国诗人沃尔特·惠特曼在他的《自我之歌》中表达了这一观点：

我自相矛盾吗？
很好，那我就自相矛盾吧。（我心胸宽广，包罗万象。）[1]

在进行性格测试时，我们很多人会感受到这种多重性。我们可能会自然而然地偏向某一方（内向或外向、直觉或理性、领导者或追随者），但当我们处于不同的环境时，我们会发现自己有时利用了其他工具、技能、偏好和身份，甚至寻求同时整合两种身份。给自己贴上某个标签很容易使我们忽视身份的多元性和协同性。最近，已故教授、作家及活动家格洛丽亚·简·威金斯（她的笔名贝尔·胡克斯更为人所知）提醒我们要更加全面地看待自己的多重社会身份："如果我们摒弃黑白思维，我们就会想，好吧，在我生命中的每一天，当我走出家门，我就是种族、性别、阶级、性取向和宗教信仰的综合体。"

组织机构还面临着其战略背后复杂、交织的身份所带来的挑战。我（温迪）最近与一家拥有百年历史和传统的保险公司合作。

---

[1] 此处惠特曼诗句译文参考2019年6月出版的《草叶集：惠特曼诞辰200周年纪念版诗全集》邹仲之译本。

公司的新任首席执行官认识到，要想在下个世纪生存下去，公司就需要更具创造力和灵活性。想要做到这一点，就必须从严谨、有条不紊以及规避风险的状态转变为更勇于试验、更有担当的状态。在这一过程中，最大的挑战在于帮助员工认识到新文化和新身份的价值，并理解这种新文化和新身份可以在现有文化和身份的基础上建立起来。

组织悖论

组织悖论所指的是与如何构建生活和组织相关的问题。怎样才能把事情做好？这类悖论包括自发性与计划性、冒险与避险、可控性与灵活性之间的矛盾。

领导者在调整组织结构时，一直都在努力应对这类挑战。他们做出了哪些全球性的宏观决策，又做出了哪些地方性的微观决策？与领导层的控制权相比，员工获得了多少自主权？回顾历史，我们可以看到这些矛盾在组织发展过程中不断显现。从工业革命开始，我们见证了组织生活的快速发展；与此同时，我们也见证了组织形式的日益集权。19世纪末，马克斯·韦伯、亨利·法约尔，以及其他欧洲理论家详细阐述了领导者该如何管控组织。在美国，弗雷德里克·泰勒提出了科学管理，即通过计时法和激励法提高员工的工作效率，这使管理学理论达到了一个全新的水平。工作效率确实获得了显著提升，但人权的沦丧也显而易见，因为人们感到自己被当作机器对待。人际关系运动应运而生。这场运动由哈佛大学教授埃尔顿·梅奥、弗里茨·罗斯利斯伯格等人发起，将人的动机、需求和愿望置于员工管理的核心地位。20世纪50年代，道格拉斯·麦格雷戈成为这些理念的倡导者，他提出，人们需要的是"胡萝卜"而不是"大棒"。不能通过控制人们来促进绩效的提升，而是让他们成长、学习，感受自身的影响力，找到目标。

多变的经济形势使集中控制和分散自治之间的许多争论再次成为焦点。随着各个组织在疫情封锁后恢复运营，领导者们都想知道如何管理远程办公或混合办公模式。当我们看到越来越多的员工转向"零工经济"时，同样的问题也出现了。员工倾向于选择这种工作，部分原因是他们能因此拥有个人决策权，但他们往往发现，零工世界所使用的是更为微妙的控制形式。

我们在个人生活中也会经历组织悖论。例如，亲子关系的核心就是自主权和控制权之间的矛盾。我（温迪）前几天晚上刚刚经历过这样的挣扎，当时我和我的丈夫正在争论如何处理洗碗这件事。我们的女儿讨厌洗碗，但这是她每三周轮到一次的家务活。那么，我们应该给她多大的自主权？她可以决定什么时候洗碗吗？这是否意味着盘子和杯子可以堆放好几天，直到她想洗为止？直到我们不得不用一次性纸盘子吃饭？直到我们看到苍蝇？我们到底有多大的控制权？当涉及育儿和我们个人生活中的其他问题时，问题是无穷无尽的。我们对自己的约束有多灵活？我们又有多自律？

相互交织及相互嵌套的悖论

福戈岛的居民目前面临的困境表象之下潜藏着上述四种类型的悖论。社区的目标是保护岛屿的过去，同时走向未来，这体现了学习悖论，即过去与现在、传统与现代化之间的冲突。这些难题也指向了绩效悖论。尽管居民们的目标是维持岛屿文化,但实现这一社会使命其实有赖于建立经济弹性的结果——使命与市场、经济增长和社区发展之间的紧张关系。归属悖论也比比皆是。岛民用明确的称呼将岛内人与岛外人区分开,他们将岛外人称为"外地人"。然而,重建岛屿需要本地人和外地人共同努力。这些矛盾引发了各种组织悖论——特别是当社区想要民主整合成员的不同观点,有时甚至是对立的观点,同时又不制造困难,阻碍进展。因为这些矛盾是交织在一起的,试图解决一个悖论就会引入其他悖论,从而引发一系列相互交织的悖论。以这种方式看待冲突不一定能帮

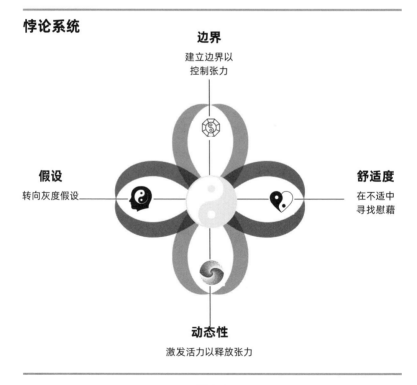

图 1–3

助你解决冲突，但是能帮助你认识到它们的复杂性。

悖论不仅相互交织，而且同样的悖论会出现在不同的层面——从个人到群体、组织和社会。我们将这些悖论称为"嵌套悖论"。组织面临的挑战同样反映在其成员的紧张关系中。福戈岛居民在生活中努力应对新与旧、使命与市场、传统与现代化的悖论。他们是应该留在岛上努力帮助小岛重获新生，还是应该离开小岛寻找更好的经济和社会机会？此外，在组织层面感受到的冲突在更宏观的社会层面也同样存在。福戈岛面临的这些挑战仅仅是一个缩影，体现了一个普遍问题，即如何支持独特的当地社区在世界经济中取得发展，而不是被世界经济吞噬。

悖论系统：使灰度思维成为可能

经过数十年的研究，我们发现了一些工具能够帮助人们驾驭悖论。我们将这些理念整合在一起，称之为悖论系统——一整套实现灰度思维的集成工具。该系统包括一些工具，这些工具能够改变我们的思维方式（假设）以及我们在处理悖论时的感受（舒适度）。这些工具通过建立静态结构（边界），进一步解决了我们如何处理情境的问题，同时又使适应性实践（动态性）成为可能（见图1-3）。

我们在研究人们应用这些工具时获得了两个重要的发现。首先，我们使用"悖论系统"这一标签，是因为高效运用灰度思维的思考者不会只选择一套工具。他们会使用所有工具，使它们能够协同工作。他们在采用灰度思维的同时，也会管理好自己的情绪，以适应这种不适感。他们设定静态界限，帮助自己应对张力，同时保持动态性，以便随着时间的推移不断学习、适应和改变。

其次，驾驭悖论本身就是悖论。张力根植于悖论系统的基础之中。如图1-3所示，横轴（人）是连接心灵和思想的工具。而纵轴（文本）代表的是能够帮助我们确定特定情境的工具，既能构筑稳定的边界，也能使动态变化成为可能。稳定和变化会产生相反的作用，但也会产生协同效应。这些工具共同作用，促进灰度思维，帮助我们应对个人（假设和舒适度）和环境（边界和动态性）两方面的悖论。

旧物新用

齐塔·科布了解福戈岛上潜藏的悖论。其实，她认为大多数岛民生活在悖论之中，因为他们一直身处崎岖的海岸线，体验着海洋与陆地相互碰撞交融的边缘空间[1]。正如她曾经宣称的那样："体验生活最好的方式，或者说唯一的方式，就是坦然面对死亡。福戈岛人深知这一点。体验控制感的唯一方式就是放手。因此，他们拥有这种神奇的能力，能够在看似矛盾的环境中生活。"

她知道，如果社区要继续繁荣发展，岛民们就需要借鉴灰度思维的理念。他们无法承受还原论的思维方式，他们需要一种整体论的方法。为此，科布和她的两个兄弟——艾伦和托尼——创建了"行绊"（Shorefast），这是一家在加拿大注册的慈善机构，旨在提高经济韧性，促进社区融合。行绊指的是连接渔船和码头的绳索。同

---

[1] "边缘空间"是一种特殊的地理或空间现象，指的是不同区域之间的过渡地带，往往指向某种界限模糊、性质复杂的交汇地带或状态。

样，该组织试图成为一条纽带，将社区的各项举措连接起来，并将社区与外界经济联系起来。"我们存在于整体之中：地球、人类、存在"，科布在公司网站上这样写道，"我们的职责是找到属于整体的方法，同时考虑到人和地方的特殊性"。

科布认为，世界将受益于一个"地方性极强的全球网络"，一个重视地方贡献的互联网络。为此，行绎公司建造了福戈岛客栈，这是一家拥有29间客房的客栈，在尊重当地文化的同时，也为经济增长提供了动力。该客栈汲取了福戈岛乃至整个纽芬兰的好客文化。这项工作振兴了岛上居民的技能，为旅馆注入了活力。曾经建造过木船的木工为客栈设计了艺术化的木制家具。数十年如一日将碎布缝制成毯子以应对严酷的亚北极冬季的拼布工人，为旅店的每张床铺都缝制了精美的棉被。随着人们开始购买水果罐头和蔬菜，炊事员无法施展自己的技能，而现在，他们带领人们穿越岛上的荒野，寻找天然美食。正如科布所期望的那样，这些做法有助于"旧物新用"。

客栈为岛屿带来了游客和收入。客人还带来了新的想法，这些想法有助于扩大社区成员的视野和可能性。而且，这种关系是互惠的。科布建立了一个社区接待计划，由岛上居民到客栈接待客人并带他们游览岛屿。途经的地方包括他们最喜欢的徒步旅行地点、当地的水源地，甚至主人自己的家，让他们享用当地的家常菜。客人们通过当地人的眼睛感受福戈岛，感受与这片土地的深厚联系，感受对鳕鱼的敬畏，感受凯尔特风格影响的民谣的深情，以及珍视一个地方和当地人的深刻价值。真实的互动激发了巨大的联系，其中一些联系在客人离开岛屿后还会持续很长时间。

科布认为，客栈和当地社区的可持续发展是紧密交织在一起的。如果不促进社区其他方面的发展，客栈就无法提高岛屿的经济恢复能力。行綞公司与当地社区合作重建了一个渔业合作社，为那些希望重拾捕鱼的人提供支持。该组织帮助岛上居民创办了一家木质手工艺品商店，使木工和拼布工人能够继续他们的工作，并为他们制作的产品创造一个市场。令人印象深刻的是，福戈岛客栈的成功和社区的进步慢慢吸引了人们回岛上居住。

在科布看来，理想情况下，社区和经济可以实现良性循环。强大的社区使当地经济蓬勃发展，同样，强大的当地经济也孕育了充满活力的社区。然而，这种循环并不局限于地方层面。她强调，地方的成功是全球可持续发展的引擎，就像与全球资源的联系使地方取得成功一样。科布认为，问题在于我们的视野过于狭隘。我们过于强调企业在全球范围内的成功，而忽视了地方组织和社区的关键作用。我们有时又专注于本地，希望避免威胁，但也错失了更广阔的世界所带来的机遇。

科布超越了不同的路线，在实现现代化实践和全球联系的同时，尊重传统，建立社区。然而，行綞公司需要长期保持这种复杂性。如何做到这一点？我们将在本书余下部分探讨这个问题。

本章要点

- **张力将我们拉向相反的方向。** 在眼前的困境之下潜藏着悖论。我们倾向于采用非黑即白的二元法做出各种选择。然而，要应对最具挑战性的问题，就必须了解这些问题的表象之下纷繁复杂的悖论。

- **悖论无处不在**——**悖论是相互矛盾却又相互依存的元素，它们同时存在并随着时间的推移而持续存在**。我们可以将悖论分为四种类型——绩效悖论、学习悖论、归属悖论和组织悖论。

- **悖论通常相互交织，多种矛盾相互促进，相互嵌套，在不同层面呈现类似的矛盾**。

- **数千年来，人们一直在研究悖论**。在当今世界，我们越来越频繁地历经紧张局势，因为当身处的环境体现出变化性、多元性和稀缺性的特征时，悖论就变得更加显著了。

- **驾驭悖论就是悖论**。我们用来利用悖论的工具本身就是相互对立且相互交织的。

| 第二章 |

陷入恶性循环

兔子洞、破坏球和堑壕战

我们绝不该被非黑即白的观念所束缚。
往往会有比两种备选方案更棒的选择。

——玛丽·帕克·福莱特[1]

1932年,木匠大师奥莱·柯克·克里斯蒂安森创立了乐高公司。从那时起,该公司就一直专注于互锁积木的研制,并将其作为公司的主打产品。20世纪90年代初,这一运营策略卓有成效,乐高公司飞速发展,占据了全球建筑玩具市场近80%的份额,远远超过其

---

1 玛丽·帕克·福莱特(Mary Parker Follett)是组织理论和组织行为领域的先驱之一,被誉为"管理理论之母",是一位具有重大建树的学者。

他竞争对手。

当时，乐高以严格的质量管控和强大的共同价值观而闻名，乐高的领导层重视每一项创新决策。例如，领导层花了近十年的时间才最终在乐高积木中增加了第五种颜色——绿色。不仅如此，针对是否要与其他公司进行合作这一议题，公司领导层内部也经历了激烈的争论。在对卢卡斯影业[1]的提议做出回应时，一位副总裁声称："除非我死了，否则乐高永远不会推出星球大战系列联名产品。"正如另一位乐高公司的副总裁所说："乐高并不信任外部合作伙伴，我们认为'按我们自己的方式做，可以做得更好'"。六十多年来，这种方法一直行之有效。直至2000年，乐高被誉为"世纪玩具"。

然而，到了20世纪90年代末，竞争对手开始挑战乐高的市场地位。数字化和电子化玩具开始兴起，而乐高却停滞不前，面对变化无所适从。公司的销售额停止增长，而后开始下降——这在乐高的发展史上可谓前所未有。为了在21世纪继续保持行业领先地位，公司必须进行重大改革。

2001年，洛特·吕舍尔联系了我（玛丽安）。那时，他在丹麦攻读博士学位，而且正在研究乐高的改革进程。乐高的领导层发现自身和公司都自满且闭塞，与瞬息万变的市场和竞争环境严重脱节。为了变得更加灵活且节省开支，公司进行了结构调整，削减了管理层，但给公司内部带来了巨大的压力。留下的中层管理者们则在创新与效率、现代化与传统、灵活性与可控性之间摇摆不定。吕

---

[1] 卢卡斯影业有限公司是乔治·卢卡斯于1971年在加州旧金山创办的美国电影公司，其最著名的作品是《星球大战》系列影片。

舍尔想要了解更多关于悖论的研究，看看这些研究能否为她在乐高所见的一切带来启示。

乐高的故事可谓耳熟能详——一个伟大的帝国走向没落。罗马帝国、大英帝国和苏联的兴衰其实都讲述了相似的故事。我们在大企业的生命周期中也会看到类似的情况，更不用说我们自己在职业生涯和婚姻等方面所历经的巨变。乐高的发展模式非常普遍，反映了一种由来已久的恶性循环：成功导致自满，最终走向失败。当乐高的领导者狭隘地专注于一种曾经是其最大的优势并造就了过去的辉煌的方法时，这个玩具行业的传奇统治者就会停止学习和改变。他们陷入黑白思维——要么固守长期成功的优势，要么做好失去一切的准备，顶着风险彻底转型。其实，这种黑白思维才是真正的风险所在。

黑白思维的风险

黑白思维说得好听点是局限的，而说得难听点是百害而无一利的。其中的风险在于过分强调矛盾的一面而忽视了另一面。正如乐高的故事所表明的那样，如果某个组织过于固守当前的成功，而不进行创新，那就意味着当未来到来时，这个组织就会被困在过去。然而，在面临两难的困境时，这也是一种典型的反应，犹豫不决，甚至保持灵活会让我们因左右摇摆而感到焦虑。黑白思维则能帮助我们权衡利弊并做出明确的选择，从而帮助我们摆脱这种焦虑情绪。

当我们的决定出现了前后不一致的情况时，我们同样会感到焦虑。因此，我们总会竭力做出与曾经的承诺相一致的决定。然而，随着时间的推移，我们对某一特定行动方针会不断地反复承诺。一旦我们开始沿着一条特定的道路前进，我们就会倾向于在这条道路上一直走下去，结果就会陷入困境。

黑白思维虽合乎逻辑，但也造成了诸多限制。为了摆脱困境，社会强化了这种黑白思维。比如，罗伯特·弗罗斯特的诗——《未选择的路》(The Road Not Taken)。在前两行中他写道：

"黄色的树林里分出两条路，
可惜我不能同时去涉足。"[1]

1914年，弗罗斯特为他的英国朋友爱德华·托马斯写下了这首诗。当时，正值英国准备参加第一次世界大战之际，托马斯面临着一个痛苦的抉择：是参军，还是搬到美国与弗罗斯特一起生活。托马斯陷入两难困境——去还是留？虽然参战势必艰辛，但留在英国是更常规的道路，大多数人会选择留下。而搬到美国则打破了常规，这一选择更新奇，也更冒险。在这首诗中，弗罗斯特鼓励他的朋友以及后来多年的读者选择一条更冒险的道路：

"而我选择了人迹更少的一条，
从此决定了我一生的道路。"

尽管弗罗斯特鼓励托马斯选择更冒险的那条路，但托马斯最

---
[1] 此处引用顾子欣的译文。

终还是选择了更为传统的道路。他选择了参军入伍,后来不幸战死沙场。

弗罗斯特的这首诗激励了许多人勇敢冒险,大胆尝试新事物。但是,如若问题并不在于我们的选择过于传统呢?或者问题并不在于我们如何在新奇和传统之间做出选择呢?有没有可能其实问题出在我们的认知过于狭隘?我们只看到了两条路,并且认为那是我们仅有的选择,却没有深入思考,问问自己为什么一开始就不得不在两者之间做出选择。

黑白思维的困境

只强调悖论的一面会过度简化问题,缩小我们的选择范围。可是,做出明确选择通常会给我们带来短期的成功——舒适、尊重、奖励、效率和快乐,继而促使我们坚持这一选择,就此落入窠臼[1]。越是成功,就陷得越深。乐高的领导者深谙此道,他们执着于维持公司曾经最大的优势,却致使公司走向衰落。

基于数十年的研究,查尔斯·汉迪在他的著作《第二曲线》(*The Second Curve*)一书中,阐述了这种窠臼是如何形成的。他用数学当中的 S 形曲线来阐释不同的选择如何引导我们从进步发展到停滞不前,并最终出现衰退。这一曲线可以用于阐释许多其他现象,比如学习过程、产品创新、进化和职业发展等。我们也在研究中发现,这条曲线能够表征自我认同、团队发展和组织治理

---

[1] "窠臼"一词具有多重含义,既可以指代实体上的门臼,也可以比喻抽象意义上的陈规旧习、老套子或束缚人的场所。——编者注

的发展路径。

一开始，我们进步得非常缓慢。随着时间的推移，通过不断尝试、付出努力和集中投资，我们的表现会越来越好，实力和信心会逐渐增强，从而达到精通的境界。上升轨迹令人振奋。随着我们的表现越来越好，学习速度相应加快，我们也收获了越来越多的赞誉。然而，这条上升的曲线最终停滞不前，趋于平缓并向下倾斜。我们有时相信自己可以避免这种趋势，然而衰退却不可避免——而且下行曲线十分陡峭！随着我们的实力增强，面临的相关挑战逐渐减少，我们可能会自满、思维僵化甚至变得傲慢。我们开始忽视外部环境的变化或自身能力的不足。新的问题出现了，而我们却缺乏解决这些问题的工具。

S形曲线体现了成功与失败的悖论（见图2-1）。坚持走成功之路，最终，你会发现自己却走向失败。

我（玛丽安）在自己的职业生涯中也有过这样的经历。完成博

资源与表现的 S 形曲线

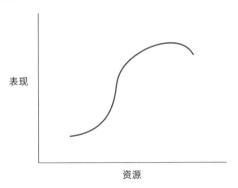

图 2-1

士学业时，我手里有自己的博士毕业论文，但是对自己的职业发展却深感迷茫。我的博士生涯与其说是创造成果，不如说是在创造生命。我迎来了三个可爱的孩子，但是我的研究却被束之高阁。我仍处于自己的职业生涯S形曲线的底部。令人意外的是，我的丈夫欣然承担起了家庭的重任，成为一个"家庭主夫"，这也让我的父母和公婆深感震惊。我得全身心地投入工作中，每天早上五点上班，这样就可以在下午五点前回家接替他，享受和孩子们在一起的快乐时光。

我的毕业论文主要围绕技术变革带来的张力。我痴迷于这种张力，阅读了所有我能找到的关于矛盾、竞争性需求，以及悖论的文献。我深信，悖论可以为组织学者提供重要启示——在此之前，这一观点往往被忽视。《管理学会评论》是我们领域的顶级期刊之一，我为其撰写了一篇论文。当这篇论文获得该期刊2000年度"最佳论文奖"时，我和我的丈夫开玩笑说，现在我也是名人了，估计能有五个人知道我吧！

是的，我不再是无名小卒，我的名气越来越大。随着知识面和知名度的增长，我也获得了更多机会。全球各地的研究者开始与我联系，希望进一步了解我的观点。几年内，我的研究取得了新进展，发表的论文也成倍增加。我能感觉到我的职业生涯正沿着S形曲线向上发展，但我也感觉到自己陷入困境。我开始担心我的前沿研究会变得司空见惯，而且我的精力和激情也可能会衰退。

持续进步的关键是在第一条曲线（见图2-2）仍处于上升轨迹（A点）时进入下一条曲线。通过创造性探索、大胆创新和重大变革，重新焕发活力，才能实现持续进步。

资源与表现的两条 S 形曲线

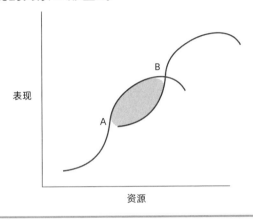

图 2-2

不过,这一建议存在几个关键问题。首先,我们并不知道自己什么时候正处于 A 点。此外,往往当我们抵达 A 点,体验到成功的快乐后,却失去了改变的动力。毕竟,俗话说得好,"东西没坏就别修"。只有当我们到达 B 点并开始感受到下行趋势时,我们才会想要改变。然而,到那时可能为时已晚。我们没有同样的资源重整旗鼓,做出改变。可能大家都知道这一现象:有工作时(A 点)比没工作时(B 点)更容易找到工作。同样,公司在蓬勃发展时(A 点)比在苦苦挣扎时(B 点)更能促进创新。正如汉迪所总结的那样,"关键的难题在于,第二条曲线必须在第一条曲线达到峰值之前就开始。只有这样,才有足够的资源——金钱、时间和精力——来覆盖第一条曲线的下行部分,即投资期。"

在《伊卡洛斯悖论》(The Icarus Paradox)一书中,创新与变革专家丹尼·米勒举例说明了 S 形曲线如何作用于组织。他详细阐述了为何组织失败的最大诱因是成功。成功的组织会将流程变得过于简单，会变得骄傲、孤僻，对反馈免疫，也会缺乏变革的动力或资源。曾经高效的流程、组织和领导者在面对新技术和不断变化的市场趋势时逐步走向失败。

米勒将这一挑战命名为"伊卡洛斯悖论"，取自古希腊神话中的伊卡洛斯神。伊卡洛斯有一双蜡制的翅膀，他对飞行十分痴迷，以至于越飞越高。但是，他却飞得离太阳太近，翅膀融化了，最终他坠海而亡。米勒提供了一些令人大开眼界的例子：市场领导者在市场中崛起，但过度沉迷于自己的成功，以至于没有采取预防措施，继而迅速在 S 形曲线上下滑。

说到这里，我们想到了德州仪器公司。该公司最大的优势是其高科技设计和精密的工程技术。当市场需要更基础、更易于使用的产品时，德州仪器却无法满足市场的需求。固有的技术和自满的心态阻碍了公司做出转变。同样，苹果公司也擅长寻找下一个重大突破。苹果公司以其大胆且屡获殊荣的设计而备受赞誉，并不断推陈出新。然而，苹果公司的设计师却不断创造出令人惊叹、外观优雅，但与商务用途完全不匹配的新产品。

A 点是成功与失败之间的临界点，在这一点上，我们需要将目光从过去的成功转向未来所需。那么，我们如何知道自己正处于 A 点呢？当一切进展顺利时，我们想当然地认为上升趋势不会发生变化。因此，诀窍在于始终相信自己处于 A 点，即使在享受当前成功的快乐时，也要不断寻找地平线上的下一个曲线。

从根本上说，我们必须始终两者兼顾——既要利用我们成熟的技能、战略和产品，也要不断尝试和探索新的机遇。然而，在掌握现有技能的同时开发新的技能极具挑战，因为未来的新世界和当前的世界截然不同，甚至往往相互矛盾。新世界可能会颠覆旧世界，这就是为什么我们需要生活在悖论中。正如查尔斯·汉迪所言："从 A 点开始进入第二条曲线的人是智者，因为这是应对悖论的途径，能够在保持现状的同时建设新的未来。"

在我的职业生涯中，我（玛丽安）很幸运地发现了一些迹象，表明我那代表事业的 S 形曲线即将到达顶峰，因此，我需要做出改变。我开始在工作中感到倦怠，这并不是什么好事，但这确实是一个重要的信号，表明我可能正在接近 B 点。谢天谢地，在学术界，我们可以通过学术假期来解决这类问题。我和家人去了英国度假，这段时间帮助我摆脱了困境，尽管有时仍会感到不适，但是我终于有机会思考下一步该怎么走。我不想放弃科研，但我也需要新的挑战来激发自身能量。我急切地想要向新的曲线迈进，于是带着这样的愿景回到辛辛那提大学：我要践行我的誓言，拥抱竞争性需求。于是，我成了副院长。这个决定再次震惊了许多人，因为当时我还没有获得终身教职。在学术界，获得终身教职在很大程度上取决于研究成果，因此教授们在获得终身教职之前很少担任重要的领导职务。然而，考虑到自己陷入职业倦怠，我知道自己需要在做科研的同时，承担起新的责任。过去与未来、理论与实践之间的矛盾激发了我的能量。

正如 S 形曲线所示，当我们发现自己陷入自己筑就的窠臼时，我们可以做出选择。如果我们继续采用黑白思维，随着矛盾加剧，我们将面临另一个两难困境：是朝着当前的方向继续努力，还是做出彻底的改变？然而，我们的反应将加深当前的陷阱或制造新的陷阱。最终，这些陷阱会将我们带入恶性循环。在我们的研究中，我们发现了三种恶性循环模式：兔子洞（强化）、破坏球（矫枉过正）和堑壕战（极化）。

兔子洞：强化

就像《爱丽丝漫游奇境》中的爱丽丝一样，我们可能不知不觉地突然掉进深不可测的兔子洞。是什么驱使我们越陷越深？是什么让我们在意识到自己需要成长和改变之后，仍然困在狭隘的选择当中？另外，为何在优势变为劣势之后，朋友、家人、领导者、企业和社会仍会继续陷入困境，继而雪上加霜？

我们往往会习惯于用同一种方式应对张力，尤其是如果这种应对方式最初对我们有利，我们就可能过度使用这种方法。我们会越来越擅长，也越来越适应这种特定的方法，往往不假思索地运用。于是，这种反应变成一种习惯。三类陷阱加剧了"强化"这一恶性循环模式。我们思考（认知）、感觉（情绪）和行动（行为）的方式都会使我们坠入兔子洞。

认知陷阱

认知，即我们的心态或思维方式，会使我们陷入不断强化的循环当中：我们眼中是我们期望看到的东西。作为一种心理透镜，我们现有的假设会影响我们如何看待问题，以及如何做出反应。我们越熟练、越自如地运用某种思维方式，就越不在意其中的假设，越容易忽视我们的思维局限和偏见。我们会执着于某种看待世界的方式,而当这些观点受到挑战时,我们就会产生防御心理。反过来这种防御心理又强化了我们现有的假设。组织心理学家亚当·格兰特在其研究中强调,我们经常漫无目的地不断强化我们现有的思维模式,因为人们必须鼓起勇气、保持谦逊,以及拥有好奇心,才能重新思考。

体验可以促进学习,也可以强化已有认知。心理学家和教育研究者大卫·科尔布这样描述体验式学习:(1)体验——尝试新事物;(2)反思——回顾所发生的一切;(3)理论化——根据所发生的一切形成抽象概念;(4)实验——找到检验抽象概念的方法。我(玛丽安)出乎意料地在我一岁的孙子身上清晰地观察到了这样的学习过程。烤箱正在加热,他摸了摸烤箱表面,然后跳开,看看炉子,看看他的手,再看向我。我说:"烫!"他的小脑瓜飞速运转:厨房很危险吗?所有银色的大家伙都会燃烧吗?奶奶说的话是什么意思?他摇摇晃晃地走到旁边的柜子前,摸了摸,没有什么感觉,觉得好没劲。他又摇摇晃晃地走到不锈钢冰箱前,发现冰箱是冷的。晚饭后,他又试着摸了摸炉子,现在感觉不一样了。他的行为带来了新的体验。他在思考、理论化,然后进行实验。我试着解读他的行为,也很乐于观察他探索未知世界的过程。我知道他有如此广阔的世界需要探索和感受,也知道他的行动和反思对于他的学习过程来说是多么重要。

对成年人来说,体验式学习往往是瞬时自动完成的。因此,无论体验如何,我们往往不太会质疑自己的假设。人们脑中固有的假设会影响各自的体验,引发自证预言[1]。比如,如果我们知道自己的

---

[1] 自证预言又名"自我实验预言"(Self-fulfilling Prophecy),是一种在心理学上常见的现象,意指人会不自觉地按已知的预言行事,最终令预言发生。

分析能力很强，但是同行批评了我们的工作，我们就会质疑他们的数学能力，或者试图自证。我们的同事、波士顿学院管理学教授让·巴图内克认为，在面对更直接的矛盾和更具挑战性的困境时，我们需要重构问题，转向高阶思维，寻找两全其美的替代方案。然而，我们更有可能试图将冲突合理化，试图用我们熟知的一切来理解冲突。我们会试图从陌生中创造熟悉，利用过去的方法来解决矛盾并继续前进。然而，其结果却反映了著名心理学家格雷戈里·贝特森所说的"双重束缚"[1]。在我们当前的框架内，我们会选择那些符合我们思维方式，而非挑战我们思维方式的说法。这也意味着在我们最需要拓宽视野的时候却缩小了视野。我们对自己的思维稍作修改，却更有可能强化而非改变我们的观点。如果我们不拓展思维，我们就无法学习、适应或拓展我们的选择。

在乐高，洛特·吕舍尔试图帮助中层管理者驾驭悖论。当高层领导开展重大战略变革时，生产经理们却很难运用他们现有的思维框架来理解这些变革。这些生产经理通过多年的高绩效工作获得了现在的职位，他们一直以来都在督促员工不断提高工作效率，完成质量目标。鉴于乐高的财务压力，高层领导将这些目标定得越来越高。现在，生产管理人员还被要求建立有创新精神的自我管理型团队，以改进生产流程。这些经理们知道如何提高生产率，也知道如何监督生产线。但是，他们越是强化自己的方法来推进生产，就越没有时间指导团队和鼓励实验。那么，管理一个自我管理型团队究

---

[1] 双重束缚理论（Double Bind Theory）是指一个人同时在交流的不同层面，向另一个人发出互相抵触的信息，对方必须做出反应，但不论他如何反应，都会得到拒绝或否认，容易使人陷入两难的境地，精神分裂症状就是这种痛苦的表达。

第一部分 | 基石：悖论的风险与机遇

竟意味着什么？

我们的思维局限和我们走的捷径不断创造陷阱，使我们加速滑向兔子洞。诺贝尔经济学奖得主赫伯特·西蒙将心理极限定义为有限理性[1]。信息复杂多变，而我们的理解能力有限，因此，我们会将注意力集中在我们现有的思维模式所认为最重要的事情上。然而，这些被选中的信息很可能会支持并强化我们现有的思维方式。

当我们的思维变得越来越狭隘，当我们越来越故步自封和自我强化时，就会形成"隧道视野"。克莱顿·克里斯坦森在他的著作《创新者的窘境》（The Innovator's Dilemma）中描述了"强化"这一恶性循环模式。当领导者努力应对创新悖论时——既要为明天大胆创新，又要满足当下的运营需求——偏见会促使高度成功的企业进一步投资和强化其核心能力，而忽视对未来可能性的探索。具有讽刺意味的是，领导者的偏见会被他们的忠实客户所强化。克里斯坦森发现，当被问及他们对新产品的需求时，老客户总是要求以过去的创新成果为基础，推出更实惠、更优质的产品。

认知陷阱不仅会左右我们的思维方式，它还会以老套的模式强化我们的感觉和行为。著名的斯坦福大学心理学家保罗·瓦茨拉维克将"自证预言"描述为一种神奇的能力，能够创造出我们所期望的现实。如果体验与预言一致，符合我们的期望，我们就会接受它，将其作为证据来证明自己是正确的。当体验与预言发生冲突或矛盾时，我们会忽视、拒绝或合理化这些体验。1968年，罗伯特·罗森塔尔和莱诺尔·雅各布森进行了一项经典实验，在课堂上验证了自

---

[1] 有限理性是指介于完全理性和非完全理性之间的在一定限制下的理性。有限理性是为抓住问题的本质而简化决策变量的条件下表现出来的理性行为。

证预言。在实验中，研究人员不考虑学生的能力和表现，随机地给一群年轻学生贴上了"智力爆发期"的标签，代表他们都具有快速学习的巨大潜力。在学年开始时，研究人员将这些标签告知教师，然后对教师和学生进行观察。这些标签影响了教师与学生的互动。教师对被贴上"智力爆发期"标签的学生提出了更高的要求，并给予了更多的表扬。结果，这些"智力爆发期"的学生最终的平均成绩远远超过了其他学生。罗森塔尔和雅各布森将这种自证预言称为"皮格马利翁效应"，因为教师的期望塑造了学生的行为。人们发现，"皮格马利翁效应"不仅适用于学龄儿童，也适用于管理者与员工的互动方式。

情绪陷阱

情绪也会使我们落入窠臼。我们与生俱来就有获得自信心、确定性和安全感的需求，然而，冲突会使人失去确定性和安全感。当我们面对竞争性需求时，我们会在生理上体验到这种不确定性——胃痛或心跳加速。

我们很自然地想采取行动来减少这种不适感。为此，我们常常回避、拒绝或远离冲突。肯温·史密斯和大卫·伯格的悖论研究发现，当我们面对冲突并卷入情绪的旋涡时，我们能够探索新的选择，审视并调整我们现有的方法。我们可以通过直面冲突，从根源上减少焦虑。然而，人们往往无法做到。相反，我们最直接的倾向是避免冲突，抵制变化。虽然这样做可以在短期内减少焦虑，但随着时间的推移，往往会让我们感到更加不适。

为什么情绪会引发这种适得其反的防御心理来应对冲突？根据

精神分析理论，冲突会引发焦虑，给自身带来威胁。矛盾、相互竞争的需求和冲突使我们感到不安和困惑，挑战我们的自我信念——质疑自己的思维方式、技能、身份或人际关系。冲突也会带来不确定性，使未来变得不明朗。不确定性会加剧焦虑和不适。与认知偏差一样，我们的情绪防御也会导致我们忽视、拒绝或重新理解经验和信息。我们寻求结论性的结果，以尽量减少不确定性和不适感。我们非但不会改变，反而可能会强化我们的偏好反应。

防御机制可以在短期内使我们摆脱令人不适的紧张环境。分离是一种防御机制，指的是将对立的力量分离开。例如，当会议气氛越发紧张时，我们的大脑可能会将人们分成两组——支持和反对某一特定问题的人。这样做可以帮助我们明确自己在某一问题上的立场，并确定我们的盟友和对手。这种做法还能让我们感到更加满足，因为在立场上我们并不会感到孤单。然而，分离法强化了"我们"与"他们"之间的区别，同时也淡化了对立观点之间的潜在联系。分离非但不会产生新的整合方法，反而会导致人们拉帮结派，引发派系斗争。

同样，我们也可以通过控制或否认来阻止我们对冲突的觉察，从而暂时避免不适。我们将注意力从令人焦虑的事情转移到不那么令人困惑的问题上，这样做可以让我们在短期内感到精力充沛。然而，我们只能将问题一拖再拖。最终，我们需要面对紧张局势并做出决定。为了保护我们的自我意识，我们可能会过分强调冲突当中我们喜欢的、让人感到舒适的一面。通过使用防御机制，我们最终倾向于采用常规方法，强化使用现有的技能来展示我们的能力和增强自我，即使有证据表明我们需要做出新的努力。

行为陷阱

让我们深陷兔子洞的最后一个陷阱与我们的行为相关。习惯使然,我们倾向于维持现有的生活习惯,而非尝试新事物。尽管我们的习惯可以成为生活中的强大力量,帮助我们通过坚持不懈地努力实现自己的目标,但如果习惯过于僵化,或是成了下意识的反应,问题就来了。

我们会发现,各个层面——个人、团体和组织,都在形成习惯,这些习惯可以帮助人们解决问题,也可能阻碍问题的解决。理查德·赛尔特和詹姆斯·马奇在他们的经典著作《企业行为理论》(A Behavioral Theory of the Firm)中叙述了这一过程。当人们发现某种做法行之有效,这种做法就会成为常规。人们会赞赏这种做法,将其与他人分享,并且不断重复。通过非正式的文化规范和更为正式的标准操作程序,习惯从个人转移到团体和组织。虽然由此产生的规范和程序能够更好地协调和分享最佳实践,从而使企业受益,但并非所有问题都是标准问题。事实上,新的机遇往往出现在形势最不确定、最复杂和最脆弱的时候。随着时间的推移,我们的超级能力——如乐高的质量控制和共同价值观——变成了我们的"氪"[1],在变革时期限制了更大胆的创新和更批判性的自我审视。

在以医生、工程师、科学家等专业人士为研究对象的研究中,也发现了类似的行为强化模式。在回顾了数十年的相关研究后,

---

[1] "氪"指的是超人故事中的化学元素,是超人唯一致命的弱点,超人若接近此元素就会丧失超能力。

管理学教授埃里克·戴恩发现，专家们因其对某一领域的深入了解而获得赞誉，这会激励他们进一步探索专业知识，但同时也使他们越发聚焦于自身的专业领域。这种模式限制了他们对层出不穷的各类新问题进行思考并做出不同反应的能力。那些在他们的工作中能力超群的专家，会发现尝试全新的方法是对身心的双重考验。

当我们的业绩开始下滑时，行为陷阱就会紧密交织在一起，并强化认知和情绪陷阱。当我们进入 S 形曲线的下行部分，我们非但不会走出行为陷阱，反而更有可能加倍投入。组织学者巴里·斯托在其著名的研究中提出了这个问题：为什么优秀的领导者会做出错误的决策？在近 40 年的时间里，他和合作者的研究发现，一旦人们在某项决策上投入时间和精力，他们就会倾向于坚持并加大投资，而不管是否出现负面的信号。斯托将这种倾向称为"承诺升级"，即我们往往偏向于之前的决定和现有的思维模式。当我们越陷越深时，我们的习惯和日益增长的焦虑会助长这种认知陷阱。例如，创业者会不愿从举步维艰的企业中抽身，因为他们坚信，只要再多一点儿资金、激情和汗水，就一定会有回报。我们的事业有时停滞不前，缺乏意义，但只要我们更加努力，我们就会取得成功。沉没的资源越多，对成功的渴望就越强烈，我们的双眼就越发被蒙蔽。我们会更加严格地遵循自己偏好的行为模式。斯托及其同事进一步发现了威胁与僵化之间的联系。我们越是受到威胁，就会越固执地坚持我们现有的方法，试图重新控制已经失控的事物。

破坏球：矫枉过正

为了摆脱非黑即白的思维定式，我们可能会矫枉过正，将其向相反的方向过度扭转。想象一下牛顿摆球——一组可以来回摆动的球。当我们拉动一侧的球并将其释放时，它会撞向其他的球，并将能量传递到另一侧。另一侧最远的球随之上升，但随后再次坠落。能量反复传递，实际上却毫无变化。在我们的研究中，我们发现黑白思维会呈现出这种效果，而且更具破坏性。矫枉过正最终会使我们陷入新的窠臼。在这种情况下，钟摆如同一个破坏球，向相反方向过度摆动，从而带来全新的、更艰巨的挑战。

当乐高的领导者们意识到他们曾经成功的战略已然导致他们陷入困境时，他们矫枉过正了。他们意识到一味追求质量控制所带来的弊端，以及由此导致的孤立、停滞和衰落，于是他们决定全力以赴，进行彻底的创新。戴维·罗伯逊和比尔·布林在《乐高：创新者的世界》(*Brick by Brick*)一书中记录了这一矫枉过正的过程。乐高聘请了全球顶尖的创新专家，以教科书般完美的方式实施了这个时代的七大最佳创新实践，因而备受赞誉。企业口号变成了"创意高于一切"。随着公司削减生产成本并将资源投入研发，新的创意和产品开始从位于伦敦、米兰和旧金山的乐高新设计中心源源不断地涌现出来。这些中心集中精力，将各个层面的结构、目标和流程统一为了一个战略：创新、创新、再创新。

乐高之前的 S 形曲线经过数十年才趋于平稳，然后开始下滑。但是第二条曲线则变化得极为迅速，新产品源源不断，品牌知名度不断攀升，销售额也直线上升。到 2002 年，乐高的领导者们期待着创纪录的利润。然而，事与愿违，乐高销售额开始下降，库存却开始激增。究竟发生了什么？董事会最近从麦肯锡咨询公司聘请了乔丹·维格·纳斯托普来领导乐高的战略发展并进行调查。

纳斯托普的发现令人震惊。尽管乐高在早期取得了成功，但实际上几乎没有什么创新产品创造了利润。销售额停止增长，研发成本过高。在评估损失后，他发现乐高的销售额将下降近30%，并有可能出现债务违约。创新将乐高推向了破产的边缘。他们的创新战略缺乏纪律性，成了加剧复杂性、制造混乱的破坏球。乐高曾经花了近十年的时间才推出绿色砖块，而在短短几年内，这家玩具制造商就开始生产157种不同颜色的零件。曾经严密的供应链在缺乏成本、质量和协调管控，忠实的老客户对新产品提出质疑。乐高新旧领导层之间的关系日趋紧张，零售商被"新产品狂潮"冲昏了头脑。在给董事会的一份简报中，纳斯托普总结道："我们正处于一个'燃烧的平台'[1]之上。"

我们的同事巴里·约翰逊开发了一个很有价值的工具——极性图，用来描绘悖论的恶性和良性循环，就像乐高所面临的那样（见图 2-3）。每一种对立的选择——或每一极——都有优点和缺点，与另一极几乎完全相反。当 S 形曲线下降时，过度聚焦于一极的优点，最终会导致其缺点显现。为了逃离兔子洞，我们要寻找缺失的优点。我们转向相反的选择，开始新的 S 形曲线。然而，S 形曲线最终也会下滑，钟摆再次摆动。由此产生的摆动形成了无限循环；

---

[1] "燃烧的平台"意味着生死关头。

我们的目标是减少摆动的极端值，使循环位于极性图的上半部分。

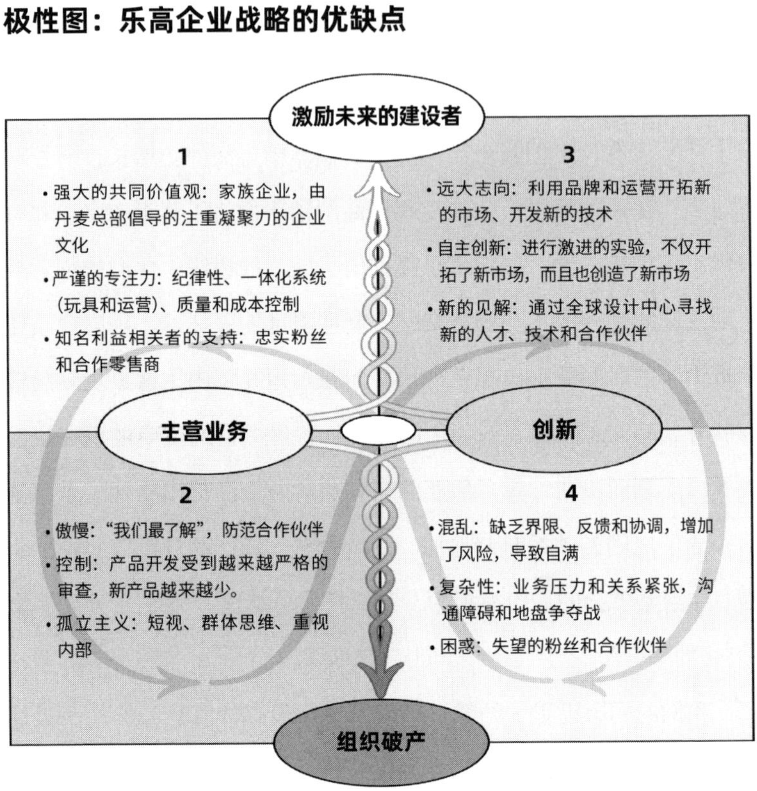

极性图：乐高企业战略的优缺点

1
- 强大的共同价值观：家族企业，由丹麦总部倡导的注重凝聚力的企业文化
- 严谨的专注力：纪律性、一体化系统（玩具和运营）、质量和成本控制
- 知名利益相关者的支持：忠实粉丝和合作零售商

3
- 远大志向：利用品牌和运营开拓新的市场、开发新的技术
- 自主创新：进行激进的实验，不仅开拓了新市场，而且也创造了新市场
- 新的见解：通过全球设计中心寻找新的人才、技术和合作伙伴

主营业务 ←→ 创新

激励未来的建设者 ↑
组织破产 ↓

2
- 傲慢："我们最了解"，防范合作伙伴
- 控制：产品开发受到越来越严格的审查，新产品越来越少。
- 孤立主义：短视、群体思维、重视内部

4
- 混乱：缺乏界限、反馈和协调，增加了风险，导致自满
- 复杂性：业务压力和关系紧张，沟通障碍和地盘争夺战
- 困惑：失望的粉丝和合作伙伴

图 2–3

然而，乐高领导者的决策反映了极性图中的一个有害循环。他们发现自己陷入两极的下侧，形成了一个位于下侧象限的无限循环。起初，乐高领导者凭借其强大的共同价值观、严谨的专注力以及对知名粉丝的承诺（第一象限），加强了对核心产品的控制。当玩具市场开始发生变化时，这种方法导致了第二象限所提到的明显

弊端。因此，领导者决定大力转向创新（第三象限），直到这种极端的反应导致了第四象限所列的弊端。

我（玛丽安）在职业生涯中也经历了这种剧烈的波动。在学术休假期间，我意识到自己如此聚焦于科研，以至于将自己逼到了绝境。严谨而富有创造性的研究使我能够建立自己的理论体系，从而发表了一系列被广泛引用的论文，并取得了传统意义上的学术成就。然而，我也站在了一个"燃烧的平台"上，我才是那个燃烧殆尽的人。在如此专注于理论建设的情况下，我开始质疑自己与他人的联系，怀疑自己是否对人们的生活或自己关心的问题产生了任何影响。

幸运的是，我也研究了一些鼓舞人心的个体，见证了那些践行领导力的人所带来的巨大影响，我也从中看到了自己在职业发展中的潜力。通过打破日常，我获得了这一启示，促使我考虑走上一条截然不同的道路。回到辛辛那提后，我决心成为大学的一名管理人员。在接下来的十年中，我以研究中表现出的干劲和毅力实践着领导力。我常常感到时间不够用。一开始，我常常犯错，也曾犯过严重的低级错误。在最初的一年里，我无数次地质疑自己进入行政部门的决定：我是否为了摆脱对研究的倦怠矫枉过正，向相反的方向用力过猛？我究竟做了什么？

在我痛苦而缓慢地攀登学习曲线的过程中，我有很棒的导师和同事在我身边，为我提供建设性和批评性的反馈意见。随着时间的推移，我越来越得心应手。我从失败和成功中获得了信心。我喜欢创新实践，也喜欢领导出色的团队。然而，我很快发现自己陷入一个熟悉的境地。我再次全神贯注，现在是领导学院，而不是理论建设。这种一心一意的状态——或者我们可以称之为"痴迷"的状态——再次让我精疲力竭。在领导了一个大型项目之后，我失去了我的"魔力"。更糟糕的是，我开始怀疑自己的人生。我离了婚，对自己的育儿过程吹毛求疵，成了空巢老人，而且几乎没有业余爱好。幸运的是，时间过得很快，我又获得了一次学术休假的机会。这一次，我获得了富布赖特项目资助。我出发前往伦敦，决心阻止这个破坏球继续在我的生活中产生影响。

堑壕战：极化

恶性循环的最后警告来自极化。到目前为止，我们已经指出了当个人、领导者和组织陷入非黑即白的困境时会发生什么。然而，当一个问题出现时，人们倒向对立面，每个群体都墨守成规、相互对抗，这时会发生什么呢？堑壕战。

陷入对立困境的人一旦相互对抗，就会强化彼此的困境。我们会落入窠臼，这影响了我们的思维模式、感受和行为方式，继而不断固化我们的习惯，而来自对立阵营的人为各自带来了终极挑战。我们越是感受到对方的敌意，就越是想要捍卫自己的立场。最终，我们会陷入一场愈演愈烈、永无休止的拉锯战。我（玛丽安）在伦敦帝国战争博物馆参观第一次世界大战一百周年纪念展时，注意到了这种永无休止的拉锯战。在战争期间，双方不断改进他们的堑壕战技术，改善他们的生活和战斗区，并招募更多的士兵。最终，双方越是努力通过堑壕战来保护自己，也就越是拖延战争，而非寻找结束战争的方法。

第一部分 | 基石：悖论的风险与机遇

多年前，我的同事沙米·桑达拉穆尔蒂找到我，他告诉我，给董事会提供咨询的人意见相左、争论不休，他对此很是失望。一方强烈主张董事会应该控制和监督高管，因为他们有可能管理不善，因此，他们建议，组织结构中董事会与高管应当职责分离。另一方则认为董事会可以通过与高层管理人员合作，更好地为组织服务，他们鼓励合作，认为这将有助于所有参与者通过相互学习找到促进公司发展的新机遇。然而，不管是谁提出的论点，听者都会根据自己日益固化的观点，或褒或贬。

我们开始回顾有关公司治理的研究，试图将两种观点拆解开来，剖析其中不同的潜在假设和建议。我们很快就意识到，我们需要改变自己提出的问题。我们不再试图判断哪种方法是正确的，而是开始自问，极端地应用任何一种方法会带来什么样的风险。其实，每种方法都基于某种对人性的片面看法。第一种观点是人性本恶——人们倾向于将自身利益置于他人和社会利益之上。基于这种观点，为了遏制私欲，控制机制是必要的手段。第二种观点则恰恰相反，强调了人类的社会性，强调人们希望找到某种归属感，寻求合作，从中受益，并精进自己的协作能力。

如果控制过度，第一种方法就会导致人们越发不信任，进入恶性循环。由于担心会出现管理不善的情况，董事会在监督高管时始终保持警惕。董事会远离管理者，提供监管和外部视角。当一家公司运营状况良好时，这种方法就会得到认可，促使董事会施加更多控制，并进一步将自己与管理层分离开。然而，这种做法也加深了董事会和领导者之间的裂痕。公司的成功证明了他们自己的能力，而非团队的能力，这进一步限制了他们对当前公司战略的思考和承诺。然而，当外部冲击来袭——新技术、更具创新性的竞争对手、经济衰退等，公司业绩下降，这种定势就会带来风险。董事会和高管们转向印象管理，用寻求挽回面子的理由来解释经济低迷，并把对方当作替罪羊。此时，董事会成员和高管们非但没有共同学习如何走出低谷，反而加剧了地盘之争。董事会甚至实行了更严格的控制，阻碍了创造性思维、实验和合作。

合作方法可谓异曲同工。董事会和管理层组成了一个管理团队，通常由兼任董事会主席的首席执行官领导。这一管理团队注重集体决策，擅长制订和实现组织目标。通过共同工作和学习，管理者和董事会能够促进组织和他们之间的相互理解，对组织和彼此的承诺越来越多。在高绩效时期，团队将成功归因于他们的强大协作，并变得善于快速达成共识。当公司的S形曲线下降时，他们将失败归咎于不可抗力。他们并没有寻求外界的意见或改变当前的战略，而是更加致力于当前的计划和合作。相互缺乏信任助长了前文所述的控制方法，而群体思维则是极端合作方法的核心。

有趣的是，我们的论文投稿经历也反映了这种堑壕战模式。虽然我们试图提供一种能够汇集不同观点的替代方案，但得到的回应往往两极分化。评审我们论文的学者来自两个阵营。在整个过程中，审稿人往往固守自己的观点。这导致我和桑达拉穆尔蒂都认为漫长的匿名评审过程可能永远不会结束了。最后，编辑推翻了审稿人的意见，提出从"哪种方法更好"到"两种方法中哪些部分有可取之处"这种提问方式的改变，对于帮助对立阵营重新思考并帮助组织改善治理至关重要。

在大大小小的辩论中，我们都会发现不断强化的极化模式。相互对立的阵营在思考、感受和回应某一热门话题时各执一词，也都坚持己见。就像公司治理的例子一样，双方的基本假设通常只关注复杂问题的一部分，比如错综复杂的人性。但是，随着辩论进入白热化，争论变得简单，团体两极分化，阵营被孤立成各自独立的回音室[1]，争论也会变得个人化、丑陋化，甚至失去人性。

我（玛丽安）在伦敦领导一所商学院时，曾亲身体会了这样的争论所带来的不适。在英国脱欧公投期间和投票后很长一段时间内，民众情绪都十分高涨。贝叶斯商学院（原卡斯商学院）是一所由来自一百多个国家的学生、校友、教职员工和支持者组成的多元文化机构。作为该学院的院长，同时也作为一名初到欧盟和英国的外籍人士，我试图迅速了解这一高度复杂的议题。人们的意见存在极大分歧，但似乎公众已经固化为两个对立的、简单化的和愤怒的阵营："留欧"阵营和"脱欧"阵营。

投票结束后不久的一个晚上，我主持了一次院长讲座，邀请了欧盟委员会前任主席若泽·曼努埃尔·巴罗佐担任主讲人。他就全球经济以及欧盟和英国角色的演变发表了深刻而富有启发性的主题演讲。随后，巴罗佐和两位学校董事会成员与我一同前往餐厅共进晚餐。我与两位董事会成员分别讨论了英国脱欧问题，从他们深思熟虑之下鲜明的对立观点中汲取了经验。在那一刻，其中一位董事抨击了这次投票，简而言之，他说，那些投票支持脱欧的人是没有受过教育的种族主义者。当我偷偷瞥了一眼另一位持反对意见的董事时，我的心怦怦直跳。巴罗佐却非常淡定，他笑了笑，并指出

---

[1] 回音室（Echo Chamber）指封闭环境内相同或相似观点的重复产生的效应。

了个人的投票往往有错综复杂的缘由。他接着说，目前谈判仍在进行，这也是了解他人更深层次的关切，并为大家追寻美好未来的机会。两位董事会的成员都笑了，接受了这位政治家的暗示，随后进行了一场异常开放且见解深刻的晚宴讨论。

那晚，当我的心情平复下来之后，我想到了大西洋两岸的政治局势也体现了这种模式。简单化、两极化、孤立化和非人性化的模式升级为棘手的冲突。我们的偏见、防御和习惯在超速行驶。当我们寻求己方的胜利时，我们倾听他人意见的机会就消失了，更不用说有意义地讨论问题了。在极端对立的情况下，我常常回想起巴罗佐，怀念他帮助那些落入窠臼的人摆脱困境，并展现出富有智慧的探索精神，帮助他们找到新的、更具创造力和包容性的替代方案。

另辟蹊径

我们是否注定要重蹈覆辙，深陷于兔子洞，直到我们的S形曲线达到顶峰并逐渐下降？也许是吧。我们会自然而然地过度发挥自己的优势，直到它们变成负担。当我们这样做的时候，我们可能会矫枉过正，开始疯狂地挖掘新的道路。同样，我们也可能会陷入堑壕战，激化对立冲突，使其越发难以解决。

然而，在不同选择之间游移的钟摆并不一定会成为一个破坏球，继而耗尽从对立观点中产生的创造力。对立的双方也不必总是站在自己的立场上为自己辩护。还有一种更好的方法——采用灰度思维，同时满足相互竞争的需求。长期以来，组织学者查尔斯·汉普顿-特纳一直强调，拥抱对立面能够促进我们的个人和职业追求。

他在 1982 年出版的《思维导图》(*Maps of the Minds*) 一书中写道:

> 寻找善与恶的本质区别是徒劳的,因为它们的构成要素是相同的。关键的区别在于它们的结构,即组合方式。恶是解体,是异化的对立面在愤然对峙,其中的各个部分总会竭力压制其他部分。善是这些构成要素的综合与调和。

让我们回顾乐高的故事,当克努斯托普准备带领公司走出创新低谷时,他告诉公司的领导者们,他们必须用"双焦视角"来看待问题,要同时以世界级的大胆创新以及严谨的质量和财务控制而闻名。这一目标极难达到,但乐高在两次濒临破产的危机中幸存,并将继续学习和发展。他经常提醒自己和他人回顾 20 世纪 80 年代以来就一直挂在乐高办公场所墙上的 11 个悖论,这些悖论如今在乐高博物馆中展出:

- 能够与员工建立密切的关系,并保持适当的距离。
- 能够发挥领导作用,并将自己置于幕后。
- 要信任自己的员工,并密切关注正在发生的事情。
- 要宽容,也要知道自己希望事情如何发展。
- 要牢记本部门的目标,也要忠于整个公司。
- 要做好时间规划,也要灵活安排时间。
- 要自由表达观点,也要有外交手腕。
- 要高瞻远瞩,脚踏实地。
- 要努力赢得共识,也要实现突破。

- 要充满活力，也要善于反思。
- 要对自己充满信心，也要保持谦逊。

乐高集团首席执行官尼尔斯·克里斯蒂安森在2020年的年度报告中庆祝了利润创纪录的一年，并呼吁继续保持创造力和纪律性："我们的行业和许多其他行业一样，正在被数字化和全球社会经济变革所重塑。我们正在利用强大的财务基础，投资于能够让我们领先于这些趋势并实现长期增长的举措。"

同样，我（玛丽安）也跳到了另一条曲线。我在伦敦的经历既令人振奋又充满了挑战，使我远远摆脱了之前的困境。沿着我个人的人生轨迹，我再次回到辛辛那提大学担任院长。后来，我逐渐发现，在我热爱的地方，在我爱的人身边，我可以将我的领导力、我的研究和我的生活完美地融合在一起。这是一个不断学习和成长的过程。让我们继续前进吧！

本章要点

- **黑白思维说得好听点是局限的，说得难听点，百害而无一利。** 只强调悖论的一面会过度简化问题，缩小我们的选择范围，并可能引发恶性循环。

- **我们思考（认知）、感受（情绪）和行动（行为）的方式会自我强化，从而强化了我们的优势。** S形曲线说明，当我们过度发挥自己的优势时，强化的初始益处会随着时间的推移而变成负面影响。

- **在驾驭悖论时，有三种模式会导致恶性循环：** 兔子洞（强化）、破坏球

（矫枉过正）和堑壕战（极化）。要时刻警惕诱发这些模式的心态、情绪状态和行为。

1. 兔子洞：在应对冲突时，我们偏爱某种方式，因而会过度使用这种方式，就此落入窠臼。过度发挥我们的长处会抑制我们学习、成长和改变的能力，即使在我们最需要拓展能力、理解和选择的时候（进入新的 S 形曲线）。

2. 破坏球：悖论中长期被忽视的一面会带来巨大压力，凸显我们当前的困境并导致矫枉过正。我们使钟摆过度摆向对立面，导致自己迅速坠入一个新的兔子洞，或者在对立力量之间无规律地打乒乓球。

3. 堑壕战：当不同群体强调悖论的对立面时，极化效应会导致他们固守己见，在激烈捍卫自己立场的同时加深彼此的矛盾。当每一方的立场变得更加简单、反动和狭隘时，棘手的冲突就诞生了。

第二部分

路径：悖论系统

如果难题的根源是悖论，那么我们更需要有效应对这些相互矛盾和相互依存的需求。我们需要借助一些工具来帮助我们抵抗黑白思维的诱惑，并且激励我们与荒谬的复杂性[1]共舞。我们需要借助一些工具来帮助我们从还原论[2]转向整体论[3]。我们也需要借助一些工具来超越"灰度思维"的标签，深入探索悖论的奥秘。仅仅借助一种工具是无法达成这些目标的。我们需要一整套工具，这些工具共同创建了一个完整的系统。

在本书的第二部分，我们将介绍这些工具。首先，我们探讨了悖论如何触发良性循环，确定了两种不同的模式，我们称之为"骡子"（创造性整合）和"走钢丝者"（始终如一的不一致状态）。然后，我们介绍了一个整体系统——悖论系统——以及我们称之为"假设、边界、舒适度和动态性"（ABCD）的工具集。我们将在随后的章节中逐一介绍这些工具，并提供大量实例说明如何在现实生活中使用这些工具。

---

[1] 荒谬，就是不能用理性去理解的事件。
[2] 还原论是还原论者主张把高级运动形式还原为低级运动形式的一种哲学观点。它认为现实生活中的每一种现象都可看成是更低级、更基本的现象的集合体或组成物，因而可以用低级运动形式的规律代替高级运动形式的规律。
[3] 整体论者强调整体和部分之间的互动和相互依赖，认为整体的功能和性质不能简单地还原为各个组成部分的功能和性质之和。相反，整体论者认为整体具有其独特的、不能从部分中推导出来的性质和功能。

| 第三章 |

利用悖论系统实现良性循环

骡子和走钢丝的人

> 不过,悖论之路就是真理之路。为了检验现实,我们必须把它放在钢丝绳上来看。当真理成了杂技演员,我们就可以对其进行判断。
>
> ——奥斯卡·王尔德[1]

前不久,在一家上榜《财富》世界500强的大公司,我(温迪)为中层管理人员组织了一场以"应对悖论"为主题的研讨会。"悖论"一词可能会让人摸不着头脑,因此研讨会伊始,我就请大家找出自己生活中的困境。我建议他们想一想自己目前正在努力解决的

---

[1] 本段引自王尔德写于1890年的小说《道林·格雷的画像》(*The Picture of Dorian Gray*)。

问题，并找出与该问题相关的竞争性需求。同时，我鼓励他们找出工作中的问题，毕竟，公司花钱请我来就是为了帮助他们解决工作中的难题。然而，为了尽可能全面，也尽可能地贴近生活，我建议他们也考虑考虑工作之外的问题。然后，我请大家主动分享各自的想法。

第一个举手的人说："我正在努力不把工作带回家。"

我看到很多人在点头。

有人表示赞同："我尽量和孩子们待在一起的时候不回复工作邮件。"

另一个人补充说："而且，我还需要放下家里的一切，才能更专注地工作。"

我问："你们当中有多少人写下的挑战与寻找工作和生活之间的平衡相关？"

全场几乎有一半的人举起了手（而且不仅仅是女性）。

寻找工作和生活之间的平衡是一项费神费力的长期任务。我们中的大多数人都需要面对工作需求与生活需求之间的两难选择——这些需求涉及我们的配偶或伴侣、孩子、父母、朋友、学校、业余爱好等。而且，全球疫情使问题变得更为严峻。在新冠肺炎疫情封锁期间，工作和生活之间的界限消失了。后果则是，人们更难有效地兼顾工作与生活了。虽然我们学会了居家工作这种新的工作模式，而且许多人开始爱上这种模式，但是，这些变化带来了新的问题，即工作场所如何适应更加多元和灵活的工作安排。在我们撰写这章内容的时候，公司员工和领导都在摸索工作和生活的新常态。

目前已经有很多论文聚焦于工作与生活的挑战，广泛探讨了缓解张力的方法。一些论文就如何达到平衡提出了建议，也有论文就如何放弃达到平衡提出了建议。有些观点强调如何将工作与生活分开，而另一些观点则倡导在两者之间实现协同效应。我们猜想，即使新的建议源源不断地出现，你可能也已经听得耳朵起茧子了。

这些主流的指导意见常常互相矛盾，主要针对的就是眼前的困境——关于如何处理竞争性需求的日常问题。尽管这类意见非常重要，但正如我们在本书中一直强调的那样，当我们超越两难困境时，我们会获得更深刻的见解。因此，如何识别并接受这些潜在的悖论，是一个更具价值的问题。为了应对挑战和困难，我们需要驾驭那些从根本上引发这些问题的对立力量。

平衡工作与生活只是人们所面临的冲突之一。然而，这一问题非常普遍，因此我们将其作为一个很好的例子来帮助我们介绍灰度思维的方法论。首先，我们将描述两种应对悖论的模式是如何促进良性循环的。这两种模式分别被命名为骡子模式（实现创造性整合）和走钢丝模式（实现始终如一的不一致性）。这些方法为上一章讨论的恶性循环模式"兔子洞、破坏球和堑壕战"提供了替代方案。随后，我们将介绍悖论系统——一套帮助我们采用这些方法的集成工具。

骡子模式：实现创造性融合

灰度思维的第一种模式需要寻找"骡子"——一种创造性的整合。骡子是母马和公驴的后代。马有强壮、勤劳的特质，但有时会不耐烦，容易感到无聊。驴很有耐心，但也很固执，而且不太聪明。当这两个物种结合，就会产生一种杂交种，比马更有耐心、更勤劳、更长寿，比驴更灵活、更聪明。早在公元前三千年（早在人们开始注意到悖论之前），人类就开始饲养骡子来帮助他们长途跋涉，驮运重物了。

寻找"骡子"是指找出一种协同选择，将悖论的对立面整合。20世纪70年代末，精神病学家阿尔伯特·罗森伯格注意到，具有创造力的天才通常是通过将对立的想法结合在一起而形成他们的突破性想法，因而阐明了寻找"骡子"的可能性和过程。罗森伯格分析了阿尔伯特·爱因斯坦、巴勃罗·毕加索、沃尔夫冈·阿玛迪斯·莫扎特和弗吉尼亚·伍尔夫等人的日记和信件。虽然他们的专业领域大相径庭，但他注意到他们的创作过程却有着惊人的相似之处。他们的顿悟时刻往往是因为注意到了工作中的对立力量。张力使他们感到困扰，也给他们带来了挑战。然而，他们并没有决定专注于某一方，而是探索如何将对立的力量结合在一起。

爱因斯坦的相对论是一种理解物体如何同时处于运动和静止状态的方法；毕加索的绘画将光明与黑暗融为一体；莫扎特的音乐将和谐与不和谐融为一体；伍尔夫的小说则描绘了生与死之间的相互依存关系。古罗马双面神雅努斯能同时向前看和向后看。因此，罗森伯格将这种创造性的过程称为"雅努斯思维"。

好消息是，并非只有天才才能找到"骡子"。我们的同事，欧洲工商管理学院的埃拉·米隆·斯佩克托、哈佛商学院的弗兰西斯卡·吉诺和卡内基梅隆大学泰珀商学院的琳达·阿尔戈特在研究中发现，当他们把学生带入实验室时，可以鼓励他们进行这种创造性的整合。研究人员所要做的就是改变他们向人们提出的问题——鼓励人们把不同的选择看作是对立的，抑或是矛盾的、相互对立但又相互依存的。那些因受到鼓励而将不同的选择视为矛盾方案的人，在解决问题时产生的创造性解决方案明显更多。

20世纪初，玛丽·帕克·福莱特鼓励人们在与他人或团体之间发生冲突时寻求创造性的融合。她提出了应对冲突的三种方法。第一种是主导性解决方法，意味着必须做出非此即彼的选择，其中一方获胜，另一方失败——两者对抗，必有输赢。第二种妥协性解决方法会使双方都获得他们想要的某些东西，但也必须放弃某些东西。这种选择看似双赢，但正如福莱特所指出的，结果也十分局限，因为双方都会失去一些东西。

作为一种替代方案，福莱特探讨了"创造性融合"的理念，这样双方都能得到自己想要的东西，而无须放弃某些东西——这是真正的双赢。例如，她描述了自己在图书馆工作时的一次分歧。当时，她正坐在图书馆的一扇窗户旁，另一位女士走了进来。这位女士想打开福莱特旁边的窗户，而福莱特想把窗户关上。主导性解决方案意味着两位女士中只有一位会赢，窗户要么继续关着，要么打开。妥协性解决方案可能是只在某些时候打开窗户，或者只打开一部分。双方都会得到他们需要的一些东西，但不是全部。然而，正如福莱特所言，当双方都清楚自己真正需要的是什么时，他们就可以进一步探讨问题，最终达成一致。在讨论这个问题时，他们意识到这位女士希望打开窗户让空气流通，而福莱特则希望关上窗户来保证她的文件不会被风吹走。他们将问题改为如何既确保空气流通又不让纸张被风吹走，最后决定在相邻的房间打开一扇窗户，这样既能保证空气流通，又能保证福莱特的文件不会被吹走。这种方式满足了双方的需求，而不必有所取舍。

最近，罗杰·马丁提出，这种整合思维是领导力的核心。在《兼听则明》(*The Opposable Mind*) 中他指出：

> 我们能够在脑中容纳对立的观点，这是人类进化的一项优势。正如他所论述的那样，众所周知，人类区别于几乎所有其他生物的生理特征是大拇指。得益于拇指和食指相对所产生的张力，我们可以做其他生物无法做到的奇妙事情——写字、穿针引线、雕刻钻石、绘画、引导导管穿过动脉并疏通动脉等。同样，我们与生俱来就有对立统一的思维，我们可以用建设性的张力来容纳对立冲突的观点。我们可以利用这种张力，通过思考得出更新颖且更棒的想法。

马丁比较了不同的思维模式。与传统思维模式不同，整合思维会使问题的诸多特征得以显露，从而更容易找寻竞争性需求之间的潜在关联。整合型的思考者能够利用这些特征，探索竞争性需求之间更为复杂、多向且非线性的关系。此外，他们可以在此基础之上，更全面地看待问题，哪怕聚焦于某一具体、个别的部分，也能保持全局眼光。最后，整合型的思考者往往会寻求更具有创造性的方案，而不会仅仅满足于适当的权衡。

想想工作与生活的冲突，我们如何才能将二者进行创造性整合呢？比如，设想我们在工作中得知了下一次周末战略务虚会将在哪天举办。高管们希望我们可以牵头组织这次务虚会。这是个很好的机会，我们跃跃欲试。而后，我们看了看日历，却发现这一天与家人的婚礼冲突了，而这场婚礼将在另一个城市举办。我们现在进退两难，因为我们分身乏术。我们的第一反应可能是，那就必须在务虚会和婚礼之间做出抉择了。

在做出这一决定之前，我们不妨退一步考虑。首先，我们可以寻找在眼前的困境之下潜藏着哪些相互交织的悖论。有可能我们很想参加这次务虚会，但是迫于家庭的压力，不得不参加婚礼（反之亦然）。请注意潜在的自我和他人的悖论——为自己做事和为他人做事，以及想要和需要的悖论——做我们渴望的事和履行义务。我们可能知道，家人的婚礼在短期内既有趣又有价值，而务虚会则需要付出努力，能够帮助我们实现事业上的长期目标。在今天和明天之间存在着一种时间性的悖论。

我们能找到什么样的"骡子"来驾驭这些悖论呢？我们怎么才能找到一个既能满足我们的需求又能满足他人需求的解决方案，一个既能带来短期机遇又能带来长期机遇的解决方案？也许我们有办法做到，即使当天不在现场，也能在组织务虚会的过程中发挥作用，展示我们的领导力和对公司的承诺。也许高层领导希望我们在务虚会上发表主题演讲。我们能否从婚礼庆典中抽出身，线上完成演讲？或者，我们可以预先录制演讲内容，在务虚会上播放。参加婚礼最主要的事情就是陪伴新娘和新郎，也许我们可以承诺在婚礼前花些时间陪伴新人，帮助他们准备婚礼，或者在婚礼结束后听他们讲述婚礼经历。当我们开始改变我们提出的问题时，新的可能性就会出现。在上述的每一种情况下，我们都能够找到机会来适应潜在的悖论。

关于骡子，有一点非常重要——它们不能生育。骡子生不出骡子，所以我们必须饲养马和驴来生产新的骡子。这也是悖论的一个重要特征。创造性的整合可以为我们的困境提供临时的有效应对措施。例如，即使我们找到了一种创造性的整合来解决务虚会和家人的婚礼之间的困境，我们仍然会面临工作与生活、自我与他人、短期与长期等持续的矛盾。这些悖论在新的困境中再次出现，需要我们寻找新的解决方案。尽管我们可以找到解决困境的办法，但潜在的悖论却无法解决，它们会长期存在。[1]

走钢丝的人：与始终如一的不稳定性共处

寻找一个双赢的创造性整合方法是有价值的，但这并非易事。它也不一定是解决所有难题的最佳方法。有时，我们需要在对立的选择之间不断转换，我们将这个过程称为"走钢丝"。

我（温迪）还记得，在我的双胞胎六个月左右的时候，我在努力寻找一种创造性的整合方法来解决工作和生活之间的困境。当时我已经休完产假回到工作岗位。那是我成为科研工作者的第一年，我急切地想回到工作岗位继续我的研究，因为我知道想要获得终身

---

1 一些学者认为，悖论和辩证法之间的区别在于实现创造性整合之后会发生什么。与悖论一样，辩证法所指的也是相互矛盾而又相互依赖的需求。辩证法起源于18世纪德国哲学家格奥尔格·威廉·弗里德里希·黑格尔的著作，他主张正题和反题（对立的力量）会相互融合形成一个新的合题。此后，这个新的合题会进一步演变成为一个新的正题，而这个正题又能产生自身的反题。在这一过程中，最初正题和反题之间的内在张力会逐渐得到缓解。这是否就是黑格尔辩证法的最初构想，学术界仍有争论。即便如此，这种对辩证法的理解表明，原有的张力会演化为新的、不同的张力，而我们对悖论的阐述则表明，潜在的张力会持续存在。

教职的话，没剩多少时间了。我已经习惯了早晨的例行公事——起床、照顾双胞胎、把双胞胎交给丈夫、洗澡、给自己和孩子们穿好衣服、把双胞胎交给保姆，然后出门上班。尽管如此，这种生活方式仍然让我感到焦虑和混乱。

一天早上，我在附近的咖啡店里等一杯双份浓缩咖啡，我想先喝杯咖啡提提神，让自己疲惫不堪的大脑清醒过来。我感觉自己特别神气，甚至有点英雄气概，因为我已经成功地走出了家门。正当我自己给自己拥抱，试图给自己打气的时候，我低头一看，与我的黑色毛衣完美映衬的是一摊可爱的白色唾液，那是早上我的宝贝留给我的临别礼物。我突然感到，我想象中的女超人的斗篷开始出现破洞，英雄气概荡然无存。沮丧迅速填满了我因睡眠不足而裸露的心灵裂缝。"这太糟糕了！"我想，"我为什么要这么做？为什么我还要继续努力完成所有的工作，而我的孩子却和保姆待在家里？在工作时，我无法集中精力，我算什么母亲？我可能会给我的孩子……留下终身的伤痕。"

后来，我想："我是研究悖论的。难道我不能想出一个更好的办法来实现创造性整合，从而走出这一困境吗？"我怎样才能继续工作，又可以花费更多的时间陪伴孩子，减少压力和烦恼呢？正是灰度思维让我开始思考新的可能性。

"有了！"我想，"我可以把工作和生活融为一体。"我可以放弃我的学术生涯，为我的双胞胎和其他孩子们开一家日托中心。这样一来，工作就是生活，生活就是工作。我就不用经历每天早晨的"兵荒马乱"，反而可以随性、悠闲地度过一整天。同样，当我赶回家吃晚饭时，也不会有未完成的任务遗留在我的办公桌上。我甚至还看中了咖啡店旁边的空店面，设想了我的日托所会是什么样子。

然后，我的双份浓缩咖啡做好了，我只喝了一口就回到现实。有些人很看重这种双赢的方式，他们在抚养自己孩子的同时，也是一名专业的儿童保育员。可是，我不是这样的人。我爱我的孩子，但我也热爱我的科研事业。我想起了自己当初为何从未考虑过将育儿作为我的事业。这种创造性的整合并不能解决我的困境。

相反，我想运用一种不同的方法——寻找某种持续的平衡来解决这个困境。我们将这种方法称为"走钢丝"模式。在困境中，"走钢丝的人"能够始终如一地保持不稳定性来应对相互竞争的需求。大家应该曾经看到过1974年法国杂技名人菲利普·珀蒂在纽约双子塔之间成功表演高空走钢丝的照片。为了完成高空行走，他必须熟练地在钢索上保持平衡。但他从未达到静态平衡，而是不断地保持动态平衡。面朝远处的目标，他会持续地巧妙操纵自己的身体，向左或向右进行微小的移动。这些移动非常轻微，如果他向任何一个方向移动过多，他都会从钢丝上摔下来。

我们可以通过"走钢丝"的方式来驾驭悖论，在不同的选择之间做出微妙的转换，从而继续前进。我们并不是在做非黑即白的重大抉择，这会导致我们陷入第二章所述的窠臼。相反，这些非黑即白的微小的选择会不断地让我们在不同的两极之间来回移动，从而在大局中创造出一种模式，随着时间的推移同时兼顾两种选择。

我们意识到，许多人从未尝试过"走钢丝"，这个比喻可能对大家来说有点陌生，但我们喜欢这个比喻，一部分的原因是这能提醒我们，驾驭悖论并不容易，可能存在风险，甚至有点危险。这一意象也让我们感受到过度偏向某一方的后果。然而，公平地说，并非所有的悖论都像走钢丝那样危险和具有挑战性。有些悖论相较而言更容易应对。如果要用更容易理解的比喻，我们也可以将其比喻为航海，或者骑自行车。与走钢丝一样，这两项活动都需要向对立的方向不断地移动才能前行。有时，这些移动是如此轻微或自然，以至于我们甚至意识不到。然而，过于偏向任何一边都会导致我们从自行车上摔下来、在航海时翻船。值得庆幸的是，随着实践和经验的积累，这种微移变得更加容易和自然。最近有人提醒我们，即使我们平常站立的时候，也从未真正达到平衡，我们是在无意识地进行微移动，以实现持续的平衡。

解决工作与生活之间的矛盾所带来的困境往往需要"走钢丝"。我们可能会决定加班到很晚来完成一个项目，从而错过了前一天晚上的家庭晚餐，而第二天晚上却做出了相反的决定。那么，让我们回想一下务虚会和家人婚礼的两难困境。始终如一地保持不一致性意味着我们要将各种因素考虑其中，而非将思维局限于这一件事。也许我们最近一直在努力工作，错过了最近几次家庭活动，也许是时候改变一下平衡了，这次优先考虑家人的婚礼。反之亦然，我们最近可能享受了大量的家庭时光，需要把更多精力放在工作上。无论我们做出何种决定，我们都可以为自己留出余地，以便在下一次面临两难选择时做出不同的决定。这种摇摆不定的决策不会让我们陷入恶性循环。我们并没有矫枉过正。相反，当我们做出选择，然后落入窠臼时，也就陷入恶性循环。落入窠臼可能会让我们在工作中筋疲力尽，也有可能会造成无法完成工作的局面。

心理学家柯克·施奈德在他的著作《过与不及》中探讨了我们在面对内心的矛盾和试图驾驭悖论时，如何学会走钢丝。他借鉴了哲学家索伦·克尔凯郭尔的观点，描述了在扩张（开放、外向、冒险、乐于尝试新事物、接受风险）和收缩（严谨、内向、受约束、保守）两者之间的拉锯战。当人们过于偏向其中一极时，就会产生心理困扰。心理健康的人总是在扩张和收缩之间保持平衡。施奈德解释道：

> 这样的人似乎更健康，或者像存在主义者所说的，比普通人更"全面"、更有创造力或更坚韧。但是，这并不意味着他们的生活是几何平衡的，也不意味着他们所实践的是希腊人所告诫的"凡事适度"，远非如此。相反，这意味着最理想的人——尤其是在他们有限的兴趣范围内——敢于挑战和面对自己收缩和扩展的能力。他们找到了合适的（也就是最有用的）收缩与扩展的平衡，来满足相关的需求。

培育能走钢丝的骡子

"培育骡子"和"走钢丝"提供了两种能够实现良性循环的灰度思维模式。然而，这两种模式并非相互独立。随着时间的推移，它们往往交织在一起。当骡子偶尔出现时，我们可能正在走钢丝。或者，我们可能会发现一头好骡子，却突然必须将注意力集中在某一侧。

我们是在自己的研究中首次注意到这些模式是如何交织在一起的。当时，我（温迪）正在研究美国国际商用机器公司战略业务部门的领导者是如何应对创新挑战的。他们既要在市场上维持现有产品，又要探索新的机遇，这就引发了各种各样的困境。那么，他们应该如何分配资源？如何组建领导团队？如何召开高层会议？这些领导者试图驾驭今天与明天、创新与现有产品之间的悖论。

当我开始研究这个项目时，我以为最好的领导者是那些能够在创新和现有产品之间实现创造性整合的人，但我观察到的情况却大相径庭。成功的领导团队确实能够偶尔实现创造性的整合，找到一种既能满足核心产品需求又能满足创新需求的解决方案。例如，他们可以找到方法，利用现有的客户和资源，销售创新产品。然而，这种创造性整合并不多见。其实，最成功的领导者都会意识到，试图用这种整合来应对每一个困境是徒劳的。相反，这些领导者经常"走钢丝"，更巧妙、频繁、有目的地转移他们的关注点和重心。

让我们想想这些模式如何相互交织，实现良性循环，从而帮助我们应对工作与生活之间的冲突。我们可能会在工作和生活之间转换注意力，但也会有实现融合的时刻。例如，我们的工作可能会延续到餐桌上富有成效的谈话中，并促进家庭内部的学习和联系。或者，我们在养育子女的过程中遇到的挑战可能会影响我们的人际交往能力，帮助我们成为更好的领导者。同样，我们可能专注于创造性的整合，只注意到我们有时需要始终如一地做出不一致的决定。

对我（温迪）来说，大流行病造成的封锁凸显了工作与生活的悖论所带来的挑战和机遇。封锁常常迫使我把工作需求和家庭需求结合起来。我主要解决的问题是：在我九岁的儿子上网课时，我怎么能和他一起坐在餐桌旁，完成我自己的工作，同时兼顾他的需求和我的需求。但是我也需要一些时间专注于我的工作。幸运的是，我的丈夫也是一名学者，他的工作时间也很灵活。我们很快制订了每天的时间表，指定哪位家长值班，陪儿子上网课——在这一天

"走钢丝",而哪位家长可以拥有不被打扰的工作时间。

使用悖论系统的四套工具

是什么让人们能够找到"骡子""走钢丝",从而在悖论中实现良性循环?这取决于我们灰度思考的能力。"灰度"已经成了一个流行语。但我们发现,成功人士知道如何超越"流行"的表象,真正运用这种思维方法。根据我们的研究和他人的研究,我们总结出四套工具,它们能够共同支持灰度思维。为了让这些想法更容易理解,我们使用了一个简单的记忆法来命名这些工具——ABCD:(A)

悖论系统:四套工具

建立边界以控制张力
- 与更高目标相联系
- 分离与连接
- 建立护栏以避免极端

转向灰度假设
- 接受多重真理
- 资源具有丰富性(而非稀缺性)
- 应对问题

在不适中寻找慰藉
- 按下暂停键
- 接受不适
- 拓宽眼界

激发活力以释放张力
- 按照严谨的步骤进行实验
- 为意外做准备
- 学会忘却

图 3-1

假设;(B)边界;(C)舒适度;(D)动态性(见图3-1)。重要的是,成功人士不会在这些工具中做出选择,他们会使用所有工具,从而使这些工具共同发挥作用。我们将这些工具整合在一起,并称之为"悖论系统"。

灰度思维基于一些假设、心态和基本信念,能够使人们在认知上同时持有两种对立的力量。转变思维模式的第一步是改变提问的方式。灰度思考者不会问"应该选择A还是B",而是问"如何才能兼顾A和B"。罗森伯格研究中的天才们就是这样更改提问方式的。爱因斯坦没有提问物体是运动还是静止,而是想知道物体是否可以同时处于运动和静止状态。改变问题就会改变我们的观点。心态很重要,会影响我们思考和应对挑战的方式。黑白思维假设世界是一致的、线性的、静态的,与之不同的是,灰度思维假设世界是矛盾的、循环的、动态的。

我们所说的边界,其实是指在我们面临悖论时,在周围建立的用以支撑自我心态、情绪和行为的结构。如果我们在竞争性需求中选择了其中一方,并且盲目地捍卫它,就会落入窠臼,陷入恶性循环。而边界的存在可以帮助我们从一开始就避免落入窠臼。我们相信,拥有一个更高的目标,其价值是无穷的。这个目标能够激励人心、团结众人,并且提醒人们在一开始就面对悖论的原因和方式。我们指出了创建结构的益处,这种结构既能分离相互竞争的需求——将它们分离并重视每一个需求,又能将它们连接起来,实现协同效应和整合。我们还研究了护栏的作用,它能帮助我们避免因为过于偏向悖论的其中一方而陷入困境。

舒适度则关注我们的情绪。相关练习让我们既能尊重自己最初对悖论产生的不适情绪，又能找到舒适的方式来应对这种不适。悖论会引发深层情绪。一方面，紧张关系会引发焦虑和防御心理，使我们陷入黑白思维；另一方面，在解决棘手的问题时，全新的创造性选择会令人兴奋且令人充满活力。

最后，动态性是指能够持续学习和改变的行动，鼓励在竞争性需求之间进行转换。悖论涉及二元对立和动态性——两种对立的力量不断相互碰撞和转换。动态行动使我们能够把握"变化"这一常态，避免陷入非黑即白的窠臼。

接下来的四个章节将对每个类别进行更为深入的探讨，介绍能够帮助我们在个人生活和组织中更有效地驾驭悖论的特定工具。将这些工具结合起来会比单独使用其中一种工具效果更好。我们越是改变自己的假设和心态，就越能建立起给予我们支撑力量的边界、脚手架和护栏。我们越是建立这样的界限，它们就越能强化我们的假设和情绪。然而，需要注意的是，悖论系统本身就是悖论。该系统涉及对人和环境都有影响的工具。这些工具要求人们关注心灵和思想，并打造既能改变又能保持稳定的环境。人与环境、心灵与思想、变化与稳定——悖论系统帮助我们把握其中的张力。正如我们的同事金·卡梅伦和鲍勃·奎恩所指出的那样，驾驭悖论本身就是悖论。我们深表认同。

本章要点

- 相互交织的模式能帮助我们驾驭悖论，从而实现更为良性的循环。
- 骡子（创造性整合）指的是找到一种同时兼顾对立双方的选择，实现协同作用。
- 走钢丝（始终如一的不一致性）是指做出选择，在对立面之间不断进行微调。
- 悖论系统包括四套工具——假设、边界、舒适度和动态性（ABCD），这些工具共同实现灰度思维。
- 悖论系统中的工具是悖论性的，由相互对立但又相互交织的元素组成。驾驭悖论本身就是悖论。

| 第四章 |

转向灰度假设

培养悖论心态

> 如果你无法改变现状,请改变你的思维方式。这样,你或许能找到新的解决方法。
>
> ——玛雅·安吉洛

2000年,杰里米·霍肯斯坦登上了从波士顿飞往中国香港的飞机。他对自己的工作和职业发展感到困惑和沮丧。他心想,如果放下工作,远走高飞,那么当他回来的时候,他就能够知道自己究竟想做什么了。

六个月前,霍肯斯坦刚从美国麻省理工学院毕业,获得了工商管理硕士学位。他的简历十分亮眼,本科毕业于哈佛大学,也有在麦肯锡和美世咨询公司的工作经历。凭借这样的履历,他完全可以在银行业、咨询业和工业界等领域找到高薪工作——他的许多同学梦寐以求的工作。但是，霍肯斯坦却另有想法。

自孩提时代起，霍肯斯坦就致力于为世界做出积极的贡献。在第二次世界大战接近尾声时，他的母亲出生在难民营并侥幸存活，成为大屠杀的幸存者。这使他对生活充满感激，并且认为自己必须回馈社会。小学时，他组织邻里的孩子们在每年的劳动节为杰瑞·刘易斯的电视节目[1]举办筹款活动。高中时，他以《一个人如何改变世界》为题的演讲赢下了一场公共演讲比赛。在大学里，他组织同学们在食堂收集废弃的一次性杯子。通过展示每天产生的堆积如山的垃圾，他们向学校管理者施压，要求他们购买可重复使用的杯子。

大学毕业后，他在麦肯锡工作，加入了麦肯锡新成立的环境政策团队。但是，当他思考硕士毕业后会走向什么样的工作岗位时，他却渴望着能对世界产生更直接的影响。20世纪90年代，企业的社会责任运动开始在大型的500强企业中兴起。然而，这一运动仍然没有触及企业的核心业务。大多数公司将企业的社会责任视为管理公司捐款或组织员工参与志愿者日活动等慈善举措。霍肯斯坦对此并不满足，于是将目光投向了非营利组织。他接受了一个哈佛大学学生组织的职务，希望利用自己硕士期间的训练经验和咨询技能，管理战略创新，帮助学生们联系社区开展项目。

霍肯斯坦仅仅在这个职位上工作了六个月，就感到非常沮丧。他渴望改变世界，因此提出了许多新倡议。遗憾的是，他发现工作

---

[1] 由美国著名喜剧演员杰瑞·刘易斯主持的电视节目，在每年的美国劳动节播出，为肌肉营养不良协会募集善款。

节奏与之前的咨询文化大相径庭。他似乎只是在原地踏步，而不是真正有所作为。他感觉自己陷入困境。他似乎只能在快节奏且有创新精神的咨询公司和使命驱动但发展缓慢得多的非营利组织之间做出选择。这似乎是一个只输无赢的局面。

使命还是金钱？收益还是激情？"做好事"还是"做得好"？在霍肯斯坦面对的矛盾的背后，是我们所谓的绩效悖论——我们的目标、成果和期望当中的竞争性需求。就像霍肯斯坦面对的"非营利还是营利性"的两难选择一样，我们的职业决策也可能揭示出"有所作为"和"赚取薪水"之间的矛盾。在花钱时，我们也会感受到同样的矛盾；一个简单的决定，比如，如何购买卫生纸，在哪里购买卫生纸，都会引发这样的问题：我们是买方便实惠的东西，还是买更符合我们价值观的东西。使命与市场之间的矛盾在企业中也同样存在，尤其是当我们在全球范围内面临日益复杂的系统性挑战时。无论是将企业社会责任引入营利性组织，还是创建社会企业，领导者们越来越多地纠结于如何在解决这些问题的同时维持企业底线。绩效悖论还表现在其他方面。我们经常可以发现它们潜藏于群体冲突之下，因为对立的群体都在为自己相互矛盾但又相互依存的目标而奋斗。

面对绩效悖论，霍肯斯坦不知所措，于是前往亚洲寻找答案。然而，他在那里发现了另一个问题，并由此走上了一条新的道路。

转向灰度假设

心态很重要。正如心理学家保罗·瓦茨拉维克所言，问题并不在于其本身，而在于我们如何看待它。研究反复证明，思维方式会影响我们的行为。我们驾驭悖论的第一套工具是转变假设，即如前所述，采用能够让我们同时认知两种对立力量的思维方式和基本信念。

转变假设并非易事。与悖论打交道常常会使我们的理性思维达到极限。当我们处于理性的边缘，看到荒谬或不合逻辑的事物时，我们会感到不安。这种不确定性和非理性让我们感到焦虑，从而开始退缩，试图找到更清晰的方向。但是，学会正视和直面冲突能够帮助我们避免过度简化眼前的困境，进而探索更具创造性的选择。也就是说，我们需要从助长黑白思维的二元对立心态，转变为培养灰度思维的悖论心态。首先，我们必须澄清悖论的本质（参见后文注释栏"悖论：仅仅存在于脑海中吗？"）。

我们与同事埃拉·米隆·斯佩克托、乔什·凯勒和艾米·英格拉姆研究了应对竞争性需求的不同方法，以及这些方法如何影响创造力、绩效和工作满意度。这项研究对来自美国、中国和以色列的三千多人进行了调查。研究发现，人们在两个相互交织的因素上存在差异：个体对张力的感知程度以及运用悖论心态的程度。

首先，人们对张力的感知程度不尽相同。这种差异可能源于不同的环境，因为有些环境比其他环境更让人紧张。正如我们的以色列团队成员常常指出的那样，生活在中东地区持续不断冲突中的人与生活在新西兰乡村牧场上的人所体验的紧张感是完全不同的。同样，急诊室医生可能比瑜伽教练面临更多的压力。环境会对我们所感知的张力有很大影响。

如前所述，我们的研究表明，在以下环境中人们会更加紧张：（1）变化更快的环境；（2）更多元的环境；（3）资源更稀缺的环境。变

悖论心态量表：驾驭悖论的不同区域

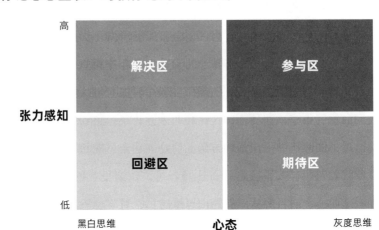

图 4–1

化速度越快，我们就越能感知"现在如何"和"将来会如何"之间的冲突。就多元性而言，来自不同人群和利益相关者的声音和观点越多，我们就越能体验到不同的目标、角色和价值观之间的冲突。最后，人们越是感受到资源的稀缺，在分配资源时，竞争就越激烈。

尽管我们所处环境中张力的性质各不相同，但有些人会比其他人更能适应张力。我们的周遭充斥着张力，有些人会刻意寻找，让它们浮出水面，以获得更多的创造力；另一些人则会回避或忽视它们，以尽量减少潜在的冲突。然而，即使是处于同一环境中的两个人，也会对张力有不同程度的感知。在研究中我们发现，即便是在同一家公司从事同样工作的两个人，对张力的感知程度也各不相同。

其次，人们对相互对立的力量之间的关系也有不同的理解。拥有二元思维的人会缩小他们的思维范围，将备选方案框定为二元选择，然后在二者之间做出选择。相反，拥有悖论心态的人会欣然接纳对立力量之间的矛盾，并认识到它们如何互相强化。那些有高阶悖论心态的人倾向于接受冲突，认为冲突是自然的、有价值的且充满活力的。面对困境时，他们问的不是"应该选择A还是B"，而是"如何才能兼顾A和B"。仅仅改变问题就会带来新的选择，走进灰度思维。

人们对张力的感知和人们的心态共同决定了他们正处于驾驭悖论过程中的哪个区域（见图4-1；更多讨论见附录）。在"回避区"，我们体验到的张力极为有限，因此，往往会采用非黑即白的二元思维。我们可能幸福地生活在一个没有压力的环境中，或者我们可能在一个充满压力的环境中生活或工作，却优哉游哉地对周遭的压力视而不见。当然，无忧无虑的心态有时也很可贵。我们没有时间和精力去应对出现在生活中的每一个冲突。例如，有关职业成就和社会影响的问题可能会反复在我们的生活中出现，但是，我们可能会选择主动忽略这类问题，因为生活中有其他因素需要我们优先考虑，从而推迟重大的职业变化。有时，我们需要挑选自己的战场。

虽然我们有时可以避免冲突，但我们不能总是将其忽视。在某种程度上，这些工作上的微妙冲突可能会爆发出来，带来紧迫的挑战。或者有一天，我们会发现自己处于新的环境，面临着更大的压力。例如，我们的工作可能相对比较轻松，直到来了一个新的上司，一切才真正开始发生改变。当这些冲突出现时会发生什么？我们是否备好了工具来驾驭它们？当我们采取一种二元对立的心态时，不确定性会让人不安，因此，我们会想迅速做出一个非黑即白的选择。此时，我们正处于"解决区"，我们在这一区域做出的非黑即白的决定可能会让我们在短期内感到解脱，但也要十分小心。正如我们在第二章详述的那样，从长远来看，这些决策往好了说是有限的，往坏了说是有害的，有可能会引发恶性循环。

反之，我们可能倾向于采用悖论心态，随时准备同时处理相互依存的矛盾。"悖论？"，你可能会想，"来吧！"在"期待区"，我们能利用悖论心态，却很少经历紧张情绪。我们就像盛装打扮却无处可去。同样，我们可能处于低压力状态。然而，一旦环境发生变化，我们就会准备好运用灰度思维。然而，我们也可以开始发掘身边的冲突。与其把它们扫到认知的地毯下面，不如把它们拿出来开诚布公地处理。本书提及的许多领导者就是这样做的——他们运用灰度思维工具，找出潜在的矛盾，正面解决这些问题，找到更具创造力和可持续性的解决方案。这样做会让我们进入"参与区"——在这一区域，我们既能感知到张力，又能采用悖论心态。

我们的研究也探讨了这些区域如何影响人们的职场表现。我们发现，处于"参与区"的员工职场表现更为出色。他们的经理认为，他们更具创造力和生产力。不仅如此，他们自身对工作的满意度也更高。事实证明，如果我们采用二元思维，我们会在压力更小的环境里表现得更好。也就是说，如果我们沉浸于黑白思维，那么最好减少压力或避免冲突，因为我们应对紧张局势的能力有限。一旦我们置身于更为紧张的环境当中，悖论心态就会为我们提供更有效的工具。

通过研究，我们制订了悖论心态量表，用以评估人们在多大程度上感知张力并采用悖论心态。我们在附录中介绍了这一量表，并提供了网页链接——你可以用于自我测试,与朋友分享,或应用于组织机构。

在讨论区域时,我们假设人们会在不同的时机处于不同的区域。你可以通过改变周遭环境或者增进对张力的了解来改变自己体验张力的程度。你也可以改变自己的悖论心态。在悖论系统中,我们确定了三种工具来帮助我们将潜在的假设转变为悖论心态。这三种工具指的是重新审视我们对知识、资源和问题解决方法的潜在看法(见图3–1)。

> ## 悖论:仅仅存在于脑海中吗?
>
> 悖论仅仅是我们的大脑编造出来的吗?有些人认为,正是我们理解世界以及与世界互动的思维模式创造了相互交织的对立面。这种观点的基础是社会建构主义哲学——认为现实是通过集体共同的阐释创造出来的。正如弗里德里希·尼采所言:"没有事实,只有阐释。"
>
> 还有人认为,相互交织的对立力量是我们这个世界固有结构的一部分。东方的老子和西方的赫拉克利特等先哲们都相信这一点。他们认为世界建立在动态的二元对立之上——对立的力量在不断地相互交融。迈克尔·法拉第和尼尔斯·玻尔等科学家将我们的物理世界描绘为充满悖论的世界,卡尔·荣格和阿尔弗雷德·阿德勒等精神分析学家则将我们人类的精神世界描绘成一个充满了相互依存的矛盾的世界。后来,巴里·约翰逊将悖论描述为"大自然的礼物,一种像重

力和阳光一样的自然现象。"

悖论是社会建构的还是世界固有的，是阐释还是事实？这场争论已经持续了几个世纪，并一直持续到今天。这个问题似乎是林中树的悖论版本：如果树倒在空旷的树林里，它会发出声音吗？声音是树的功能还是听者的功能？悖论是我们这个世界的一部分，还是由世界的观察者构建的？

读到这里，你可能已经意识到这个问题是一个非黑即白的问题：悖论是社会建构的还是世界固有的？如果我们把它改成灰度问题呢？悖论如何既是社会建构的，也是世界固有的？我们的社会建构如何影响悖论的？悖论的固有性质如何通过我们的社会结构折射出来？

在我们的著作中，我们认为悖论是一个系统的潜在特征，经社会结构而变得更为显著。也就是说，悖论潜伏在我们眼前的困境之中，但正是我们各自的解读，帮助我们揭示了潜在的悖论。我们的同事和朋友、西班牙埃萨德商学院教授托比亚斯·哈恩和澳大利亚麦格理商学院院长埃里克·奈特进一步论证了这一观点。他们提出，悖论的运作方式与我们对宇宙物质的理解相似。量子理论认为，我们不知道物质是粒子还是波。我们可以尝试测量物质来回答这个问题，但实际的测量会干扰系统，所以物质的表现方式一部分是物质的特征，一部分是测量的特征。哈恩和奈特认为，我们对悖论的体验可能也是如此。对立的特征之间复杂的相互依存关系可能是系统结构的基础，但这些相互依存关系如何表现为悖论，则取决于我们的现实体验和社会建构。他们认为，社会

> 建构不仅揭示了潜在的悖论,而且还有助于将复杂的潜在现实构建为悖论。无论你认为悖论是固有的,还是社会建构的,抑或是融合了两种观点,悖论都会在我们身边。我们仍然可以通过掌握基本的工具来有效地驾驭这些看似荒谬的非理性现实。

接受多重真理(而非单一真理)

许多人都认为真理无处不在——如果某件事情是真的,那么它的反面就一定是假的。但正如诺贝尔奖得主、物理学家尼尔斯·玻尔所说,"真理有琐碎和伟大之分,琐碎真理的对立面显然是错误,而伟大真理的对立面却依旧是真理。"

伟大的真理包含了复杂的认知网络,通过相反的透镜折射出来。我们可能只能看到相互矛盾的片段,而无法把握这些错综复杂的真理的全貌。然而,如果我们过于执着于某一真理,以至拒绝接受其矛盾之处,我们可能会错过更深刻、更全面的见解。我们还可能与其他坚持单一真理的人发生难以解决的冲突。

先哲们在《盲人摸象》的寓言中表达了这一观点:一群盲人走近一头大象,想要辨认出面前这个未知的生命。为此,他们都把手放在大象身上,感受大象的模样。第一个人把手放在大象的鼻子上,他说大象像一条粗大的蛇。第二个人将手伸到了大象的耳朵上,说它好像一把扇子。第三个人的手放在了大象的一条腿上,他认为这个生物就像一根树干。第四个人摸了摸大象的尾巴,说它像一根绳子。最后一个人摸了摸象牙，说这个生物就像一根长矛。每个人都确信自己的感觉是对的，也同样确信其他人的感觉是错的。没有人愿意向其他人让步或探讨其他人的观点。结果就是一场持久的冲突。

19世纪，约翰·戈弗雷·萨克斯在他的诗歌《盲人摸象》中总结了这一教训：

> 于是这些印度人大声争论不休，
> 每个人都坚持自己的观点，
> 简直固执到了极点，
> 其实每个人都有部分道理，
> 但是所有的人又都错了！

每个盲人都假定其他人的经历与自己相同，从而认为自己的经历反映了现实。但是，如果他们的假设恰恰相反——他们的观察结果只是众多观察结果中的一部分，他们感受到了一部分真相，其他人也是如此，而且，他们各自不同的，甚至相反的经历共同蕴含着更深刻的真相，那又会怎样呢？或许，他们本可以更坦诚地倾听他人眼中的现实。他们本可以质疑自己的认知，探索其他可能，做一个虚心的倾听者，学习新的知识并产生新的见解。这种开放性假设是灰度思维的基础。要理解知识的矛盾性，我们必须假设多重真理可以共存。

从大象到大猩猩

我们看到大象不同部位的一个原因是，我们的大脑在特定情况下只能接收这么多信息。伊利诺伊大学心理学的丹·西蒙斯教授和盖辛格医疗保健系统行为与决策科学专业主任克里斯托弗·查布利斯教授有力地证明了我们如何限制自己的注意力，尽可能地减少其他信息。他们将这种现象描述为"无意视盲"。

西蒙斯和查布利斯在哈佛大学进行了一项著名的研究，被称为"选择性注意力测试"。这项研究涉及一段视频，视频中有六名学生，三名穿白衬衫，三名穿黑衬衫。穿白衬衫的三名学生正在互相传递篮球。穿黑衬衫的三名学生也在互相传递篮球。西蒙斯和查布利斯让观众数一数穿白衬衫的人之间传递篮球的次数。

如果你还没有看过这段视频，赶紧放下书本，去看看吧！如果你已经看过了（剧透警告：我们即将分享视频中的奥秘），你就会知道在选择性注意力测试中，穿白衬衫的人传了 15 次球。然而，视频中最重要的部分并不是你是否数对了传球次数，而是你是否注意到了一些奇怪的事情。在两队传球的过程中，一个身着黑色大猩猩服的人出现在视线中。这只"大猩猩"从他们之中穿过，站在那里，拍了拍胸口，然后走了。

有趣的是，超过 50% 的受测者过于专注地计算穿白衬衫的人之间传了多少次球，而完全忽略了穿大猩猩服装的人。专注于一个领域意味着我们经常会忽略其他领域。如果你之前已经看过这个视频，或者你认为自己当然会看到"大猩猩"，那么，你可以看看他们的另一段视频，"看不见的大猩猩"。这个视频也有类似的奥秘，但我们在这里就不透露啦！

这些实验表明，我们接收的信息有限，往往不能了解全貌。我们会环顾周遭环境，识别出相关的信息，而将其他信息抛在脑后。

心理学家将这种倾向称为"确认偏误"。我们会在政治领域找到很好的例子。与其说是不同政见的人对某一事实的看法不同，不如说是他们从本就不同的事实出发。在我们这个政治两极化的世界里，我们关注的是那些与我们已知的事实相吻合的信息。我们阅读不同的新闻，与不同的人群交谈，关注不同的问题。因此，我们往往错过了其他人非常关注的重要观点。我们或许会过于注重自己的观点，从而陷入兔子洞。一旦有人向我们提出挑战，那么就会造成堑壕战——我们会防守性地躲进战壕。[1]

与此相反，悖论心态始于这样的假设：多种观点并存，而我们往往看不到或无法欣赏其他观点。从这一假设出发，我们就能以开放的心态学习他人的观点。

屏幕使用时间历险记

就在最近，我（温迪）感觉到家中有一场大战即将爆发。这提醒着我，无论我们多么频繁地谈论接受相互竞争的需求，我们都很容易陷入将知识假定为单一真理的误区，进而陷入狭隘的是非之争。我和丈夫陷入了一场熟悉的辩论，我们各自专注于自己的认知和对真理的体验。主题是：屏幕使用时间。这不是我们第一次进行这样的讨论，也不会是最后一次。

这一天，我忙得不得了。我暂时停下手中的工作，上楼去看看我的孩子们，却发现我的小儿子正趴在电脑前。他不像他姐姐那样

---

[1] 多莉·丘格和马克斯·巴泽曼研究了不道德行为在多大程度上源于他们所说的"有限认知"，即我们在决策过程中无法全面观察、主动寻找或随时利用所有相关信息。——作者注

在二刷《办公室》[1],也不像他哥哥那样沉迷于电子游戏。他们有时上了瘾,让我忍无可忍。但是我的小儿子却让我更加抓狂,他竟然花好几个小时看别人玩电子游戏的视频。事情是这样的——不是自己玩游戏,而是看着别人玩游戏。你可能喜欢玩游戏,这样的话,那我尊重你的爱好。但是,我儿子这样简直要把我逼疯了。

我内心深处的恐惧开始涌上心头。我对自己说:"我真是最糟糕的妈妈!谁会让自己的孩子花几个小时看别人玩电子游戏的视频?"(显然,从这些视频的点击量来看,答案是很多人都这么做。)然后,因为我真的不想批评自己是个糟糕的妈妈,我就做了那些蛮不讲理的伴侣会做的事。我开始责怪我的丈夫。如果这不是我的错,那我就得找些理由证明一定是他的错。

我对丈夫说:"我们不能让他再盯着屏幕了。"

他回答:"那谁来管呢?"

我们俩都是争强好胜的人,所以当我们表明了立场,我们都会坚持到底。开始战斗吧!

然而,我们已经讨论过很多次了,不需要再讲细节了。我们清楚对方的立场,也知道对方的论点。在这种情绪失控的时刻,我们都认为自己是对的,而对方是错的。我会争辩说,负责任的养育方式意味着对屏幕使用时间有更多的约束,缺乏纪律是不对的。我不仅希望我的丈夫认同我的观点,而且在那一刻,我还要求他对我们的儿子进行管教,让他不要再盯着电脑了。

他也认为必须约束屏幕使用时间,但他也知道执行起来有多

---

[1] 一部美剧,记录了一群办公室白领的日常生活。

难。我们俩都忙得不可开交。我们在全球疫情期间进行了这次谈话。三个孩子在家里上网课，而我们夫妻俩也要在家远程处理工作。我的丈夫也认为，我们的孩子使用屏幕的时间应该加以控制，但是他知道自己没法管，所以他也没有要求我去管。我必须承认，他比我仁慈一些。

我们都表明了各自的立场。但是，我们对这场争论都心知肚明，所以也就不了了之，毕竟没有必要重复同样的观点。

在这件事上，谁是对的呢？我俩都是对的。我是对的，我们的孩子使用屏幕的时间确实需要加以约束。但是，他也是对的，我们都没有足够的时间和资源来管束他们，尤其是在那段特殊时期。如果我们都从这样的假设出发，我们就更容易坦诚地倾听彼此的意见，探索其他方案，充分发挥我们的灰度思维来找到更具创造性和可持续性的解决方案。

后来，当我们平静下来，时间也不那么紧迫的时候，我俩提醒自己，我们是一个团队，我们都在为了家庭着想，为了家庭付出，于是我们开始头脑风暴。在我们的理想世界里，孩子们可以自我管理，借助很多其他的活动帮助自己克服屏幕的诱惑。我们还可以建立一个系统，让孩子们对自己更加负责。与此同时，我们也知道，他们需要我们的管教。

然而，我们发现，要实现这一目标需要投入一定的时间和精力。这个解决方案要求我们带孩子们接触其他不同的活动，并鼓励他们参与其中。新的解决方案其实还取决于我们孩子的年龄和成熟度。青少年在管理自己的屏幕时间方面更有责任感，而我们年幼的孩子则更需要我们亲自管教。我和我丈夫明白，我们会一直因此而争论。然而，重要的是我们一起面对它，并且在过程中尊重各自不同的观点。

"是的，而且……"

有时，我们需要按照自己的信念行事。为了改变我们的基本假设，我们需要开始用行为来反映我们的信念。亚里士多德深谙此道，他感叹道："每天反复做的事情造就了我们"。表演专业人士，更具体地说，即兴表演者对我们如何采用灰度思维提出了建议。他们会用"是的，而且"作为台词的开头。即兴表演中的这一核心练习可以帮助我们对对立的观点持开放态度，并在此基础上继续发展。

即兴戏剧没有剧本，也没有台词，似乎一切都是自然发生的，但表演者要遵循一定的规则。这些规则为戏剧提供了框架，并且能防止混乱。即兴表演的先驱们制定了所谓的"厨房规则"，这些规则是他们围坐在厨房的桌子旁，探讨哪些场景可行、哪些场景不可行时形成的。最著名的"厨房规则"就是永远不要否认现实。即兴表演者通过"是的，而且"来练习这种技能，这意味着即兴表演者必须接受其他人在场景中提出的想法（是的），然后以此为基础再进行发挥（而且）。[1]

在即兴表演中，演员通常会征求观众的建议来设定场景。想象

---

[1] 克雷·德林科是一名研究员，也是一名出色的即兴表演者，曾在芝加哥第二城表演。他在《戏剧即兴、意识与认知》（2013年）一书中将即兴戏剧与神经科学和认知研究联系起来。他的研究使他深信这些工具的力量，因此，他在《玩出理智》（2021年）一书中提供了更多实用建议，该书提供了120种帮助人们进行即兴表演的方法。——作者注

一下，一位观众建议场景应该是一对母子在游乐场的互动，而你被选中扮演母亲。

你开始在脑海中构思一个场景，想象自己是一位年轻的母亲，推着你那蹒跚学步的孩子开心地荡着秋千。被选中扮演孩子的演员跳出来说："妈妈，我很高兴能在这里遇到你，因为我有重要的事情要告诉你——我的女朋友怀孕了。"这与荡秋千的小朋友形象不太相符。如果我们假定这是意外怀孕，不在预期之内，也不在期待之中，那么你脑海中活泼愉悦的幼儿世界就会变成成年人的世界，而且可能会是个悲剧。

你可以拒绝这种假设，并坚持自己的观点，比如你可以回应："亲爱的，你才三岁，你不可能让一个女孩儿怀孕的……再说，你还这么小，怎么会知道'怀孕'这个词呢？"你这就是在对搭档说"不是，但是……"。

你的搭档进行了陈述，而后你控制了局面，又重新定义了一些事情。那么接下来，你的搭档会怎么做呢？下一步可能是你和你的搭档争论究竟使用谁的设想。这不会真正推进剧情。而且可能也不会那么有趣。然而这就是现实中经常发生的情况。有人断言某事，如果它不同于我们的想象或设想，我们可能会立即否认、质疑，或重新主张我们自己的观点。最终会如何呢？"不是，但是……"的回答只会让我们陷入谁对谁错的冲突——黑白思维。想想最近的对话，这些对话有多少次涉及基本假设的冲突？

与之相反，如果用"是的"回应场景动态，而后想办法在此基础上进一步推动剧情的发展，又会发生什么呢？在游乐场场景中，你可以这样回应："天呐，亲爱的，我不敢相信这一天终于来了！自从25年前你和你的女朋友搬进来，我就一直在等待这一刻。在我死之前，我终于要当上奶奶了！"在这个场景里，你已经同意你的儿子已经到了要孩子的年龄（是的），然后在此基础上，你又添加了信息，说明你的儿子早就已经到了年龄（而且）。你已经找到了一种方法，既尊重搭档的假设，又能机智地把悲剧出乎意料地变成了喜剧。

请注意，"是的，而且"并不等于允许任何事情发生。正如即兴表演研究者克莱·德林科所阐释的那样，"'同意'其实是顺应场景中正在建立的现实，而不是像字面上的那样，对一切都回复'是的'。"当人们互相尝试将场景建立在彼此的创造上时，"是的，而且"这一方法才有效。当一个人主宰场景，而另一个人受摆布的时候，这一方法也就失效了。

"是的，而且"这一规则的力量远远不止娱乐价值。治疗师看到了这种方法的价值，它可以帮助患者解决让他感到困顿的问题，并帮助夫妻找到更多加深关系的机会。教练和培训师采用"好的，而且"的方法来帮助组织领导者提高创造力并加强联系。研究表明，这种即兴表演训练能够提高创新能力，促进心理健康，并且加强对不确定性的容忍能力。

更重要的是，"是的，而且"为我们如何驾驭悖论提供了一些具体的实践。"是的，而且"提醒我们，世界存在多重真理，因此当有人挑战我们的假设时，我们不必简单地回绝他们。设想一下，如果我们对某些事情形成了一个设想，而有人告诉我们相反的情况。与其拒绝这个想法，我们不如从回复"是的"开始，我们可以尊重这个人的设想。重要的是，尊重别人的设想并不意味着我们必须对此认同。我们可以从这个设想中学习并加以扩展。

我们鼓励大家在下次交谈时尝试一下。看看当别人说了一些可能会挑战你的想法的话，究竟会发生什么。在那一刻，停顿一下，看看自己在想什么，有什么样的感受。你可能会感受到威胁，甚至愤怒。你可能会想出一些防御性的论点来挑战他们的观点。接下来，试着用"是的，而且"来回应。如果你站在真正尊重他们的立场，会有什么样的变化？然后，与其拒绝他们的观点，不如根据你自己的见解，看看如何以他们的观点为基础进一步发展。然后再回头看看自己，"是的，而且"是如何影响你自己的心态的？它能让你从多个角度看问题吗？它如何改变对话的性质？

"是的，而且"这一方法不仅在人们表达不同观点时有用。当你的想法遇到阻力时，这种方法也很有帮助。正如我们在第一章中所指出的，悖论出现在各个层面——个体层面、人际层面、组织层面等。想想我们内心的矛盾吧。我们能用"是的，而且"来解决这些问题吗？比如说，我们可能认为自己是一个有责任心、值得信赖的人，但我们却没有能够把握好时间期限，让别人失望了。我们的第一反应可能是责备自己。但是，如果我们从接受现实开始呢？是的，我们有责任；是的，我们的所作所为不负责任；是的，这种情况时有发生。而且，我们将从这次经历中吸取经验教训，尽量减少这种情况在未来发生。

资源具有丰富性（而非稀缺性）

悖论心态还涉及对资源的假设，从关注稀缺性转向丰富性。资源——时间、空间、金钱——是造成我们大部分困境的原因。不同的需求会争夺资源。工作与生活之间的挑战往往归结为如何分配时间的问题。在一个组织中聘用哪位候选人的问题之所以出现，是因为我们的资金有限，必须做出选择。在我（玛丽安）的一个研究项目中，我研究了产品设计企业。这些企业在强化现有产品和投资激进创新之间挣扎。这种矛盾的核心是资源问题。当这些公司需要他们的核心产品来支付账单时，他们能将多少资源——人员、时间和办公室空间——用于激进创新呢？资源分配是领导者面临的重要挑战之一。

许多人在处理这类问题时都会寻求更有效的资源分配方式——如何更好地"分蛋糕"。这种方法反映了一种二元对立的思维模式。它首先假定资源是稀缺的——资源是有限的，而且一旦我们使用了资源，它们就会消失。例如，我们可能只有有限的资金用于一个项目。如果我们把这些钱花在一个地方，我们就不能把这些钱花在其他地方。正是这种零和思维让我们觉得必须在各种选项中做出选择，由此引发了关于如何使用这些有限资源的巨大冲突。

悖论心态挑战了这种关于资源的假设。如果资源不是零和的呢？如果我们不必受制于资源呢？如果我们可以增加资源的价值呢？悖论心态假设资源是丰富的，而非稀缺的——我们可以通过利用资源来扩大其价值。扩大资源价值的方法多种多样。我们可以认识到资源的多面性，并意识到价值并非普遍共享：对一个人有价值的东西不一定对其他人有价值。我们可以利用技术和创新来创造新的价值。我们可以探索多种多样的方法来扩大价值，因为我们知道，这样的探索为驾驭悖论创造了新的机会。

分比萨

优秀的谈判者能够意识到，资源通常比我们最初设想的更有价值。一场成功的双赢谈判取决于双方能否认识到资源的多面性，并使其增值。

人们通常从单一维度看待资源，并试图决定谁能得到更多或更少的资源。如果我们有一笔钱，我们需要决定谁能分到更多。如果我们有一大段时间，我们必须决定哪些活动能占用更多的时间。这种谈判涉及价值主张。假设这些资源是稀缺的，我们必须决定如何分配这些资源。哈佛商学院教授、谈判专家马克斯·巴泽曼将稀缺性假设描述为"固定蛋糕"。与此相反，创造价值的前提是"丰富性"，这鼓励谈判者在分蛋糕之前先把蛋糕做大。

让我们设想一个现实中的"分蛋糕"事件——分比萨。想象一下，我们俩一起去吃比萨。我们决定买一整个，然后分着吃。我们每人付半个比萨的钱。比萨该怎么分？

我们可能会决定把比萨一分为二。如果馅饼有八片，我吃四片，你吃四片。这听起来很公平，因为我们每个人都付了一半的钱。但是，我们可能会开始协商。也许我们刚下班，而今天我没吃午饭去帮你完成一个当天要交差的任务。出于这个原因，也许我感觉特别饿，所以，我要求吃五片，而你只吃三片。另外，也许你注意到前几次都是你买的比萨，所以，这次你应该多分到一点。我们可以不断地来回协商，直到我们找到一个让各自都满意的分配方案。

请注意我们在此次谈判中的基本假设。我们假设比萨只有一个维度——切片，而且资源是固定的，一共有八片。因此，我们的谈判是关于我们每个人分到几片。

但是，有没有一种方法可以在不改变比萨大小的情况下，从比萨中提取更多的价值呢？我们能否考虑比萨的其他维度？这样我们就可以在不改变资源本身数量的情况下增加资源的价值。

比如，我们在去餐厅的路上开始讨论比萨。也许我们发现，你非常喜欢比萨的中间部分——酱汁、奶酪和配料。你总是把比萨边留下（你向低碳水化合物饮食点了点头，但你的喜好实际上只是停留在了九岁的时候）。比如，我根本不喜欢配料，我是素食主义者，反正也不吃奶酪和肉。我通常把它们去掉，只吃面包（我向法式美食致敬，但这也是我九岁时的想法），根据这些信息，我们可以想出一种不同的分饼方法：你吃中间，我吃边。这样，我们每个人就可以获得一整份比萨的价值，而不是每人只能分到四片，也就是半份比萨。巴泽曼将这种方法称为"把蛋糕做大"。

在这种方法中，我们从单一维度看待资源（即比萨的切片）转向其他维度（即我们对比萨的不同偏好）。然后，我们可以重新思考如何根据资源的多重维度来分配资源。

那么现在，让我们想想时间，一天只有24小时，如何分配这些时间才不会造成许多冲突。如果我们只考虑时间这个维度，那么我们就会陷入只考虑稀缺性的零和思维。我们只能考虑是将更多的时间花在一项活动上还是另一项活动上。但就工作效率而言，并非所有时刻都是一样的。我们在早上九点能完成的工作量通常与晚上九点能完成的工作量大相径庭，特别是如果我们是早起的鸟儿或晚睡的夜猫子。我们做事的顺序也会影响效率。时间管理大师经常用一罐石头和沙子来比喻我们所做的工作有多重要。如果我们先把沙子放进罐子里,然后再把小石头放进罐子里,我们经常没有空间留给大石头。如果我们先做大项目,就能想出如何在更短的时间内完成小任务。为各种相互竞争的需求分配时间,不仅要考虑为不同的项目分配多少时间,还要考虑具体时间以及分配的顺序。

一个人的垃圾

有些人掌握了扩大资源价值的诀窍。莱斯大学管理学教授斯科特·索南沙因将这些人形容为"延展者",他们懂得如何用更少的资源做更多的事情。其中一种方法就是在别人认为价值不大的事情上寻找价值。俗话说,一个人的垃圾是另一个人的宝藏。"延展者"可以在别人的垃圾中找到宝藏——有时真的是这样。

被困在菲律宾的加拿大艺术家拉塞尔·迈尔发现,垃圾改变了他的生活。2010年,他和当时的女友从巴黎来到菲律宾与她的家人见面。身为艺术家的迈尔与女友的父亲(马尼拉一家大公司的高层)几乎没有共同语言。这次会面进行得非常不顺利,以至旅行结束后,他的女友就甩了他,回到了巴黎。迈尔继续在菲律宾旅行,逃避痛苦,从当地人的智慧中寻找艺术灵感。他偶然发现了伊戈罗特人[1]居住的一个偏远村庄。但在那里,痛苦和抑郁压倒了他。他既伤心欲绝,又身无分文,既没有动力也没有目标。村民们收留了他。虽然花了一些时间(几年),但他最终开始重新拾起自己的创作火花。

令迈尔感到好奇的是,当地语言中没有"垃圾"这个词。伊戈罗特人相信任何东西都有价值。即使某样东西不再有某种用

---

[1] 伊戈罗特人(Igorot)是菲律宾的一个少数民族,分布在卡戈延山脉和科迪勒拉山脉一带。

途，也可以转向另一种用途。其实，他们的语言中有一个词——"ayyew"——用来表示物品被回收利用的程度。迈尔对这一概念非常着迷，但他也在社区周围看到了大量垃圾，尤其是塑料垃圾。塑料瓶和其他塑料制品污染了村庄，并被扔进了当地的河流。他开始思考如何重新利用这些塑料品。有一天，他决定把较小的塑料材料塞进较大的塑料瓶里。他意识到，他可以用这种塑料填充瓶作为建筑用砖，建造自己的花园。这个想法如此简单——社区里有大量的塑料垃圾和塑料瓶，造成了浪费，而同时，人们也急需建筑材料来修缮他们的家园、学校和花园。

迈尔与当地一所学校分享了这个想法，并让学生们制作了数百个这样的塑料瓶生态砖。当地的学校负责人也采纳了这一创新方法，要求200多所学校用垃圾制作生态砖。这种做法很快就推广到该地区的数千所学校。

这个始于菲律宾偏远村庄的想法演变成了一场运动。迈尔还编写了一本关于如何制作生态砖的手册。2013年，他创建了ecobricks.org网站，将这个故事更广泛地进行传播。他从世界各地的人口中听说了他们自发制作生态砖的故事。德国发明家安德里亚斯也意识到塑料瓶可以作为建筑材料，他将瓶子填满土和沙，用瓶子砖完成了一些大型建筑项目——住宅、会议中心、水箱和其他建筑。迈尔与南非、北美和南美的生态砖商建立了联系。他们一起创建了全球生态砖联盟，吸引了来自美国、英国、南非、新加坡等地的数十万名生态砖爱好者。

2016年，我（温迪）的一位邻居向我介绍了生态砖的理念。从那时起，我与社区合作，将数百斤垃圾转化为建筑材料。我们为一所学校、一个营地和一个当地的自然中心运送了砖块，用于建造花园、长凳和墙壁。我们找到了从自己的垃圾中创造价值的方法，给资源赋予更多价值，并使自己更频繁地运用灰度思维。

通往树顶的梯子

使资源更为丰富的方法之一是开发新技术，从而获得原本无法获取的资源。彼得·戴曼迪斯和史蒂芬·科特勒在《富足》（*Abundance*）一书中探讨了这些技术。他们的论点很简单，但富有启发性：只要我们有办法获得这些资源，世界上就有足够的资源来满足我们所有人的衣食住行。他们以橘子树为例。我们可以从树上摘橘子吃，但是，如果我们把树上低处的橘子都摘光了，会发生什么呢？树上仍然挂满了橘子，但我们需要借助梯子才能摘到。新技术可以作为梯子，使以前无法获取的资源更易获取。

戴曼迪斯和科特勒在书中举了几个例子。比如，他们强调了水资源方面的重大挑战。世界上有超过10亿人无法获得干净的饮用水，这一问题导致每年200多万名儿童死亡。问题不在于地球上没有水，而在于我们需要新的方法来确保水资源的清洁度和可获得性。同样，世界上的饥荒问题并不是因为缺乏食物。在美国，大约有40%的食物被浪费。因此，我们面临的挑战是如何找到新的方法，有效分配食品，减少食品浪费。

同样，我们也可以找到新的阶梯来获取目前有限的资源。新技术可以帮助我们转变对资源的看法，从黑白思维转向灰度思维。与其寻求某种方法来"分蛋糕"，不如探索新的方案"把蛋糕做大"，获取更多的时间、金钱和精力。例如，视频会议技术改变了我们与人交流的能力，同时最大限度地减少了花在路途上的时间和费用。我们现在可以在客厅里参加会议、发表演讲、与同事联系或参加聚会。技术可以为我们提供新的机会，拓展我们的资源和思维。

互惠互利的良性循环

这种方法不仅能让我们在分配资源之前扩大资源，还能帮助我们看到这些资源如何相互受益。

亚当·格兰特在他的著作《给予和索取：成功的革新方法》（*Give and Take*）中提出，"取己所需"和"施予他人"之间存在良性循环。我们经常将这种紧张关系视为资源分配当中的二分法。我们认为，"施予他人"会占用我们自己的时间和精力。格兰特颠覆了这种观点，向我们展示了"给予者"，即乐于帮助他人的人，是如何获得成倍的个人回报的。

格兰特介绍了一位名叫亚当·里夫金的给予者，他从一个木讷的程序员变成一位成功的硅谷连续创业者。人们都说，里夫金总是把"我能帮什么忙吗？"挂在嘴边，并且真的这么做。正是由于他的不断付出，里夫金被《财富》杂志评为"人脉最广的人"。通过他非凡的给予实践，他获得了人生的意义、目的和成就感，更不用说三次创业成功。里夫金用于帮助他人的资源往往使他自身受益良多。

当我们面对相互竞争的需求时，稀缺性会引发紧张局势。资源稀缺的假设会使不同的需求相互对抗，企图争夺资源。相比之下，富足思维拓展了可能性，并认识到资源不一定会阻碍我们的发展，反而会带来新的协同效应。

应对问题（而非控制问题）

悖论心态最终会将我们在解决问题时的目标从"控制问题"转变为"应对问题"。人们往往喜欢掌控一切。我们宁愿脚踏实地，也不愿意陷入不断变化的旋涡中。我们倾向于选择明确性和确定性，而不是荒谬性和非理性。当面对模棱两可、变化和非理性时，我们通常会将解决问题作为重新获得确定性和稳定性的一种手段。

应对悖论就像身处一场模棱两可和变化多端的风暴当中。多种多样且经常相互冲突的选择在风暴中打转。对立的需求可以带来创造性的摩擦，并使人充满活力。但冲突往往会引发焦虑、恐惧和不满。在这种情况下，我们需要通过控制局面来尽量减少不确定性并保持稳定。面对悖论时，为了让自己感觉一切都在控制之中，哪怕是暂时的，最简单的方法就是在不同的选择中做出明确的决定，我们还可能对周围的人施加控制——期望我们的家庭、工作小组和组织像我们一样行事。如果我们拥有二元对立的思维模式，我们就会将解决问题视为寻求控制。

然而，驾驭悖论需要采用不同的方法来解决问题。请记住，悖论既是动态的，也是持久的。由于对立的力量持续存在，悖论无法得到解决。例如，在我们试图解决工作与生活的平衡问题时，我们永远无法彻底解决为自己做事和为他人做事，以及计划性和自发性之间的潜在悖论。这些悖论不断地互相挑战和互相改变，却永远都不会消失。以一种悖论心态，我们将解决问题的方法从"控制问题"转为"应对问题"。"应对问题"意味着我们接受不确定性，尊重模糊性，也知道需要不断地审视自己的决定，并在这种情况下，找寻前进的方法。我（玛丽安）和我的同事洛特·吕舍尔将这种解决问题的方法描述为寻找一种可行的确定性。我们可能无法把握全局，但迷雾消散些许，我们就能凭借有限的能见度向前迈进，找到立足点来做出决策，不断地学习和适应。[1]

"应对问题"要求我们找到一种可行的确定性。与其抵抗冲突，不如与冲突和解。我们并不是在试图解决某个永恒的悖论，而是在解决灵活的小问题。在整本书中，我们使用的语言强调了用"应对问题"取代"控制问题"。我们并没有探讨如何解决悖论，而是描述了如何驾驭、参与，甚至利用悖论。我们所讨论的也并非减少或者抵抗冲突，而是如何接受和拥抱冲突。语言是改变潜在假设的第一步。但首先，我们所有人都必须认识到，放手是多么困难。

骰子

放手可能会违背我们的本能——至少会违背我们的偏见。哈佛大学心理学家埃伦·兰格的实验验证了这一效应，向我们展示了人们是如何频繁地假定自己能够控制偶然情况。她把这种偏见称为"控制错觉"。

以花旗骰为例，如果你没有去过赌场，那么我来解释一下，花旗骰就是一种掷骰子的游戏。人们站在赌桌周围，对掷骰子的结果

---

[1] 我（玛丽安）与同事洛特·吕舍尔在对乐高中层管理人员的研究中引入"可行的确定性"这一概念。这些管理者们在组织的重大变革中面临着持续的张力。我们发现，当这些管理者接受引导并重塑他们的观点时，他们能有效地应对挑战。他们并未执着于消除矛盾，而是积极接纳并找到一种"可行的确定性"，帮助他们在当前的环境下稳步前进，并因此取得了更佳的效果。——作者注

下注。然后，有人掷骰子。人们的输赢取决于掷骰子的结果与下注的结果是否一致。假设游戏是合法的（骰子没有动过手脚），那么掷骰子的结果就是完全随机的——人们无法控制结果。但兰格发现，人们认为自己可以控制结果。与他人掷骰子时相比，当人们自己掷骰子时，往往会下更大的赌注，承担更高的风险。

在很多情况下，就像掷骰子一样，我们可能想要控制——或者至少认为自己可以控制——但实际上却无法控制。你可能有一位邻居（甚至可能是你自己）相信球队队员只有穿上他们的幸运T恤才能获胜，而且这件T恤永远都不能洗，以免把运气洗掉。当我（温迪）还是耶鲁大学的一名本科生时，曾和其他同学一起穿过耶鲁大学的老校区，去摸西奥多·德怀特·伍尔西雕像的脚，因为这样就可以确保自己在即将来临的考试中取得好成绩。不管我是否相信摸摸雕塑的脚就可以弥补学习上的不足，这个小小的举动让我有了一点"尽在掌握"的感觉。研究发现，我们经常诉诸迷信来相信自己能够控制局面，而我们越是认为自己能够控制局面，我们的决策就面临着越大的风险——无论是个人决策还是组织的战略决策。[1]

有效解决适应性问题[2]

如果我们在结果具有随机性的情况下试图控制事态变化，那么

---

[1] 许多研究都证明了控制幻觉的存在。例如，拉伍德和惠特克（1977年）发现，如果学生认为自己是假想公司的销售经理，他们就愿意为该公司的销售做出更冒险的决策。同样，当经理们认为自己是负责人时，他们也愿意做出更冒险的决策。最近，杜兰德（2003年）发现，当组织中的个体对资源的使用拥有更多控制权时，他们更有可能对其整体资源做出更积极的预测。——作者注

[2] 个体或组织在变化环境中灵活应对、不断调整以达成目标的问题。

想想当我们感到责任重大的时候，会有多么强的控制欲。让我们思考一下，当我们承担重要责任并且结果至关重要的时候，比如作为父母、团队教练或组织领导者的时候，我们会怎样解决问题？

领导者有责任动员一群人实现一系列目标。当肩负重托时，人们往往会寻求控制，想方设法表现出自己的主观能动性，让事情朝着自己的意愿发展。然而，多项研究发现，能否有效实现预期成果取决于领导者能否放权。[1]

领导者的任务是模糊而艰巨的，往往随着时间的推移而变得更加混乱和不确定。哈佛大学肯尼迪学院的罗纳德·海菲兹、亚历山大·格拉肖和马蒂·林斯基在他们的著作《调适性领导力：与复杂世界共变的实践与技艺》(*The Practice of Adaptive Leadership*)中区分了两类问题——技术问题和适应性问题。"虽然技术问题可能非常复杂且至关重要（如在心脏手术中更换有问题的心脏瓣膜），但它们有已知的解决方案，可以利用现有知识加以解决。"要解决技术问题，我们需要对情况进行准确诊断，获得解决方案，并知道如何实施该解决方案。这些步骤可能仍然很难，但有路线图。相比之下，适应性问题没有路线图。它们是混乱的、不确定的、突发的，并且充满了相互竞争的需求。适应性问题是一种悖论。

1977年，哈佛商学院教授、执业精神分析师亚伯拉罕·扎莱兹尼克提出，为了有效解决适应性问题，领导者必须勇于在变数中寻

---

[1] 例如，希尔和莱恩巴克（2011年）指出，那些愿意放权的领导者能够让自己以及被授权的下属获得更大的学习和创新空间。而埃德蒙森（2012年）的研究发现，通过放权表现出自身脆弱性的领导者能够建立起心理安全感，鼓励实干精神，并加强团队协作。——作者注

找创新和灵感。他认为，杰出的领导者就像艺术家一样，对多种变化的可能性保持开放的态度，能够接受并应对混乱的局面。他将领导者与管理者进行了对比，后者往往为了寻求结构和稳定性而快速解决问题。面对不确定性，管理者力图控制；而领导者则学会应对。驾驭悖论取决于领导者和艺术家的假设，他们甘愿置身于混乱的边缘，以开放的心态形成见解，而不是寻求确定性和解决方案的庇护。

去阳台上看看

放弃控制，拥抱不确定性，从而不断应对变化、学习及调整，说起来容易做起来难。海菲兹、格拉肖和林斯基建议大家采用一种"去阳台上看看"的方法。复杂的局面可能会让人疲惫不堪、手忙脚乱。当我们深陷其中，我们就想要逃离，或是彻底解决，但我们的选择极为有限。他们将这种情况比作在舞池中跳舞，此时，大家的注意力会逐渐汇聚到自己的舞步，担心踩到别人的脚。在跳舞的时候，我们不会注意谁在舞池里走动。当音乐的节奏变化时，我们不会注意大家的反应。同样，我们也无法看清舞者之间的互动。而如果想要看清这一切，我们必须走到阳台上，找到一个更广阔的视角来观察全景，并且超越当下，想想时间带来的变化。

灰度思维拓宽了我们的视野，帮助我们更好地应对复杂的适应性问题。正如海菲兹、格拉肖和林斯基所言，这种思维对领导者来说尤为重要。鉴于他们的角色，领导者越来越多地从解决技术问题转向面对适应性挑战——这些问题没有路线图，而且会带来相互矛盾的需求。领导力意味着能够从舞池走向阳台，在阳台上，领导者能够更好地领略动态的复杂性并从中学习。

跳舞这一比喻可以帮助我们学会驾驭悖论。"去阳台上看看"就像把我们的注意力从大象的躯干或尾巴转移到整个大象。个人视角会让我们陷入兔子洞或堑壕战，我们可以后退一步，转而欣赏竞争性需求的多个方面，以及它们如何相互影响。我们可以从竞争性需求的静态关系转而关注它们随着时间的推移所发生的变化。这也意味着，我们应当放手，学会应对问题，让一切随着时间的推移而变化发展，并在应对中学习、适应和成长。海菲兹、格拉肖和林斯基清楚地认识到，尽管阳台提供了视角，但领导者只能在舞池中采取行动。因此，领导者需要既站在阳台上，又站在舞池中才能更好地应对复杂局面。正如他们所述，"挑战在于领导者必须在舞池和阳台之间来回移动，进行干预，观察其影响，然后再采取行动。目标是尽可能接近于同时置身于两个地方，就好像你的一只眼睛向舞池里看，另一只眼睛从阳台上向下看，观察所有人的动作，包括你自己的动作。"

这个比喻让我想起了我（温迪）最近参加的一次会议。随着大家对系统性种族不公正的认知不断提高，我和其他领导者讨论了如何努力成为一个更公平的组织。在场的每一个人都认为，我们必须为此做出努力。但是，如何努力呢？一些人提出了一项干预措施，即首先与一小群人合作，就他们自身的观点和偏见开展合作，并以此作为试点，为进一步推广提供借鉴。其他人则表示反对，认为这样一来规模太小、成本太高，且过于仓促。他们建议对这一问题进行更长期的研究，以寻求更有效的系统性变革。小尝试还是大改变？随机应变还是按部就班？每个人都对总体目标充满信心，但又为如何实现目标而倍感苦恼。

这并不是团队的第一次会议，我是在后期才加入团队。"让我们立即着手"这一阵营已经为一个试点项目做了大量的基础工作，该项目将促进一小部分领导者就偏见问题进行艰难的对话。他们已经联系了几家咨询公司，并收到了启动这项工作的提案。干劲十足的人都准备好了，他们蓄势待发。然而，"让我们放慢脚步以产生更大影响"这一阵营仍然对此持保留意见。每个人都向我求助，希望我能够提供一个公正且新颖的视角。

当我倾听他们的观点时，我的个人偏见也开始作祟。我容易被急躁情绪所驱使，先行动后思考。我站在行动派的一边，开口表示支持。但随后我又闭上了嘴。许多年前，在会议上出现类似的争论时，我学会了先坐下来倾听，在发言之前了解全貌。掌握这种方法需要进行一些训练。我很想加入辩论（不耐烦地先行动），以至我不得不努力克制自己，并在开始时多加思考。为此，我曾经在参加会议之前，在手背上画一个黑色的叉儿，以提醒自己多花时间倾听而非表达。这个黑色的叉儿提醒我走到阳台上，仔细倾听，听取双方意见，看到更广阔的图景。在下结论之前，先完成这些步骤。我就是这么做的。我走上阳台，看到了舞池中的自己，并认识到自己更倾向于早期行动而非长期思考。然后，我聆听了从另一侧走来的人们所表达的观点。他们的目标是什么？他们在担忧什么？最后，我问自己是否可以选择既慢又快的方案，既关注试点项目又关注系统变革，然后我开始说话。但我没有提出解决方案，而是提出了另一个问题——尊重这些不同的观点会如何？这个问题将对话从防御性冲突转向协同思考，并提供了一个寻找新思路的机会。这让我摆脱了自己的控制感，不再倾向于为自己最初的信念而奋斗，而是有了一种应对感，一种对改变持开放态度并邀请他人进行更广泛思考的意识。

表4-1总结了二元思维和悖论心态的区别。正如我们在本章所描述的那样，拥有这些不同思维模式的人如何应对知识、资源和问题，对他们能否创造性地应对持续挑战有着巨大的影响。

表 4-1

二元思维和悖论心态的假设

关于	二元思维（黑白思维）	悖论心态（灰度思维）
知识	矛盾的	一致的
	唯一真理	多重真理
	唯一解	多元观点
	非赢即输	双赢
资源	稀缺性	丰富性
	零和法	正和法
	意味着竞争	意味着合作
解决问题的方式	控制	应对
	解决	适应
	尽可能减少不确定性和风险	接受不确定性和风险

柬埔寨人的悖论心态

在2000年，我们在本章开头介绍的杰里米·霍肯斯坦霍面临着加入营利性机构还是非营利机构的两难选择，这位刚毕业的工商管理硕士为此感到左右为难。他很庆幸能够来到香港，因为他觉得自己需要离开马萨诸塞州剑桥市的家一段时间。在香港期间，他决定用一些额外的时间来探索这个地区，同时审视自己的职业选择。这个机会使他接受了新的想法，也让他改变了问题。他不再自问"究竟该加入营利性组织还是非营利组织"——一个二元问题，而是开始自问"如何发展一份事业"，让自己能利用在商业界和商学院学到的技能和才能，对人们产生影响。

他在柬埔寨找到了一个全新的答案。当霍肯斯坦还在香港的时候，有人建议他去柬埔寨的暹粒参观吴哥窟，这座建于12世纪的寺庙是古代世界的奇迹之一。霍肯斯坦接受了这个建议。然而，令他惊叹的不是寺庙，而是这里的人们。

许多来吴哥窟的游客认为，当地人经常向游客乞讨钱财，分散了他们对寺庙的注意力。霍肯斯坦的感受却恰恰相反。他被当地人所吸引。除了乞讨，他还注意到当地社区的积极性和创造性。柬埔寨是世界上最贫穷的国家之一，从1975年到1979年，波尔布特和"红色高棉"的统治在经济上阻碍了柬埔寨的发展。该政权的政策导致近两百万公民死亡，尤其是知识分子和中产阶级，死因包括处决、饥饿、疾病、过度劳累和其他暴行。二十多年后，这场种族灭绝使下一代陷入贫困。然而，在这种现状中，霍肯斯坦看到了希望。他爬上一辆"嘟嘟车[1]"（一种自行车式出租车），司机不停地说话，因为他想和霍肯斯坦练习他蹩脚的英语。当霍肯斯坦去网吧给家里发电子邮件时，他不得不排长队等候，因为当地的年轻人都在那里闲逛，试图接触更广阔的世界。

与这些柬埔寨人一样，霍肯斯坦也是由遭受种族灭绝的一代人

---

1 一种三轮小摩的，是泰国以及东南亚国家常见的市内交通工具。

抚养长大的。但与他们不同的是，他的家人逃离了欧洲，在加拿大重新开始生活。他是否可以做些什么，将他的好运传递给下一代柬埔寨人呢？

他结束了旅行，但一直在想如何能帮上忙。六个月后，他与四位朋友一起回到柬埔寨——其中两位朋友曾与他一起从事咨询工作，另外两位朋友则具有非营利组织和社会工作背景。他们一起着手确定柬埔寨最迫切的需求，确定已经存在的能够满足这些需求的机构，并探索他们能够增加哪些机构。他们在柬埔寨的首都，也是唯一的大城市——金边，租了一套公寓，敲开各家机构的大门，希望能结识当地人。他们了解到，大多数柬埔寨人要么是种植水稻的农民，收入难以预测；要么是制衣工人，生产的服装主要出口到西方国家。家庭的贫困往往导致他们把年幼的孩子从农村送到大城市找工作。不幸的是，这些来自农村的孩子在大城市受到严重歧视。在波尔布特种族灭绝中父母被杀后由僧侣抚养长大的大量孤儿，以及因小时候患小儿麻痹症或被散布在农村地区的红色高棉地雷炸伤而导致身体残疾的大量民众也是如此。由于陷入极端贫困，很多家庭将女儿卖给性交易机构。许多非政府组织试图帮助柬埔寨人学习英语、计算机和其他就业技能。许多人没有时间或金钱来学习这些课程。对于那些参加了学习班的人来说，几乎没有什么工作可以使用他们的新技能。

霍肯斯坦和他的朋友们意识到，他们可以通过为柬埔寨最弱势的人群创造良好的工作机会来产生最大的影响。于是，他们把目光投向那些被就业市场抛弃的人——孤儿、农村移民、残疾人和从奴隶贸易中获救的妇女。霍肯斯坦建立了后来的数字鸿沟数据公司——一家初级信息技术企业，雇用柬埔寨最弱势的无业游民从事数据录入工作。他鼓励员工学习新技能，从而申请更高级别的工作。数字鸿沟数据公司成立至今已有二十个年头，在四个国家拥有两千五百多名员工，已有一万多人从该组织"毕业"，并找到收入超过全国平均工资十倍的工作。数字鸿沟数据公司赢得了洛克菲勒奖和著名的斯科尔社会企业家奖，奖金高达百万美元。普利策奖得主托马斯·弗里德曼在其著作《世界是平的》(The World Is Flat)中将霍肯斯坦称为"我最喜欢的企业家之一"。

在霍肯斯坦创建数字鸿沟数据公司后不久，我（温迪）与一位同事探讨了他所采用的商业模式。那位同事问道："那么，他们是非营利公司还是营利性公司？"法律对非营利公司和营利性公司的限制影响了业务的开展和管理层的决策。我记得我曾问过霍肯斯坦，他的公司属于哪种类型。"都不是，"他说，"但也都是。这真的重要吗？"柬埔寨人经历了非政府组织的统治和高度剥削，因此柬埔寨文化中对非政府组织的抵触可谓根深蒂固。于是，他在柬埔寨成立了一家营利性公司。但在美国，霍肯斯坦创建了一家非营利性企业，为数字鸿沟数据提供支持。这家企业接受更多的捐赠，帮助该组织启动项目，并培训了许多员工。霍肯斯坦并不是回避法律问题，而是想方设法让法律结构支持其创收组织的社会使命，而不是限制或削弱其使命。在社会企业越来越普遍的时代，霍肯斯坦是一位先行者。

建立数字鸿沟数据公司要求霍肯斯坦采用一种悖论思维。他在寻找一个世界，在这个世界里，他可以用非营利组织的社会责任感和营利组织的专注与效率产生强大的影响。他没有在这两种结构中做出选择，而是找到了第三种选择，一种能够同时实现这两个目标的社会企业。

灰度思维始于对悖论的认识，而悖论正是我们日常紧张关系和最棘手难题的根源。如果我们将关键假设从黑白假设转变为灰度假设，我们就会重新思考如何看待知识、资源和管理；我们就会开始迈向更复杂、更有创造力、更矛盾的方法。正如哲学家索伦·克尔凯郭尔所鼓励的那样，这样做可以找到全新的、更有力的可能：

> 我们不能轻视悖论……因为悖论是思想家灵感的源泉，而没有悖论的思想家就像没有感情的情人，就此落入平庸。

本章要点

- **假设构成了我们的思维方式和认知，为我们的行动提供了依据**。悖论心态既包括感知张力，也包括重构张力，从黑白思维（二分法）转向灰度思维（悖论）。

- **灰度思维首先要改变我们在三个方面的基本假设：**

  1. 知识：从认为真理是对与错的单一问题到认识到多种真理可以共存；

  2. 资源：从考虑稀缺性到考虑丰富性，从如何"分蛋糕"到设计创造性的方法来"把蛋糕做大"，提高其价值和影响力；

  3. 解决问题的方式：从渴望控制问题到应对问题，认识到必须拥有适应能力和学习能力才能驾驭悖论。

| 第五章 |

建立边界以控制张力

创造更为明确的结构

> 人世复杂,一如人性复杂。有时,脆弱是一种力量,恐惧能转化为勇气,而受过的伤会成为生命的养料。这并不是一个非黑即白的世界。
>
> ——瑞秋·娜欧米·雷曼[1]

1996年,珍妮特·佩纳时任美国国际商用机器公司(IBM)数据管理部总经理,她承受着巨大的压力,因为她必须在维持数十亿美元现有收益的前提下彻底改革自己的部门。这个任务十分艰巨,极易失败。她心知肚明失败会带来什么样的后果:就在几年前,她和公司的其他员工就曾历经公司濒临倒闭的绝望时刻。三年内,公

---

[1] 本段引自瑞秋·娜欧米·雷曼(Rachel Naomi Remen)所著的《厨桌智慧》(*Kitchen Table Wisdom*)。

司裁掉了十多万人，而佩纳是留下来的幸运儿之一。但是，她真的那么幸运吗？当务之急是向公司高层证明，公司留对了人。

在20世纪90年代初，美国国际商用机器公司的兴衰历程堪称传奇。尽管在新技术进入市场后，许多公司倒闭了，但美国国际商用机器公司可能是当时面临如此命运的最大型的企业。几十年前，这家跨国公司是大型计算机市场的领军者。公司依靠硬核技术推出了下一代个人计算机——这也给公司带来了威胁。20世纪80年代，更智能、更快速、更便宜的半导体芯片开辟了一个新的世界。在这个新世界里，大型主机被更小、更快的微型计算机所取代，几家公司陆续开始研发这种微型计算机。美国国际商用机器公司的研发团队意识到了微型计算机的潜力，于是开发了自己的版本——IBM个人计算机的雏形。为了迅速进入这一市场，IBM从其他公司购入计算机部件，从英特尔购入微处理器，从微软购入操作系统。

IBM开始把这些小型计算机售卖给大企业客户，这些客户又可以将小型计算机连接到大型服务器上，从而增加服务器的价值。其结果是营造了一种客户服务器环境，帮助公司在降低价格的同时提高了计算能力。计算能力的提高使这些小型计算机的市场合法化并扩大了它们的市场，远远超出了当时仅供一小群计算机爱好者和业余爱好者使用的范围。IBM的销售额大幅增长，但它们的计算方法也为其他公司提供了新的市场机会。IBM创造了市场，却也让市场毁灭了公司。

起初，IBM的领导层并不担心新的竞争。他们的主要收入来源是大型计算机，在大型计算机市场，IBM一直处于领先地位。但这种优势却造成了一叶障目的后果。领导者陷入兔子洞，而且越陷越深，他们一直认为大型计算机是公司的核心产品。与此同时，微型计算机市场却在加速增长。20世纪80年代末，随着经济的衰退，企业预算紧缩，客户机/服务器成为一种更实惠的计算模式。随着需求不断增长，家用计算机拥有了广阔的市场。IBM继续强化大型计算机的价值，却逐渐在硬件计算领域失去优势。在IBM的高级管理层中，传统派固守阵地，捍卫现有战略，欲盖弥彰，并且抗拒变革。这是一场堑壕战，他们就此陷入恶性循环。

企业的衰落一次又一次地证明，傲慢自满的企业会被创新奋进的企业击败。当时，一批稚嫩的创业公司逐渐占领市场——戴尔、微软、甲骨文、康柏、美国数字设备公司、太阳微系统公司、惠普，最后是苹果，而IBM岌岌可危。1992年，IBM的大型计算机业务造成了数十亿美元的损失。到1993年，IBM累计解雇了十多万名员工——鉴于许多人在加入IBM时曾期望终身受雇，这一打击尤其令人痛心。各大报刊和分析家都在为IBM起草"讣告"。《经济学人》上刊载了一系列文章，强调其破坏性的连锁反应，并称"IBM的衰落可谓空前绝后"。

然而，令人惊讶的是，高管竟然能够让这家公司起死回生！1993年，IBM聘请了劳·郭士纳，他凭借大胆采取战略行动的经验，开始将公司从"废墟中"挖掘出来。他将IBM的战略重心从硬件转移到软件和计算机服务上，并且进行了大量投资。然而，这一战略重心还没来得及落实，下一波技术浪潮就开始涌动。20世纪90年代初，万维网开始流行，迅速带来了无限可能，造就了现在的云计算、应用程序和持续互联。IBM的领导者不再重蹈覆辙，这一次，他们为这项新技术做好了准备。

郭士纳从 IBM 先前的灾难中吸取了教训，希望在管理公司现有业务的同时进行创新，来迎接新兴的互联网和电子商务所带来的机遇。为了做到这一点，IBM 的领导者专注于在三条线上打造产品。第一条线的产品已经进入市场。第二条线的创新产品会在六个月内进入市场。第三条线的创新产品着眼于更遥远的未来。为了将这种创新能力融入整个公司，郭士纳希望每个业务部门都致力于这三条线上的产品。这意味着每个业务部门都需要管理现有产品以获得短期收入，同时通过创新来实现长期目标，而创新产品也可能会蚕食现有产品。

珍妮特·佩纳在确保当前市场领先地位和为未来进行创新之间游移不定。她所在的业务部门主要为大公司客户构建、销售和连接存储企业数据的传统数据库。然而，她意识到数据库的未来将发生一些重大变化。首先，数据库将不再只集中在一台计算机上，而是必须分布在不同供应商的多个平台上。这种变化要求 IBM 的工程师开始用一种新的编程语言编写代码，使软件能够在不同的平台上运行。其次，数据库不仅需要像以前那样存储数字和字符，还需要存储各种内容，包括音频和视觉数据，如照片、视频和音频。这些新内容更加复杂，需要新的数据存储方法。最后，工程师还意识到，他们需要开发新产品，用于处理指数级增长的各类数据，并且能够在互联网上存储和检索信息。理想情况下，IBM 目前在数据库管理领域的领先地位将为其开发、营销和销售这些新产品提供支持。佩纳的业务部门正在开发第二条线和第三条线的产品，致力于开发新型数据存储技术，用于存储不同类型的数据，这不仅能加强后台功能，还将成为计算力发展的驱动力。

在工程师努力建设新数据库的过程中，既要关注现有产品，又要关注未来创新，这对他们来说极富挑战。研发部门的领导希望将工程师分配到实验中，但是面对客户对数据库更新的要求，他们也倍感压力。领导层感到左右为难，不知如何才能合理安排工程师的工作时间。业务部门还需要建立一个全新的销售团队，并且探索新的销售渠道获取客户，在老客户之外吸引新客户。然而，销售团队能否获得奖励仍然取决于他们是否完成业绩目标。显然，拜访老客户比花时间开发新客户更容易完成业绩。许多数据管理部门的员工都非常担心自己的技能不再具有价值，害怕失业。佩纳感到被多方拉扯。

佩纳面临的困境之下是典型的学习悖论——在我们从过去到未来的成长过程中，存在着相互竞争的需求。学习悖论包括短期与长期、规避风险与承担风险、稳定与变化、传统与现代化等相互依存的对立面。1991年，斯坦福大学教授詹姆斯·马奇将这种悖论描述为探索新的机会与利用旧的确定性之间的矛盾。他指出，每当组织为了生存，需要随着时间的推移不断适应新的环境时，这些悖论就会出现：

> "探索"涵盖了搜索、变化、冒险、实验、游戏、灵活性、发现和创新等术语所指的内容。"利用"则涵盖了改善、选择、生产、效率、挑选、实施和执行等内容。那些只探索而不利用的自适应系统[1]很可能会发现，它们承担了实验的成本，却没有获得实验的许多好处。它们创造了太多待开发的新点子，且太过缺乏自身独有的能力。反之，只利用而不探索的系统很可能

1　自适应系统（Adaptive System）指的是一种能够根据环境变化和输入数据自动调整其行为和参数的系统。

会陷入次优的稳定平衡状态。因此，在探索和利用之间保持适当的平衡是系统生存和繁荣的首要因素。

组织会过时，人也会过时。我们在个人生活中也会遇到学习悖论，比如：当我们努力自我更新、改造自我和重塑自我的时候；当任务缠身，而我们依然试图挤出时间学习新事物的时候，这类悖论也会应运而生。我们知道应该为未来做好准备，但我们却几乎没有足够的时间活在当下。伦敦商学院教授埃米尼亚·伊芭拉在介绍"本真性悖论"时提到了这些冲突。我们追求真实的自我，但是，随着时间的推移，为了成长和学习，我们需要走出自己的舒适区，以非本真的状态行事。有时，我们需要伪装，直到成功为止。在非本真的状态下，延展自我，在更广阔的新世界找寻"本真感"。[1]

建立边界

我（温迪）的博士论文的其中一个部分研究了 IBM 的领导层，当时正处 21 世纪初，他们正致力于重塑公司。IBM 希望更好地了解如何把握过去和现在，如何在多个时间视角之间寻找平衡。公司的高层领导向哈佛商学院的教授迈克尔·图什曼和斯坦福商学院的教授查尔斯·奥莱利寻求帮助。

图什曼和奥莱利认为，组织需要"两手抓"才能应对这些挑战。想要不断取得成功的方法之一是同时进行探索和利用。领导

---

[1] 伊芭拉（1999年）认为，应对真实性悖论需要我们探索临时的自我，将其作为"可能但尚未完全形成的专业身份的试验"。——作者注

者一方面需要实现卓越运营，另一方面也要承担风险，勇于创新。

IBM聘请图什曼和奥莱利来帮助所有业务部门的领导者了解如何做到"两手抓"。作为一名博士生，我加入他们两人的行列，试图了解业务部门的高层领导团队如何驾驭这种"探索"与"利用"的悖论。我观察了珍妮特·佩纳和她的一些同事是如何处理这些矛盾的。有些领导者，比如佩纳，采用了能够有效驾驭学习悖论的方法，有些则不然，落入窠臼。有些领导者看到了未来的潜力，但他们的创新精神却成了破坏球。他们全心全意地投入创新，忽略了现有业务，有时甚至损失了现有业务数百万美元的收入。

影响这些业务部门工作成果的一个关键因素是他们如何建立边界来应对悖论。如前所述，边界是维系我们的心态、情绪和行为的结构（见图3-1）。这些结构包括一系列广泛的特征，包括目标、惯例、正式的组织结构和角色，还包括时间分配和物理环境的创设。在本章当中，我们将探讨如何利用边界来控制张力。在我们的生活和组织中，我们越能清晰地建立边界，在驾驭悖论时，就能越有活力、越有实验精神、越大胆。

树立更高的目标

在悖论周围搭建脚手架的第一步就是树立更高的目标——抓住我们做某件事的主要原因、意义和目的。心理治疗师维克多·弗兰克尔认为，人生目标高于一切，不仅决定了我们生命的意义，也为我们的生活提供了动力。20世纪中期，弗兰克尔在维也纳生活，由于他是一名犹太人，他被纳粹逮捕并送进了集中营。在集中营里，弗兰克尔注意到，即便人们见证了如此多的苦难和死亡，他们仍然在追寻生命的意义。事实证明，他们为了寻找意义，拥有了求生意志。

树立更高的目标能够帮助我们寻找生命的意义。它能指导我们的行动，帮助我们取得成功。许多成功人士都会通过目标宣言分享自己的人生目标和价值观。媒体大亨、脱口秀主持人奥普拉·温弗瑞在接受《快公司》[1]采访时提到，她的使命是"成为一名教师，并且以激励学生超越自我而闻名"。在同一期《快公司》杂志上，女性理财网站DailyWorth.com的创始人阿曼达·斯坦伯格表示，她的个人愿景是"培养全球女性的自我价值和净资产"。斯坦伯格强调了增强财富积累和情感力量的重要性。同样，组织的成功取决于目标，而非战略或结构。想想乐高的口号"启迪和培养未来的建设者"，或是耐克的使命"尽一切可能拓展人类潜能"，这些目标宣言都能鼓舞人心、激发活力。

目标宣言也是驾驭悖论的重要工具。具体来说，在面对冲突和不确定性时，更高的目标可以发挥以下作用：(1) 激励我们在面对相互竞争的需求时继续前进；(2) 帮助我们融合对立的力量；(3) 提供长期的关注点，帮助我们调整短期决策。

面对挑战、坚持不懈

驾驭悖论可能会让人疲惫不堪。不确定性和持续的冲突会让我

---

[1] 《快公司》（*Fast Company*）是一本美国的商业杂志，与《财富》和《商业周刊》齐名。

们精疲力竭。目标能够激励我们继续向前，提醒我们当前任务的初衷，并且帮助我们克服日常挑战，找到更多对工作的决心。美国传教士哈里·爱默生·福斯迪克表达了这一观点，他认为，"人们会为了钱而努力工作，会为了他人更加努力地工作。但是当他们为了某个目标而工作，他们会倾尽全力"。我在这里举个例子加以阐释，大家可能对《三个泥瓦匠》的经典寓言故事并不陌生。空地上有三个泥瓦匠正在一起工作。建筑师走近第一位泥瓦匠，他的进度最慢。建筑师问道："你在干什么？"泥瓦匠回答道："我就是个砌砖工，我砌砖是为了养家糊口。"建筑师问了进度第二快的泥瓦匠同样的问题，他回答道："我是一个建筑工人，我在筑一堵墙。"最后，建筑师问了第三位泥瓦匠同样的问题，他的进度最快。这位泥瓦匠回答道："我是一名大教堂的建造者。我正在建造一座大教堂，让人们彼此联系，并与上帝建立联系。"

深受读者喜爱的《小王子》(*The Little Prince*) 一书的作者安托万·德·圣-埃克苏佩里在《要塞》[*Wisdom of the Sands*(*Citadelle*)] 一书中也表达了类似的观点："造船，并不是织布、锻铁、观察星辰，而是诱导人们对海钟情，这是终极目的。按此来说，就不再有什么矛盾，而是爱的同心协力。"[1] 阐明目标不仅是为了自我激励，也是为了激励他人。西蒙·斯涅克在普吉特海湾向 TEDx[2] 的一小群听众阐述了更高目标的价值。他告诉人们要先阐明做事的初衷：

1　此处译文参考了《要塞》马振骋译本。
2　TED 指的是技术（Technology）、娱乐（Entertainment）、设计（Design）的英文首字母缩写。2002年起，每年3月，TED 大会在美国召集众多科学、设计、文学、音乐等领域的杰出人物，分享他们关于技术、社会、人的思考和探索。TEDx 是在 TED 授予下的独立地方组织，致力于将 TED 精神带到各地。

"人们买的不是你的产品,而是你的理念。"斯涅克以苹果公司为例。这家跨国科技公司并没有宣称自己制造了多棒的计算机,而是表示想要打破现状,用不同的方式进行思考,制造伟大的计算机只是实现这一愿景的手段之一。专注于我们行动的理想价值和影响可以帮助人们振奋精神,完成战术任务。斯涅克认为,伟大的领导者在激励人们采取行动时,会先描述为什么某件事重要——它的目的,然后再描述如何实现它,甚至这时才会告诉人们这件事是什么。这一简单的信息能够引起共鸣,并迅速传播。

在哈佛商学院2010届毕业典礼上,克莱顿·克里斯坦森在演讲中强调了更高目标的价值。作为哈佛大学的杰出教授、咨询师和管理大师,克里斯坦森本可以就如何利用目标来推动战略和业务成果提出深刻的建议。相反,他更深刻地指出,事业、职业成功和财富的牵引力往往与个人幸福、家庭关系和社会承诺相冲突。当我们在工作与生活的悖论中徘徊时,对金钱、地位和名声的追求往往更加强烈,并可能导致我们陷入恶性循环。他毫不讳言地提醒同学们,安然公司的重罪犯杰弗里·斯基林就是哈佛商学院院友。与克里斯坦森同为罗德学者的32人中,有两人也曾入狱服刑。克里斯坦森恳请学生们花时间寻找更深层次的个人目标,并用这个目标激励自己不断珍惜工作和生活,在取得事业成功的同时,获得个人幸福,而不是置个人幸福于不顾。

具有挑战性的冲突往往会耗费我们的时间、精力和耐心。当我们遇到这些冲突时,目标尤其能激励我们向前。灰度思维要求我们将情感与认知相结合。目标可以让我们找到初心,获得前行的动力,帮助我们应对悖论。

汇聚对立的力量

悖论也可能造成分裂，因为相互竞争的需求会将人们朝着不同的方向拉扯。面对分歧，设立更高的目标可以将人们团结起来。谈判专家经常强调更高目标的价值，它可以作为一个触点，提醒对立各方铭记共同的承诺。非营利组织"和平之种"就是一个很好的例子，该组织将来自冲突频发地区的青年聚集在一起，让他们相互学习和沟通，为这些地区培养有胆识的领导者。"和平之种"为青年们设立了一个共同目标：在冲突所致的分裂中寻找和平变革之路。冲突各方的青年以"实现和平"为共识，对和平的追求让他们放下了成见。当他们面临尤为严重的分歧，这种共同追求能够将他们联结在一起。

20世纪50年代，社会心理学家穆扎菲·谢里夫的研究表明，设立更高的目标能够将相互争斗的派系团结起来。他从培养交战派系入手，他带着研究小组将22名12岁的男孩带到俄克拉何马州的强盗洞穴营地，将他们分成两队，并在两队之间开展比赛。5天后，竞争使男孩们对于彼此产生了偏见和不满。那么，研究人员能否改变这种分歧呢？为此，他们设置了一些"上级目标"。两个团队都很关心这些目标，但他们必须通力合作才能达成目标。在这些目标的激励下，交战双方逐渐减少冲突，开始携手合作。

短期决策也需着眼未来

最后，设立更高的目标能够使我们着眼未来，克服短期冲突。对立力量之间持续不断的争斗可能会让人不知所措，造成混乱。当我们陷入"阵痛期",内心就像在风雨中飘摇的小船,被风吹得东摇西摆,失去方向。但是,在混乱之中,眺望远方的地平线却能让我们获得内心的平静。无论我们经历怎样的局部运动,地平线都保持静止,带来一种稳定感。与此相同,眺望更高的目标能够减少悖论带来的混乱。专注于某一总体愿景可以尽可能地减少不确定性,缓解我们的焦虑感。

这种长远眼光还能帮助我们躲避非黑即白的陷阱。短期决策往往比较短视,因为我们往往关注的是更具体、可量化和更确定的东西,而不是更抽象、更定性、更不确定的东西。这种倾向可能会导致我们过分强调悖论的一面而忽视另一面。我们可能为了追求短期利润,而忽视长期影响;也可能为了完成短期待办事项,而顾不上为未来而学习和改变。如果我们总是让短期思维驱动我们的决策,我们最终将强化黑白思维,并使自己陷入兔子洞。短期压力促使珍妮特·佩纳倾尽全力推进现有产品。然而,她和其他领导者都需要着眼于未来,不断提醒自己投资高风险创新产品的价值。

加拿大不列颠哥伦比亚省维多利亚大学的纳塔莉·斯拉温斯基教授和安大略省伦敦市韦仕敦大学[1]的普拉提玛·班萨尔教授在研究阿尔伯塔油砂公司时发现了着眼未来的价值。加拿大阿尔伯塔省的石油储量仅次于沙特阿拉伯和委内瑞拉,位居世界第三。20世纪初,阿尔伯塔的油砂行业面临着来自环保组织的巨大压力。活动家和知名人士将油砂行业形容为生产"肮脏原油"的行业,并且指出,阿尔伯塔的油砂与传统原油相比,会产生更多温室气体,消耗更多

---

[1] 加拿大的公立研究型大学,又称西安大略大学。

水资源，向空气中排放更多有害污染物，并且造成更严重的森林砍伐。此外，成千上万只鸭子由于飞到了存储油砂开采废料的滞留池中，就此失去生命。

阿尔伯塔油砂开采是很残酷的生意，任何成本，尤其是引入环保措施的成本，都可能削弱短期竞争优势。然而，斯拉温斯基和班萨尔对该行业的研究揭示了一个重要的事实。尽管该行业竞争激烈，但一些公司确实采取了更多环保措施。这些公司制定了更长远的愿景。在短期内，领导者认为环保措施成本高昂，会降低公司的收益。但是，从长远来看，公司领导者却有了截然不同的看法，他们认识到环保实践能够推动创新，改善利益相关者之间的关系，并且降低环保激进组织对公司的谴责所造成的高昂代价。同时，具有同样价值观的员工也会对工作更有热情，对公司更忠诚。

在 IBM，我（温迪）和公司领导目睹了短期和长期之间的冲突一次又一次地浮出水面。在他们的业务会议上，会出现诸如是否重组组织以提高效率或进行更多实验之类的重大难题。同样，几乎每天都要做出决定：是将工程师的时间用于满足现有客户的需求，还是为新市场开发产品。雷厉风行的高层团队也会常常在支持现有产品和创新之间摇摆不定，想法始终不一致，他们在"走钢丝"。

但是，他们是在团队所设立的更高目标的基础上"走钢丝"。佩纳的愿景非常简单——成为数据库管理领域的头号玩家。这一愿景本身并没有魔力，重要的是她如何利用这一愿景。在每次高层领导会议上，佩纳都会先重申愿景，而后，她会提醒其他领导者，他们怎样才能共同努力实现这一愿景。就像谢里夫的强盗洞穴实验中的男孩们一样，数据管理部的所有团队成员都必须共同做出努力才能取得成功。该业务部门必须维护现有的数据库客户，与此同时，也必须设法与正在打造新型数据库的互联网初创公司竞争。每次会议开始时，佩纳都会提出业务部门的更高目标，以此强调团队合作的重要性，从而应对冲突并找到更具创造性的方案。佩纳团队的一位高级领导人员曾告诉我们："这个团队里，没有人会哗众取宠。"你不能只关注个人成功，而必须为企业的整体发展做出贡献。

分离与连接相互竞争的需求

我们经常被问及如何有效地安排任务才能驾驭悖论。人们是应该将对立的两极分离开来，以确保每一方都能集中精力实现自己的需求，还是应该将对立的两极结合在一起，创造协同效应？究竟是区分还是整合？分离还是连接？答案是两者兼而有之。有效地驾驭悖论需要找到既能分离又能连接对立两极的方法。正如我们所说，驾驭悖论就是悖论。

分离与连接涉及我们在个人生活和组织中如何在悖论周围构筑边界。为了将悖论的两极分离或连接起来，组织可以依靠不同的特征来建立边界，包括正式的结构、特定的领导角色、目标、衡量标准和奖励、时间、利益相关者关系等。"分离"可能涉及将两极划分为不同的子单位，或将职责分配给不同的领导者。此外，还可能需要确定讨论各级的其他时间，或阐明不同的目标和不同的奖励结构。同样，"连接"需要确定负责在各子单位之间建立联系的高层领导，为汇聚对立力量创造机会，或培养一种强调协同效应和整合的文化。

我们在个人生活中也可以建立边界，从而分离和连接悖论的两极。与组织环境类似，个人生活中的边界可能包括目标、个人角色、时间、网络连接和物理位置。例如，有些人将工作与生活明确区分开。他们或利用物理空间进行区分：在家生活，在单位工作。或者利用时间进行区分，在一天中的不同时间段分别专注于工作和生活。甚至也可能会利用不同的技术手段——一回到家就把工作用的电脑和手机收起来。另一些人则不会那么明确地划分工作与生活。对他们来说，回家也要继续工作，而工作时也要承担家庭义务——时间安排更加灵活。他们可能会在晚上掏出笔记本电脑，在家里完成工作，也会随时回复电子邮件。这些界限有时有效，有时却会带来挑战。全球新冠肺炎疫情暴发，曾经拥有明确工作与生活界限的人会感到这一界限逐渐模糊，甚至消失了。在我们撰写本书时，组织领导者和员工正在探索居家办公或混合办公的可能性，大家正在学习用新的方式来看待工作与生活的界限。

分离和连接的特征甚至包括了我们的服饰。大家记得《罗杰斯先生的邻居》吗？弗雷德·罗杰斯在每期节目的开头都会走进自己的屋子，脱下商务夹克和乐福鞋，换上舒适的羊毛衫和运动鞋。他的这一举动标志着他从一个较为正式的商务角色转变为一个友好的邻居角色。迈克尔·斯梅茨、保拉·加扎科维斯基、加利·伯克和保罗·斯蒂尔等组织理论教授最近研究了在伦敦劳合社[1]工作的再保险承保人，发现他们在工作中经常采用罗杰斯先生的策略。再保险业务能够使保险公司免受因洪水和飓风等灾难性事件而导致的巨额索

---

1 劳合社（Lloyd's of London），又译为劳埃德保险社，是英国伦敦的一个保险交易场所。

赔。来自不同保险公司的承保人竞相投标，但一旦成交，这些保险公司就会合作分担部分风险。承保人之间的互动既是交易，也是共享；既是竞争，也是合作。斯梅茨和同事发现，着装是他们区分角色的一种方式。当他们穿上职业夹克和皮鞋，就表明他们在交易大厅做好了正式和竞争的姿态。然而，当他们回到办公室时，他们会脱掉夹克，换掉皮鞋，卷起袖子，以表明他们已经准备好进行非正式的合作。

保险承保人还找到了在这两个世界之间建立联系、实现协同效应的策略。例如，知识和信息可以促进联系。在更轻松、更社区化的互动中提供和获取信息，可以影响交易性的商业行为，而公司在交易中获得的价值则会对他们如何打造社群产生溢出效应。

IBM 如何实现分离和连接

图什曼和奥莱利建议，企业在进行管理创新时，业务组织架构应注重分离和连接。具体来说，他们建议创建一个独立的子单元，将新产品与组织的其他部分区分开。他们强调高层领导要培养连接点，并通过技术、销售和其他资源产生的战术协同效应来实现整合。

鉴于新产品有可能会给当前的世界带来威胁，创建一个独特的子单元能够使其在更受保护和更专注的环境中进行孵化实验。美国通用数据公司是早期挑战 IBM 硬件霸权的计算机公司之一。20 世纪 70 年代末，该公司创造了微型计算机。通用数据公司的高管认为，他们能够在微型计算机市场上处于领先地位，但在这个新兴领域中，他们也输给了其他公司，其中最著名的是数字设备公司。尽管开发新机器令人兴奋，但通用数据公司的领导者发现，他们陷入一个熟悉的困境：现有业务优先占用了他们的时间和资源。愿景鼓舞人心，目标催人奋进，挫折则助人成长。最后，公司的创新领袖汤姆·韦斯特创建了一个类似"臭鼬工厂"[1]的团队。他将一部分工程师转移到总部之外的某个地方，并给他们一年的时间来生产新机器。作家特蕾西·基德尔在其获得普利策奖的《新机器的灵魂》（*Soul of a New Machine*）一书中描绘了这个创新团队的高度专注和创新热情。

对图什曼和奥莱利来说，重要的是这些创新孵化团队需要与组织保持紧密联系。为使业务部门重视创新，并使创新产品从现有产品中受益，高层领导需要在整个组织内建立持续的联系，以实现整合与协同。

在佩纳的业务部门为分布式计算开发新的数据库时，她就深刻理解了这种分离和连接的需求。IBM拥有一个在自己的大型计算机上运行的专有数据库。在新的客户服务器计算领域，IBM需要一种能够在多种平台上运行的数据库。该公司可以从现有数据库中汲取经验，但需要使用Java（一种完全不同的编程语言）才能构建新的软件。位于加利福尼亚州的工程师专家团队正在开发现有的大型机数据库，团队中有业内最优秀的人才。然而，他们不愿意创建新程序。正如佩纳所说，"这些工程师忙于满足现有客户的需求和保持大型机的竞争力，根本无暇建立新的数据库"。

试图转移这些工程师的工作重心只会适得其反。然而，佩纳意

---

1 "臭鼬工厂"（Skunk Works）是洛克希德·马丁公司高级开发项目的官方认可绰号。臭鼬工厂以担负秘密研究计划为主，研制了洛马公司的许多著名飞行器产品。

识到，多伦多工程师团队已经开始为 Unix 操作系统开发新的数据库软件，她可以利用多伦多团队的技能开发新的数据库。佩纳从加利福尼亚前往多伦多领导团队。加利福尼亚研究团队与加拿大团队分开后，每个团队都可以专注于各自不同的任务。两个团队的分离也带来了更多灵活性，可以以不同的方式产生联系。加利福尼亚州的工程师并没有将新数据库视为一种威胁，而是将多伦多团队的工作视为对自己的大型机数据库的扩展，并乐于在整个过程中担任顾问。将新数据库的研发工作剥离，帮助团队找到了新的方法来加强联系。[1]

如果企业无法划分独立的业务单元

当组织机构的关键任务相互交织的时候，就不一定能够将战略目标划分为若干个子目标。高层团队中可能会有一些领导者需要负责多个议题，他们之间需要密切合作。在这种情况下，在创建独立的业务单元之外，还有其他的方法来促进分离。他们可以注重不同的业务，在不同的时间探讨各个目标，运用不同的决策流程，或者利用不同的话语和交流方式来将不同的企业战略分离。

在第四章，我们介绍了一家屡获殊荣的社会企业——数字鸿沟数据公司。该公司通过招聘来实现其扶贫的社会使命，这与其作为一个可持续企业的财务需求息息相关。然而，在关键的战略问题上，社会使命和财务需求经常发生冲突，比如雇用哪些人以及未来

---

[1] 在我们的研究中，我们发现分离和连接活动既发生在组织层面，也发生在高级领导团队层面。领导者不仅创造了使组织得以运转的结构，而且还建立了使自身能够分离和连接张力的实践。——作者注

如何发展。许多顾问建议数字鸿沟数据公司的领导层考虑建立不同的部门——一个部门负责招聘大学毕业生，并通过他们的工作实现更高的利润；另一个部门负责招聘更多的弱势群体，以此履行社会使命。第一个部门可以为第二个部门提供所需的资金支持。

然而，数字鸿沟数据公司的领导者意识到，这种一分为二的组织结构会引发诸多不和谐的现象。他们利用业务为员工提供支持并从中获益，然而创建独立的部门会削弱这些优势。于是，这些领导者找到将其社会使命与财务需求分离的方法，这一方法还能确保公司在发展中同时关注这两个方面。他们制订了两套方案，比如，他们编制了两套财务报表——一套用于社会使命，另一套用于主要业务，确定了不同的指标，以便更好地了解每个目标的成功驱动因素。他们还在业务会议上安排不同的时间来讨论各个目标。

首席执行官杰里米·霍肯斯坦也会在沟通中强调不同目标的区别。他在董事会上提出"这一决定对我们的社会使命有何影响"以及"这一决定对我们的业务有何影响"等问题，并且请高管思考每种战略的不同需求。

佩纳和霍肯斯坦都在他们的组织中构筑了边界以实现分离和连接，但他们采用了不同的方法。图什曼和奥莱利将佩纳的方法描述为"结构双元"——创建一个独立的创新子单元来孵化新创意，同时由一个高级领导团队来管理战略整合，并实现与核心产品的协同效应。相比之下，朱利安·伯金肖和克里斯蒂娜·吉布森将数字鸿沟数据公司的模式描述为"情景双元"，因为"分离"和"连接"都建立在组织的非正式情境、实践和文化中，而不是建立在正式结构中。

避免假二分法或虚假协同

这些例子提供了不同的方法构筑边界，从而实现分离和连接。这些方法没有对错之分，采用哪一种方法取决于组织的具体情况。然而，这些方法都必须兼顾分离与连接。只注重分离或只注重连接都不可行，必须两者兼顾才能驾驭悖论。

IBM的一些团队试图只分离而不连接。他们创建了子单元，将他们的创新实践与组织中其他部门的业务分离。这样做在短期内可以避免冲突，但也使公司内部无法实现合作共赢。这种创新几乎无法利用现有的知识、技能、市场以及与现有产品相关的其他资源。而现有产品也无法从创新带来的新见解和新能量中获益。随着时间的推移，由于缺乏共同价值和目标，子单元之间的竞争不断加剧，两极化的议程也会导致恶性循环。正如IBM的情况所表明的那样，当公司内部的政治分歧加剧，领导者就会陷入长期的斗争之中，变得情绪低落、意志消沉，最终就会导致组织衰退。这种方法强调的是一种假二分法——将对立的两极分离，而不重视它们的整合。

然而，只连接不分离同样存在问题。我们称这种做法为虚假协同——非常隐晦地尝试实现整合，但其实并没有解决两极潜在的需求。在这种情况下，实力较强的一极最终会占据上风。IBM的一个软件业务部门热衷于将自己打造成一个"两手抓"的组织。部门打造了一份能引起共鸣的更高目标声明。该部门的领导在他们的办公室里到处张贴这一使命宣言——他们制作了海报、钱包卡片等，以突出这一全面且鼓舞人心的目标宣言。他们还在组织结构中建立了联系，在现有的职能结构中嵌入创新职责。研发副总裁负责管理现有产品的开发和创新探索。负责销售的副总裁则必须想办法在开拓新市场的同时继续向现有市场销售产品。高层领导会议议程侧重于各职能部门领导的业务报告。这一业务部门的组织结构没有任何地方突出了创新。毫不意外的是，现有世界及其惯性占据了上风。创新成了忙碌的高管"办公桌边"的事。考虑到现有产品的巨大需求，那些存在不确定性和诸多风险的短期创新想法往往被搁置一旁。为了有效地驾驭悖论，领导者必须制定既能分离又能连接的策略。[1]

建立护栏，避免走向极端

当我们将悖论的两极进行分离时，可能会走向极端。此时，黑白思维占据了上风，让我们只关注一极而忽略了另一极。我们开始陷入兔子洞，专注于一端，我们的认知、情绪和行为陷阱将我们紧紧束缚。我们看不到事物的另一面，也就意识不到潜在的协同效应和联系。

鉴于此，我们可以建立一些结构来防止自己走向极端。正如我（温迪）和我在牛津大学的同事玛丽亚·贝沙罗夫在我们的研究中所发现的那样，霍肯斯坦利用人、实践和正式结构来强化每一极的价值，并加强联系。我们称这些边界为"护栏"——它们是每一极的守护者。这些"护栏"具有双重功能。首先，就像道路两边的护

---

[1] 玛丽亚·贝沙罗夫、蒂芙尼·达拉比和我（温迪）对组织中采用的分离和连接策略进行了比较。我们发现，组织如何处理和连接悖论的两极，主要取决于他们所面临的悖论类型。然而，我们注意到，这些不同的处理方法对于组织成功的影响，不如组织维持分离和连接之间的平衡来得重要。为了阐明这一点，我们列举并描述了各种社会企业所采用的不同分离和连接方法。——作者注

栏一样,这些屏障确保我们不会过分偏向某一个极端。它们帮助我们避免恶性循环,辅助我们"走钢丝",使我们能够在对立的需求之间灵活而频繁地移动,而不必担心过于专注于某个方向。其次,护栏还能形成约束。它们划定了我们驾驭悖论的范畴,而这些限制会激发出新颖的想法。如果能将对立的两极结合起来,促进创造性整合,我们就能找到新的"骡子"。

保持正轨

像数字鸿沟数据公司这样希望兼顾社会使命和商业目的的社会企业面临着向悖论的一极过渡发展的巨大风险。这些组织常常牺牲商业目的来实现社会使命,反之亦然。一些社会企业家可能会怀着满腔的理想主义创业,罔顾其商业目的。理想主义发展到极致,就会致使企业破产,最终扼杀企业家实现社会使命的梦想。另一些社会企业家可能在创业之初以社会使命为目标,但很快就看到了企业的盈利潜能,并开始走捷径。逐渐把初心和使命抛诸脑后意味着他们可能会失去独特的市场竞争优势。

在数字鸿沟数据公司成立之初,霍肯斯坦决心帮助柬埔寨走出贫困所致的恶性循环,他的想法充满激情,鼓舞人心,极具感染力……但这也差点毁了公司。该组织雇用了柬埔寨最弱势的群体,并为他们提供在职培训,使他们能够进入劳动市场,找到更好的工作。

数字鸿沟数据公司雇用了在红色高棉大屠杀中失去家人的孤儿,以及那些因小儿麻痹症或战争遗留下来的地雷而身体残疾、无法在其他地方找到工作的人。数字鸿沟数据公司的领导人曾一度启动了一项计划，雇用从性交易中解救出来的妇女，因为他们知道，如果这些妇女没有其他工作，就会重操旧业。

然而，数字鸿沟数据公司很快就遇到了问题。他们聘用的许多员工能力有限，无法胜任公司的工作。这些员工需要录入数据，但大部分都不会打字。早期聘用的员工平均每分钟只能输入8个单词。此外，大部分工作需要用英语才能进行，但他们很多人连柬埔寨语都不太会说，更不用说英语了。公司既要培训这些员工，又要满足客户的需求，这对公司来说可谓步履维艰。每隔一段时间，公司的一位领导就会提出这样的问题：公司是否需要雇用一些拥有更多技能的人，比如柬埔寨的一些大学毕业生，这样就可以更好地满足客户的需求。这个想法每每被否决，因为这违背了数字鸿沟数据公司的使命。

工作开展几年后，霍肯斯坦成立了一个顾问委员会。在最初的一次会议上，一位管理过数十亿美元业务部门的董事会成员明确地向公司领导者阐述了当时的形势："你们的想法非常伟大，但如果继续这样运行下去，三个月后公司就会破产。"霍肯斯坦和管理团队知道他们在收入方面举步维艰，但这位董事会成员的坦率直言为他们敲响了警钟。领导者需要更加关注底线。

数字鸿沟数据公司的管理团队非常重视这些反馈意见，因而开发了更高效的流程，建立了额外的财务控制制度，并在人力资源实践和福利方面变得更为严格。但很快，他们开始走向了极端。曾经使命驱动的企业似乎开始变得官僚主义。公司增设了各种目标、指标和奖励，这让员工感到十分沮丧。尽管企业的使命是成为一家支持员工的工作整合型社会企业，但员工反映，他们感觉自己被组织剥削了。显然，数字鸿沟数据公司在管理底线方面走向了极端，其领导者需要重新思考他们的做法。董事会顾问成了企业的"护栏"，该组织的员工也是如此，他们防止了企业因过分强调社会使命或商业目的而陷入困境。霍肯斯坦开始建立更多的"护栏"，以防止组织陷入许多其他社会企业的命运。这些"护栏"能够确保管理团队中有一些具有商业背景的人员和一些具有国际发展经验的人员。数字鸿沟数据公司对其顾问委员会也采取了同样的做法。此外，该企业还与其他利益相关方建立了联系，以确保各项使命得以实现。例如，在成立初期，数字鸿沟数据公司与印度的其他数据录入公司建立了合作关系。这些企业可以帮助数字鸿沟数据实现稳健经营。同样，数字鸿沟数据公司与非营利组织和非政府组织的联系也有助于公司领导者肩负起社会责任。尊重这些不同的角色和关系，使数字鸿沟数据公司能够在支持其社会使命的决策和促进其业务的决策之间更灵活地做出调整；当组织领导者知道有护栏可以防止他们在任何一个方向摔得太重时，他们可以更轻松地走钢丝。久而久之，高层领导通过互相询问"我的护栏是什么"来确保各自对战略目标的坚持。

珍妮特·佩纳为了确保团队成员始终同时致力于现有产品和创新，也为自己的团队设立了"护栏"，这些"护栏"为团队成员的角色和团队的目标提供了指引。在一次商务会议上，佩纳的财务副总裁突然说出了一个困扰了她许久的问题。当时，团队成员正在讨论创新的下一步——招聘。他们需要招聘新的工程师来建立创新团队——这些工程师拥有专业技能，也对薪资有更高的期待。副总裁告诉大家，她对创新的投资回报率深感担忧。她认为公司正在冒着巨大的风险进行创新，由于不知何时能获得投资回报，她很难证明这方面成本的合理性。

在大多数情况下，财务专家的职责是管理机构的财务风险，而佩纳团队中财务副总裁的绩效考核也与她管理风险的能力挂钩。然而，并非只有这位高管有如此隐忧，其他高管团队的成员也感到沮丧。他们担心自己在创新上花费了太多时间，而现有客户却在等着他们去修复软件中的错误或建立重要的扩展功能。现有的问题似乎更为紧迫。这些当前的问题固然重要，但佩纳知道，总有一些紧迫的需求会阻止公司进行长期规划。她明白，在应对这些挑战的同时，也要避免创新项目被面临短期压力的人所接管。由于让不同的人分别负责创新和现有产品能够带来价值，佩纳在 IBM 建立了"护栏"，防止公司在任何一个方向走向极端。她与这些高层领导合作，为创新项目制定了不同于现有产品的新指标，并强调了在发展过程中为推进创新而做出决策的特殊流程。

护栏是发明之母

实际上"护栏"所造成的限制可以激发创造力，促进创新。正如谚语所说，"需要是发明之母"。驾驭悖论也是如此。通过确定竞争范围，我们将相互竞争的需求结合在一起。这种并置迫使我们寻找更多的"骡子"——更多创造性整合的方法。

斯科特·索南沙因在其《延展：释放有限资源的无限潜能》(*Stretch*)一书中指出，"延展者"善于寻找能够激发其创造力的约束条件。他以西奥多·盖泽尔为例，西奥多·盖泽尔就是众所周知的苏斯博士。当时，编辑设置了一系列明确的限制，向他提出挑战：盖泽尔能只用五十个单词就写出一部大作吗？为了回应这一挑战，盖泽尔写出了著名的《绿鸡蛋和火腿》(Green Eggs and Ham)。他只用了五十个不同的单词，就写出了这本脍炙人口的书，让孩子们爱不释手。书中的句子不断重复，让孩子们久久不能忘怀。该书销量超过了800万册，成为最畅销的儿童读物之一。

"护栏"还促使我们在面对相互竞争的需求时充分发挥创造力。让我们回顾一下劳·郭士纳向IBM所有业务部门负责人提出的挑战，他要求大家在多线程业务上取得突破，这促使大家在管理业务时更具创造力。同样，通过兼顾社会使命和商业目的，社会企业发现了新的组织规范。他们必须超越传统的非营利性或营利性规范，重新思考他们的法律地位，并重新制定公司战略。

或者，我们可以思考一下双职工家庭所承受的压力。由于家庭中的两个成年人都在外工作，这些夫妇面临着家庭事务所带来的诸多困境，而困境背后就是我们在本书中提出的诸多悖论，如自我与他人、工作与生活、计划性与自发性等。欧洲工商管理学院的珍妮弗·派崔列教授在研究双职工家庭时发现，这些家庭保持兴旺的最重要因素之一是他们创造了约束条件，这些约束条件激励他们在面对冲突时更具创造力。派崔列将这些约束条件描述为夫妻契约——他们共同建立的价值观，以及双方都不愿跨越的界限。这些界限对于不同的夫妻来说可能有所不同。对某些夫妻来说，这些界限可能涉及明确身处的地理位置、出差的次数和离家的时间、夫妻的财务需求、对事业的承诺或是否要孩子等问题。这些"护栏"为夫妻双方设置了谈判和创新的边界。与所有的界限一样，解决方案也不是"一刀切"的。例如，有关工作差旅的"护栏"可能会引导伴侣寻找能够满足这一需求的新工作。或者,对事业的承诺可能会促使夫妻双方确定他们可以外包哪些家庭责任。虽然不同夫妻的解决方案不同,但过程是相似的——设定边界,并利用边界来探索应对竞争性需求的新方法。

个人层面的边界

到目前为止,我们在本章中分享的例子主要集中在高层管理者如何驾驭组织中的悖论。然而,正如上一段所述,边界也能帮助我们在个人生活中驾驭悖论。

我们与一位朋友一起探讨了这种结构,她所面临的两难困境和潜在的悖论让她万念俱灰。她在我们面前痛哭失声,泪流满面。我们的朋友,姑且叫她玛雅吧,在获得医学学位后开始在一家颇有声望的医院里进行住院医师规范化培训。玛雅是一名优秀的学生,在医学院上学的时候成绩十分优异。她为自己能被这个住院医师规范化培训项目录取而感到荣幸,但同时她也为自己能否接受这一挑战而感到紧张。在开始实习不久后,她很快就失去了信心。

住院医师规范化培训项目旨在帮助医生将他们在医学院学到的知识付诸实践,转化为实际的诊疗经验。在玛雅的项目中,每个人都提醒住院医师将这段时间视作难得的学习机会。住院总医师和主治医师都鼓励住院医师多提问。住院医师经常与住院总医师会诊,一起讨论他们所接诊的所有患者该如何诊断和治疗。住院医师也会参加大查房,届时医生会一起讨论病人的具体治疗问题。

玛雅发现,尽管各方都在鼓励学生自由参与,但是社会规范传达了不同的信息。她发现久负盛名的住院医师规范化培训项目其实内部竞争也十分激烈。住院医师都很清楚，他们在项目中的表现会决定他们的下一份工作将会如何。因此，玛雅的同事很少提出真正的问题、袒露自己的弱点，而是想方设法地展现自己的知识储备和才能。此外，住院总医师也不喜欢不确定性。虽然他告诉住院医师尽情提问，但似乎从未耐心地回答过他们的问题，他似乎希望住院医师有自己的答案。

玛雅感到很不自在。她不再提问，也不在工作中与任何人分享自己感受到的不安或不适，她在发表任何意见之前都会再三考虑。为了给自己的诊断寻找一些外部的验证信息，她常常与护士分享自己对病情的看法，希望护士能够予以证实。随着时间的推移，玛雅承受的压力越来越大，直到无法承受。和我们坐在一起时，玛雅崩溃了，她说她不知道自己是否应该成为一名医生。她是不是浪费了在医学院的四年时光？更不用说大学本科四年的医学预科课程了。她真的能胜任这份工作吗？四岁时，她只想做一名美发师。也许她应该重拾那份职业。虽然她担心弄乱别人的发色，但这比诊断错误更容易弥补。

玛雅的困境与珍妮特·佩纳的困境有着相似之处，潜藏着相似的悖论，其核心是学习与表现、成长与成就、规划明天与过好今天之间的矛盾。住院医师规范化培训项目的目的是帮助新医生培养技艺。然而，新医生被期望要有信心，避免不确定感，并有良好的表现。他们学得越多，就能做得越好。他们的表现越好，就越能坦然地表达内心的疑惑并努力学习。

我们中的许多人都经历过这种学习与表现之间的悖论。当我们踏上一个新的岗位，有很多东西需要学习时，我们可能会像玛雅那样体验到这种紧张感。当我们发现这个世界不再像以前那样看重我们的技能和经验时，或者当我们遇到无法解决的新挑战时，我们也会经历这种矛盾。最终，我们必须在出色的表现与学习新事物之间取得平衡。

在倾听了玛雅的心声并帮助她宣泄情绪后，我们开始讨论她所面临的问题。当前的挑战并不在于需要学习新事物，而是在于如何在学习新事物的同时保持自信。良好的表现能培养自信。当她还在学习的时候，怎样才能重拾自信并保持自信呢？

首先，我们讨论了她的更高目标。她为什么想要努力成为一名医生？她当初为什么想要从事这个行业？其实，玛雅一直想要帮助他人。小时候，她和家人遭遇了一场车祸，她的妈妈和哥哥都进了手术室。最后，有惊无险，全家人平安无事。通过这场事故，玛雅意识到医疗专家在这种危急时刻扮演了多么重要的角色，并为此备受感动，深受鼓舞。她还记得事故发生后，全家人焦急地等待救护车的场景。在等待的过程中，她感到如此无助，而当救护车终于到来时，她的内心充满了感激。玛雅希望自己也能拥有这些技能来帮助他人。她已经确定了自己的更高目标——在危急时刻为他人提供安慰和关怀。强调这一目标能够提醒她为什么需要不断学习更多关于医学、病人和自我的知识。

其次，我们探讨了哪些经历会让她感到自信，而哪些经历会让她感到脆弱。她能否将自己的表现与学习过程分开看待？是否有一些时刻，比如当她觉得自己表现出色时，她会感到十分自信？她能否将这些时刻与她需要学习的时刻区分开？在医学院就读期间，玛雅每周都会在诊所做几个小时的义工，为病人提供保持健康和疾病预防方面的建议。她很享受这一过程，也很喜欢做这件事，但由于时间关系，自从开始住院医师规范化培训之后她就没有继续做义工了。那么，重新开始做一段时间义工是否能有所帮助？虽然这会占用她一部分休息和放松的时间，但也会帮助她找回自信。这样做能够帮助她克服住院医师规范化培训期间的不确定感。

我们还讨论了如何将她对自身表现的信心与自己的学习体验联系起来。布芮尼·布朗的研究强调了脆弱的价值。脆弱并不是弱点。袒露脆弱其实展现了我们内心的力量，能够促使我们学习更多知识。那么玛雅是否能够找到方法拥有更强大的内心和更丰沛的能量来坦露脆弱，从而取得更多收获？

最后，玛雅需要在生活中构建哪些"护栏"？有些人由于对自己的成功过度自信而失去控制，他们需要"护栏"来提醒自己重新学习新事物。在这个案例中，玛雅面临的情况恰恰相反。她之所以失控，是因为学习新事物的需求占据了她的内心，影响了她的表现，削弱了她的自信心。最终，只注重学习而不注重表现限制了她的学习潜力。那么，她可以设置哪些"护栏"来避免再次走下坡路呢？我们讨论了一些选择：她可以与医学院的朋友们联系，分享各自的经验并相互鼓励，共渡难关；她也可以与本科时鼓励她申请医学院的导师重新建立联系；她还可以慷慨地对同为住院医师的同事多加赞美。如果她没有安全感，那么项目中的其他住院医师也可能有同样的感受。通过真诚地赞扬他们的表现可以增强他们的自信心，同时也能帮助她学会自我欣赏。

在生活中建立起这些界限和结构能够帮助玛雅驾驭学习和表现之间的悖论，重新找回对自己医术的信心，走出困境。三年后，她成为住院医师规范化培训项目中最优秀的住院医师之一，医院将她聘为全职员工。

本章要点

- 边界是我们为了驾驭悖论而设置的结构、实践和人员。为了运用灰度思维，我们确立了三个核心的边界：

  1. 更高的目标指的是一个总体的愿景，可以激励我们接纳冲突，将对立的两极结合起来，并且着眼于未来，从而尽可能地减少短期的混乱。

  2. 分离与连接涉及某些结构、角色和目标，能帮助我们分离相互对立的需求，以积极的眼光看待每一种需求，并将它们整合在一起，重视它们之间相互依存的关系，着力实现协同作用。

  3. "护栏"是某些结构，能防止我们走向某个极端，避免最终陷入恶性循环。

| 第六章 |

在不适中寻找慰藉

如何运用情绪适应冲突

> 我坚信,你的呼吸就是你的锚,是上天赐予你的礼物——赐予我们大家的礼物,让我们在眼下这一刻找回生活的重心。不论何时,只要我感受到哪怕是一丝紧张感,我都会停下来,深吸一口气,然后呼出去。[1]
>
> ——奥普拉·温弗瑞[2]

我(温迪)还记得上大学的第一个夜晚,我瘫坐在宿舍新床上,靠着劳伦斯大厅的暗红色砖块,感到一阵轻松,又感到一阵焦虑。通往大学之路总是无比漫长。对我来说,似乎还要更漫长一些,因为我推迟了耶鲁大学的入学时间,花了一年时间领导一个国

---

1 此处译文参考了 2015 年出版的《我坚信》陶文佳译本。
2 奥普拉·温弗瑞(Oprah Winfrey)为美国知名脱口秀节目主持人,是当今世界上最具影响力的女性之一。

际青年组织。好在，我终于来到这里了。在整个过程中，我的父母一直陪伴着我，他们从不唠叨，也不溺爱。他们跟团参观校园，帮我打印申请材料，帮我整理新宿舍。在最后的道别中，我感到自己终于到达了起跑线，可算如释重负。然而，我却对未来感到焦虑。我无比清晰地看到自己正面临着一个紧迫的挑战：我该如何融入这个与我的家乡截然不同的新地方呢？这是我第一次独自待在这间宿舍里，我坐在这个狭小的夹缝里，感受着过去和现在不断地互相拉扯。

在我的印象中，耶鲁大学是那些聪明的有钱人才能上的大学，他们和校园里的某栋建筑拥有相同的姓氏，在预科学校穿着得体的校服[1]，在太浩湖度假。我相信，耶鲁大学的学子将来会成为国家领导人或诺贝尔奖得主。而我在佛罗里达州劳德代尔堡附近一所公立高中完成了我的学业，因为足够勤奋才取得了好成绩。我们的校服就是T恤和人字拖。假期里，我经常和表兄弟们一起玩耍，在后院举行吐西瓜籽比赛。校园里的任何建筑如果冠以史密斯的名字，那只能说是个令人惊喜的巧合。我不知道如何与这个由寄宿学院、阿卡贝拉[2]合唱团、秘密社团和政治联盟组成的新世界进行交涉。我觉得自己仿佛来到了一个陌生的国度。

1848年，美国政治家和活动家侯瑞斯·曼恩写道："那么，教育就超越了人类的所有其他手段，是人类社会地位的重要均衡器——社会机器的平衡轮。"曼恩推动了美国公共教育，使更多人能有机会接受高等教育。和许多人一样，大学对我来说也是一座照亮了机

1　在美国的私立学校，一般会要求学生统一穿着校服。
2　阿卡贝拉指的是无伴奏合唱，只有人声清唱，并不使用乐器。

遇的灯塔。

然而，万事万物皆有阴晴圆缺。这种平等的机会提升了一部分人的社会地位和经济地位，却也带来了相当大的挑战。我们的同事、剑桥大学的保罗·特雷西和卡迈勒·穆尼尔，以及加拿大安大略省金斯顿女王大学的蒂娜·达钦研究了剑桥大学的社会动态，指出了其中被忽视的成本。众所周知，剑桥大学在巩固英国上层社会的地位方面发挥着巨大作用。他们发现，剑桥大学的礼仪和规范，如正式晚宴、学校社交活动以及与学院搬运工的互动，都是英国社会精英阶层的潜规则。这些礼仪和规范是如此强大，以至于它们很快就被传授给了并非拥有这种背景的学生。然而，这些学生当中有许多人表示，虽然他们可以扮演这种角色，但他们从未真正拥有归属感。更重要的是，他们在晚餐时谈论葡萄酒或参加帆船比赛的新体验意味着，他们现在回家时也觉得自己是局外人。他们感到自己在夹缝中生存。为了寻找归属感，他们常常自问："我是谁？"

"我是谁？"这一问题在我们生活的各个阶段都会给我们带来困扰。千百年来，哲学家、诗人、治疗师等一直在探讨和争论这个人类的基本问题。这个难题的背后是我们所说的归属悖论——在我们的角色、目标、身份、价值观、个性以及生活的其他方面，存在着相互矛盾但又相互依存的因素。归属悖论包括不同角色之间的矛盾，如父母与子女、打工人与家庭成员、下属与上级，还包括我们过去的自我与未来的自我之间的矛盾——我在大学的第一个晚上就强烈地感受到了这种矛盾。

让我们的情绪发挥作用

在本章当中，我们将探讨帮助我们驾驭悖论的另一套工具——我们的情绪。悖论会引发复杂而矛盾的情绪。要想敞开心扉，直面冲突，我们必须超越对心态和思维的关注，让心灵参与其中。我们需要把情绪当成一种有利的资源，而非生活当中的绊脚石。

爱因斯坦在日记中就曾经提到了复杂的情绪。他在钻研物理学的基本原理时遇到了一个悖论，也就是一个物体如何才能同时处于运动和静止状态。这个问题既令人烦恼又令人振奋。当他意识到自己的想法将挑战人们理解世界的核心假设时，他感到不安，但同时也为产生新的见解而感到振奋。爱因斯坦在日记中描述道，他感到脚下的地基在摇晃，仿佛他不再站在稳固的地面上。

拉斯·文斯教授和迈克尔·布鲁辛教授研究了英国国家医疗服务体系中的一项重大变革举措所引起的强烈的矛盾情绪。在医生、护士和行政人员列席的研讨会上，参与者探讨了他们所感知的张力，揭示了过去与未来、稳定与变化、理想主义与实用主义等潜在的悖论。研究人员要求参与者通过画图来进一步挖掘他们的感受。其中3名参与者的画体现出他们对于全新的可能性感到兴奋，比如他们中有人画了丑小鸭变成天鹅。其他83名参与者的画则表现出由于变化的不确定性所致的深层次的负面感受——乌云、墓碑、躺在床上的病人、组织这艘船只的沉没。文斯和布鲁辛从精神分析的角度出发，将他们的防御性反应分为五类：压抑、退行、投射、反向形成和否认。

不确定性有利有弊，其本身并不会引发防御反应。它可以激发好奇心和开放性思维，但也可能导致更严重的防御性封闭思维。内布拉斯加大学林肯分校的英格丽德·哈斯教授和多伦多大学的威廉·坎宁安教授发现，对不确定性的不同反应取决于我们受到了多大的威胁。我们会回避最初引起不确定性的信息或想法。也就是说，我们容易转向黑白思维，希望尽可能地减少不确定性，从而尽可能地减少威胁。

更大的问题在于，一旦触发防御反应，我们可能就会陷入恶性循环。我们面对的不确定性和威胁可能会共同作用，加剧焦虑、沮丧，甚至愤怒情绪。我们的大脑会告诫我们，不应该产生这些情绪。当我们试图判断自己的情绪时，就可能会产生更多的情绪反应。我们可能会感到内疚，甚至感到羞耻。布芮尼·布朗对这两种情绪进行了重要区分。内疚意味着我们做了坏事，而羞耻感则意味着我们认为自己很糟糕，这种感受更普遍，但也因人而异。内疚感和羞耻感会让我们与他人断绝联系并躲藏起来，生怕人们发现我们的缺点，而此时正是与他人建立联系最重要的时刻。负面情绪继续螺旋式下降。

在公元前五世纪，佛陀将这种情绪的螺旋式下降描述为"射出第二支箭"。生活中的一些经历可能会让人感到不适，甚至痛苦，这些都不可避免。正如佛陀所描述的，这样的经历就像被箭射中了一样。通常我们对第一支箭的反应是各种各样的负面情绪——恐惧、震惊、愤怒、悲伤、怨怼、羞耻——这些都会给我们带来额外的痛苦。这些反应就像将第二支箭射向自己。我们无法控制第一支箭，然而，我们却可以控制我们的反应，也就是第二支箭。这种佛教智慧通常被概括为"痛苦难以避免，而磨难在于选择"。[1]

在这本书中，我们不断地重申：悖论带来的不确定性是不可避免的。然而，我们的选择可以决定这种不确定性是否带来负面影响。那些潜藏着悖论的困境会揭露我们内心深处的恐惧、不安和防备。我们必须承认，这些都是真实且重要的情绪。然而，这些情绪也会导致我们的视野变得狭隘，并诉诸黑白思维。如果我们不断反刍内心的恐惧，我们就会让自己在兔子洞里越陷越深。我们需要尊重内心的恐惧，但同时也需要采取不同的方法来应对相互竞争的需求。也就是说，通过意识到情绪上的不适，我们可以使用一些工具在不适中寻找慰藉。

按下暂停键

为了应对驾驭悖论带来的不适感，我们可以设置一个暂停键——在最初的刺激和最终的反应之间留下一点空间。按下暂停键，我们就可以放松身心，比如深呼吸或暂时从情绪中抽离。暂停的目的是使人们能够更深思熟虑，避免不假思索就做出反应。

暂停可以让我们利用大脑的不同部分。当我们遇到令人恐惧和焦虑的事情时，我们的边缘系统，或者所谓的"古哺乳动物脑"就会发挥作用。边缘系统帮助我们的史前祖先在野外遇到危险时，快速地做出反应。如果我们的祖先看到了一只熊，他们的边缘系统就会大喊"危险"，并迅速产生冻结反应，然后迅速逃跑或战斗。如今

---

[1] 佛陀关于射出第二支箭的比喻是其教义的核心部分。——作者注

人类物种无须再对熊带来的生命威胁时刻保持警惕，也不用再担心狮子或老虎了。然而，我们的边缘系统仍然处于运转状态，时刻警惕着周遭的威胁。

对我们许多人来说，悖论就像熊一样，是不确定的、荒谬的、非理性的且复杂的。我们不知道当我们遇到悖论时会发生什么。悖论会颠覆我们对世界的所有认知吗？它们会触动我们内心深处的恐惧吗？悖论会诱使我们大脑中的边缘系统做出反应。我们在脑中大喊"熊"，而后我们可能会逃离，从悖论带来的不适中解脱出来回到二元思维，这样做会减轻当下的不适，却使我们落入窠臼；我们也可能会选择战斗，捍卫自己的立场，从而引发堑壕战。无论哪种反应都会引发恶性循环。按下暂停键给我们创造了机会，做出不同的反应。我们可以考虑其他选择，而不是迅速做出"战斗或逃跑反应"[1]。最初的刺激可能依然会让我们感到不适，但随后，我们更发达的大脑会以更开放、更灵活的方式应对。

保持冷静，继续前进

"在面对不适的时候按下暂停键"这个想法并不新鲜。然而，不知何故，我们需要不断被提醒，才会践行这一想法。大量的流行语提醒我们在面对威胁时保持冷静，从而按下暂停键。在过去的20年里，"保持冷静，继续前进"这句话已经被采用、改编和复制了数百万次。然而最初，该短语的使用并没有产生什么影响。

---

[1] "战斗或逃跑反应"（Fight-or-flight Response），心理学、生理学名词，指的是机体经一系列的神经和腺体反应将被引发应激，使躯体做好防御、挣扎或者逃跑的准备。

在第二次世界大战前夕，英国政府用这句话制作了一张海报。英国人十分焦虑不安，担心国家的主要城市会遭受大规模空袭。政府深知，恐慌情绪只会让一切变本加厉。为了平息人们的焦虑情绪，政府制作了一套海报，计划在全国分发数百万份，从而调节人们的情绪。最终，袭击来得太快，分发的海报数量极少，几乎没有产生任何影响。

但在 2000 年，诺森伯兰郡阿伦维克镇巴特书店的老板斯图尔特·曼利在翻阅一些有关战争的二手书时，发现了一张"保持冷静"的海报图片。他说："这种感觉真的很好。"他把海报拿给妻子玛丽看了之后，他们决定重新印制并在店里出售。顾客非常喜欢，书店很快就卖光了重印的海报。

这句"保持冷静"的标语非常受欢迎，以至于人们开始以成千上万种方式复制和改编这句话。有很多标语告诉我们要保持冷静和专注、做自己、努力学习、烤面包、吃纸杯蛋糕、关爱独角兽[1]等。就在我们撰写本章初稿的时候，我们收到了自己学校的邀请——参加一项名为"保持冷静，继续线上教学"的线上教学培训课程项目。这句话之所以能引起共鸣，部分原因在于它蕴含着更深层次的智慧：当周遭世界变得紊乱而动荡，使我们变得焦虑和混乱，"保持冷静"具有力量且意义非凡。我们无法总是控制周围的环境，但我们可以控制自己的内心世界。英国在战争时期的宣传语并没有让人们的体验自动引发防御性反应，而是鼓励人们走上一条不同的道路——保持冷静。但是我们究竟该怎么做呢？

---

1 独角兽是一种古老的神话动物，代表着纯洁、坚毅、勇敢和爱情，被认为是神圣的动物，有着神奇的力量，可以治愈疾病，带来好运。

让心灵说话

想要保持冷静并在刺激和反应之间按下暂停键，最简单有效的策略之一就是呼吸。当你寻找愤怒管理[1]技巧时，这是首要的也是最流行的技巧。其实，在大多数情绪调节的过程中——控制身体疼痛、激发快乐、减轻焦虑——呼吸是至关重要的一项技能。做一次深呼吸需要我们停下来，暂时转移注意力，并减慢心率。这些生理上的调节让我们有足够的空间和时间用更深思熟虑的反应替代自动反应。当我们试图驾驭悖论的时候，自动防御的情绪会让我们陷入狭隘的黑白思维，而按下暂停键可以帮助我们转变思路，以更开放的心态来面对更广泛的选择。

这是拉乌夫·加尔博为他的临床患者开发的方法。加尔博是一名内科医生，拥有物理医学、康复和神经肌肉电生理学的医师资格，是弗吉尼亚联邦大学心脏与健康整合中心的主任。他的工作对象是慢性病患者和残疾人。在从事这项工作的过程中，他注意到疼痛和康复体验中蕴含着悖论。保持长期自适应性[2]的健康状态需要同时关注身体上的疼痛和情感上的痛苦——头部和心脏。而进行治疗需要我们认识到自己深层次的恐惧，这些恐惧将我们困在狭小的空间里，但同时也释放了我们的信任潜能，创造了新的可能性。

加尔博将这些反应与生理系统联系起来。正如他在著作中指出的那样，我们不仅需要解决由交感神经系统引发的对疼痛的战争或

---

[1] "愤怒管理"是一个心理学名词，指的是如何控制和管理自己的愤怒情绪。
[2] "自适应性"是指生物能改变自己的习性以适应新的环境的一种特征。

逃跑反应，还必须同时启用控制恢复反应的副交感神经系统。这两极并不只是相互对立的不同杠杆，它们高度相互依存，使解决方案能够同时缓和情绪和身体反应。身体上的疼痛和情绪上的痛苦相互促进，引发恶性循环，削弱我们的灵活思维。这种恶性循环会释放出包括皮质醇在内的一系列激素，而皮质醇的持续分泌对健康极其不利。

我们需要尽可能地减少荷尔蒙的释放，从而能够恢复灵活的思维，做出更健康的反应。加尔博认为，这需要副交感神经系统的参与，而信任情绪会使其发挥作用。管理我们的健康意味着我们需要在生活中不断应对信任与恐惧、交感神经与副交感神经、关心疼痛与避免疼痛之间的冲突。加尔博发现，疼痛管理需要在身体的多个对立杠杆之间进行平衡——走钢丝。利用这些矛盾的生理学方法，我们可以更有效地应对生活中的悖论。

然而，第一步是停下来，并且意识到荷尔蒙过剩会引发基于恐惧的交感神经反应，而通过按下暂停键，我们可以转向目的性更强、以信任为基础的副交感神经系统。正如加尔博所指出的，波动的心率是一个早期预警指标，表明我们需要重新平衡我们的反应。如果我们能监测心率的变化，我们就能获得更多的信息，知道我们什么时候需要暂停、检查，并寻求其他行动方案。加尔博将这个过程描述为自主康复。例如，他的病人可能患有慢性背痛，导致他们在走路、睡觉甚至坐着时持续感到痛苦。一种应对方法是服用止痛药——这种极端的策略导致了我们目前在全球范围内面临的鸦片类药物危机。加尔博提供了其他选择，强调意识到潜在的情感痛苦，认识到它如何引发更大的身体痛苦，并学会管理它的作用。现在，一切从呼吸开始。

然后,加尔博提倡继续使用呼吸策略来触发副交感神经系统。通过关注呼吸,我们可以放大我们的即时生理反应。有了这些技能,我们就可以缩小并进一步改善他们的副交感神经反应,通过围绕目的进行对话,建立重视信任的关系,并尽量减少在造成恐惧的冲突上花费的精力。

接受不适

我们可以通过暂停来鼓励我们考虑不同的反应,但是怎样才能确保我们在暂停之后的反应与之前的反应有所不同呢?我们如何在暂停后转向更有成效的反应?为了确保暂停对我们有效,我们首先需要接受引发我们不适的潜在情绪,尤其是最初触发我们的负面情绪。通常,我们应对负面情绪的方式是拒绝和否认,希望它们能够消失;然而,这样做只会促使它们更加强烈地卷土重来。相反,接受和尊重这些情绪会让它们逐渐消失。

彻底接纳

塔拉·布拉奇拥有临床心理学博士学位,曾在加利福尼亚州伍达克的灵岩冥想中心接受佛学训练。她在网上为广大受众提供佛法讲座和冥想指导。她的讲座大量借鉴了佛教和佛法传统,并加入很多幽默元素。这些讲座的核心是"接受",或布拉奇所说的"彻底接纳"。她认为,我们只有先接纳自己的情绪,才能最大限度地减少来自不同情绪的痛苦。在她的《彻底接纳》一书中,用西藏瑜伽士密勒日巴在山洞中生活时不断面对恶魔的寓言来说明这一重要观点：

> 伟大的西藏瑜伽士密勒日巴曾在山洞中度过了许多年与世隔绝的生活。作为修行的一部分，他开始将内心的一切幻化成可见的投射。他内心的欲望、激情和厌恶的恶魔会以华丽诱人的女人和可怕愤怒的怪物的形象出现在他面前。面对这些诱惑和恐吓，密勒日巴并没有被吓倒，而是高声唱道："今天你能来真是太好了，明天你应该再来……我们应该常常交谈。"
>
> 密勒日巴通过多年的密集训练，认识到痛苦只来自被妖魔诱惑或试图与它们搏斗。要想在恶魔面前获得自由，他必须直接、清醒地体验它们的存在。

在一个故事中，密勒日巴的山洞里挤满了妖魔。面对其中最顽固、最霸道的恶魔，密勒日巴做出了一个聪明的举动——他把自己的头伸进了恶魔的嘴里。就在那一刻，所有的恶魔都消失了。剩下的只有纯粹觉知的灿烂光芒。正如佩玛·丘卓所说："当抵抗消失时，恶魔也消失了。"[1]

反弹效应

彻底接受能够化解负面情绪，部分原因是我们的大脑会与我们

---

[1] 接纳是接纳与承诺疗法（ACT）临床治疗实践的核心，这种方法源自更为传统的认知疗法，它认为改变我们的行为取决于转变我们的心态。接纳与承诺疗法从认识接纳我们的心态和情绪开始。——作者注

试图推开的事物打交道。如果我们试图拒绝或否认负面情绪，我们只会体验到更强烈的负面情绪。哈佛大学心理学家丹尼尔·韦格纳将这种反弹效应描述为讽刺进程理论，并通过白熊实验证明了这种效应。

韦格纳的研究灵感来自俄罗斯小说家费奥多尔·陀思妥耶夫斯基。陀思妥耶夫斯基在其著作《夏季印象的冬季笔记》中向读者提出了一个问题："试着给自己提出这样的任务：不要去想北极熊，你会发现那可恶的东西每分钟都会浮现在你的脑海里。"韦格纳很感兴趣，他要求参与者不要去想白熊。如果你以前没有试过，现在不妨试一试。如果是这样，把这本书放在一边，设定一分钟的计时器，闭上眼睛，告诉自己一分钟内不要想白熊。看看会发生什么。

正如韦格纳的研究结果，不出所料，你们大多数人都想到了白熊（有些人告诉我们，他们决定不去想白熊，而是去想棕熊）。然而，具有讽刺意味的是，他们最后常常是在把棕熊和白熊作比较。

同样，试图拒绝或否定我们的情绪也会产生反弹效应。当你感到悲伤、沮丧或担忧时，别人告诉你要振作起来，这往往不起作用。当我们试图掩盖潜在的情绪时，我们的防御机制就会启动。我们做拒绝逃避情绪的尝试，并开始与情绪接触。最终，情绪会反弹，往往会造成更大的伤害。相反，正如布拉奇所言，我们越能接受自己的负面情绪，就越能消除它们对我们思想和行为的影响。

当矛盾让我们困惑、不知所措或沮丧时，首先要做的是尊重当下。布拉奇告诉她的听众，要对出现的每一种情绪说"是"。例如，当我躺在大学宿舍里时，我可能会告诉自己："是的，我对如何融入这个新环境感到不知所措。是的，我害怕过去的我无法顺利成为新的我。是的，我对这一切的结果感到焦虑。是的，我担心回家后会是什么感觉。"正如布拉奇所指出的，接受的第一步让我们对不适感有了一些安慰，并给了我们空间来寻找解决困境的新方法。

正视内心的挣扎

有时，我们很难接受自己的情绪，但接受他人的情绪却容易多了。有一天，我们正在交谈。我（温迪）正在纠结于一个战略问题。长期以来，我一直在教授一门面授的高管教育课程。疫情期间，我们取消了该课程。现在，我正在考虑是否重新开设这一课程。

此时，更深层次的问题浮出了水面，比如：如何在全球疫情的长期影响之下制订既安全又灵活的计划；如何解决种族平等问题，这是该计划中提出的一个颇具挑战性的重要问题；以及其他一些令人关切的问题。我没有认真考虑该计划的机会和可能性，而是选择了二元法：我们是应该继续开展面授项目，还是彻底取消？

玛丽安看了我一眼——当我们发现自己陷入黑白思维时就会用眼神互相提醒。然后她直接问道："温迪，你在害怕什么？"她知道我的担忧之下隐藏着恐惧。有机会表达我的深层情绪给了我一些空间去接受它们，而不是任情绪条件反射地左右我做出的反应。

拓宽我们的视野

一旦我们按下暂停键并且接受了自己的负面情绪，我们如何才能在情绪中找到安慰，并积极地参与其中，从而在驾驭悖论的过程中向前迈进呢？积极心理学家提供了一些见解，帮助我们在应对悖论时拓宽视野，发掘积极情绪，从狭隘的黑白思维转变为更加开放和广阔的灰度思维。

拓展和建构

北卡罗来纳大学教堂山分校的芭芭拉·弗雷德里克森教授认为发掘积极情绪有助于拓展我们的思维，让我们接触到新的想法和新的选择。也就是说，随着时间的推移，我们的积极情绪会促进良性循环。她将这种正反馈循环称为"拓展和建构理论"。

喜悦、自豪、满足和感激等积极情绪会引导我们拓宽视野。我们状态越好，就越能接受不同的信息，并且越能采用整合性思维。这样做会使我们的思维更具创造性，行为更加慷慨大方。重要的是，弗雷德里克森告诉我们，改变我们的思维和行为会产生持久的影响。当我们变得更高产且更具创造力时，我们就会积累新的知识，扩大我们的社交圈和人际网络，培养韧性，并在其他方面获得成长。我们开发了一套可持续使用的资源工具包，能够让我们变得更健康，更有成就感，这种状态最终会激发出更多的积极情绪，促进良性循环。

诸多研究结果验证了弗雷德里克森的观点，即积极情绪实际上可以消除消极情绪的危害。这一作用可能有生理表现：消极情绪可能会导致皮质醇激增和血液的快速流动，而积极情绪可以迅速使我们回到更中性的状态；消极情绪会使我们的血压升高，而积极情绪会降低血压。

从消极情绪转向积极情绪

人们指出,当我们陷入消极情绪的旋涡时,可以采取许多行动来激发积极情绪。如果要一一列举,我们需要花费大量的篇幅。就本书而言,我们建议采取的行动可以概括为两个方面:(1)意识到我们是否开始被消极情绪控制;(2)知道如何挖掘我们潜藏的积极情绪。两种方法也可以共同作用,使我们的主要情绪驱动力从消极转向积极。

第一种,我们必须谨防自身被负面情绪裹挟,因为我们无法改变自己没有意识到需要改变的事情。加尔博指导患者通过反思自己一天中的行为来保持协调。扪心自问,你是否卷入了冲突当中,引发负面情绪的不断循环?你是否在回报十分有限的事情上花费了太多精力?你是否从担忧转为恐惧,掉进了兔子洞里,开始胡思乱想,做些毫无意义的假设?而后,加尔博鼓励患者将自己付出的努力与更广泛的意义和目的进行比较。将视野放远,探索目的,可以让我们转向更健康的反应。从生理角度来看,他提醒我们考虑自己的心率。心率的波动——尤其是急剧的变化——预示着我们的消极情绪正将我们引向适得其反的想法和行为。

第二种,寻找能够帮助你从有害情绪转向健康情绪的做法。宾夕法尼亚大学的马丁·塞利格曼是积极心理学之父,他在《持续的幸福》一书中对这些方法进行了广泛的评述。例如,你可以考虑进行感恩练习、社会联系练习、体育锻炼,或者将这些方式相结合。

感恩日记已经变得相当流行,科学也证明了它们的价值。哲学家们一直认为感恩是一种核心的道德表达方式。古罗马政治家西塞罗认为感恩是所有美德之母。最近，心理学家发现，感恩会带来更广阔的视野，以及更有创造性和整合性的思维。塞利格曼进一步研究了各种各样的练习，比如辨别和培养对我们的标志性优势的感激之情，或者通过写一封感谢信，或者去别人的办公室或朋友的住处表达你的感激之情来享受一次"感恩之旅"。

第二种方法与社交实践相重叠。与他人建立联系可以减轻压力，拓展思维。然而，在新冠肺炎疫情时代，以及在消极时代，我们可能会适得其反地孤立自己。与他人联系需要借口吗？试试塞利格曼的善意练习："明天找一件完全出乎意料的善事，然后去做。"

同样，想想体育锻炼的价值，因为体育锻炼可以释放大脑中的内啡肽，从而减轻我们的疼痛感。选择你最喜欢的运动方式，无论是快步走还是铁人三项。运动能激发积极情绪，增加脑供血，从而强化大脑功能。

矛盾情绪的益处

似乎为了应对我们内心对悖论的防御情绪，我们需要补充多巴胺。然而，敏锐的读者们，你们可能已经意识到，只关注积极的一面是过于简单的反应。完整的药方更为复杂，也更为矛盾。健康的反应来自消极和积极情绪的相互作用。驾驭悖论涉及矛盾的情绪。正如我们在本书中常说的，驾驭悖论本身就是悖论，前文所述的两种方法表明，接受不适需要你挖掘并承认自己的消极情绪，而更广阔的视野则会促使你探索和扩展自己的积极情绪。

美国利哈伊大学教授纳奥米·罗斯曼采用了一种悖论的方法应

对情绪。她在研究中发现，同时与积极和消极情绪共处会带来很多益处。她将这种体验描述为矛盾情绪。矛盾性并不表示我们对情绪的不确定，而是接受我们多重的、相互冲突的情绪。就像是"两手抓，两手都要硬"，矛盾情绪意味着我们会同时感受到消极和积极两种情绪。我们可能没有意识到，但我们经常会处于这种状态。

例如，当我们参加别人的婚礼的时候，我们既会为新人感到深深的喜悦，也会为新人告别单身留下的遗憾感到深深地失落，或者想起在这一天不在我们身边的人。同样，在葬礼上，我们可能会因为失去所爱之人而感到无比悲痛，同时也会因为对逝者美好又幸福的回忆而感到喜悦。我们常常用一个词来形容矛盾情绪——苦乐参半。

罗斯曼指出，我们不喜欢把自己——或者我们的领导人——看作是矛盾的。我们更希望他们不仅在思想上，而且在情感上传达出清晰、具体且一致的信息。然而，她的研究表明，矛盾情绪或许决定了是否能够实现良好互动和高效领导。将消极情绪与积极情绪结合起来，可能会更健康、更实际。在一项研究中，罗斯曼和伊利诺伊大学香槟分校的格雷戈里·诺斯克拉夫特探讨了矛盾情绪如何影响谈判结果。谈判要求我们接受相互竞争的需求，并设法达成合作协议。我们每个人都希望从谈判中获得尽可能多的利益——这是一种竞争姿态，但我们也希望达成协议——这则是一种合作姿态。

学者们指出，在试图分配资源之前，我们应当采用整合性的眼光了解彼此的需求，并且寻找更多潜在的解决方案。直觉告诉我们，我们更愿意与拥有积极情绪的人一起寻找整合性的方案。如果对方很快乐又很投入，我们就会更愿意也更希望进行合作。然而，正如罗斯曼和诺斯克拉夫特所指出的那样，矛盾情绪会引发更具整合性的谈判。如果一方表现出了矛盾情绪，另一方就会觉得他们在谈判中可以有更大的影响力，并将更积极地解决问题，从而获得一些新的发现，并且创造更多整合性方案。

回到学校

惴惴不安——这是在大学的第一个夜晚，我（温迪）的内心写照。当我坐在宿舍里的时候，恐惧感开始占据上风。我筋疲力尽，孤身一人。我将如何在这个地方生活？何时会有人发现，我并不属于这里？如何管理我的过去和未来，如何既尊重过去又探索未来，这些不确定性一一涌上心头。我陷入了沉思，而且随着时间一分一秒地流逝，内心的恐惧感越来越强烈。

然后我听到了敲门声。我的另外五个室友正打算去约克赛德比萨餐厅吃晚饭，这是一家家庭经营的经典希腊餐厅，自1969年以来就为饥肠辘辘的耶鲁学生提供食物。我既紧张又兴奋，起身加入了他们。随着我们的相互了解，我开始更全面地认识我自己和我的室友们。我们六个人的背景各不相同。其中一个是在芝加哥长大的韩裔美国人，一个是在洛杉矶长大的墨西哥裔美国人，一个是在波士顿长大的爱尔兰裔美国人，一个是来自新泽西州的印度裔美国人，最后一个则是来自得克萨斯州的犹太人。没有人符合我对耶鲁学生的刻板印象，我们当中没有一个人来自超级富裕的新英格兰预科学校，我并不孤单。其实，我们都在为融入这所大学而努力。和室友们坐在一起吃比萨正是我当下的需求，为我提供了一个外在的暂停的机会，让我停止消极的思考。与此同时，也给我营造了一种与他人联系的感觉，让我有机会与人谈笑风生，激发了我的积极情绪。

这种情绪转变使我成功地在不适中寻找到了慰藉。我不能说我在耶鲁的所有经历都反映了如此顺利的情绪转变，但我可以告诉大家，我们在大一吃了很多比萨。

本章要点

- **潜在的悖论会使人感到不适——恐惧、焦虑和防御心理**。根据这些情绪行事会导致狭隘的黑白思维。为了实践灰度思维，我们需要应对这些消极情绪，同时利用三种工具激发积极情绪：

  1. 按下暂停键：通过在消极情绪和做出反应之间创造一个空间（深呼吸或短暂抽离困境），我们可以尊重情绪，而不引发更直接且往往适得其反的悖论反应。

  2. 接受不适：试图否认负面情绪会导致反弹，即强化负面情绪。我们可以尝试接受并顺从负面情绪，而不是试图否认或掩盖，从而尽可能地减少负面情绪的影响。

  3. 拓宽视野：追寻积极情绪，如不确定性所带来的活力、惊奇和兴奋，能够拓展我们的思维，从而促使我们进一步寻求积极情绪。这种循环促使我们以更加开放、更包容的方式来应对悖论的张力。

- **驾驭悖论就是一种悖论——我们需要同时面对消极和积极情绪（矛盾情绪），从而有效应对相互竞争的需求。**

| 第七章 |

激发活力以释放张力

做出改变，以免重蹈覆辙

当今成功的商业领袖将是那些头脑最为灵活的人。出色的领导者最重要的特质是敢于挑战旧观念，勇于接受新观念，并且能够与悖论共处。此外，他们也必须终身学习，迎接挑战。

新的真理不会轻易出现。领导者必须在引领航向的同时，应对一切未知与变化，这本身就是一个基本的悖论。

——汤姆·彼得斯[1]

2005年，泰瑞·凯莉成为戈尔公司的第四任首席执行官。彼时，她面临着各种竞争性需求。那时，公司成立已有47年，而其中有42年，公司的领导者都由戈尔家族的成员担任。基于创新和独立的宝贵企业文化，公司的领导者创下了丰功伟绩，推动了公司的发展

---

[1] 汤姆·彼得斯（Tom Peters）是全球著名的管理学大师之一，《财富》杂志将其评为"管理领袖中的领袖"。

和扩张。然而，当凯莉接任首席执行官一职后，公司的发展需求对一直以来的企业文化提出了挑战。凯莉能在保持这种企业文化的同时，将戈尔公司打造成一家更全球化的企业吗？

比尔·戈尔于1958年创立了这家化学产品开发公司，打造了自己理想的工作场所。他是一位非常敏锐的创新者，他提倡自力更生，鼓励实验，也坚信人际关系具有力量。家族中流传着他在荒郊野岭露营的故事。出发前，他花了数周时间有条不紊地打包必需品，以确保自己能够在苔原[1]地带独自生存数周。在特拉华州威尔明顿牧场上，戈尔家族标志性的游泳池也能够体现戈尔的价值观。戈尔亲自进行设计，并和家人朋友们一起亲手打造了这个游泳池。在第一次尝试投入使用时，泳池出现了漏水的情况，于是大家一起进行了重建。此后，这个美好的作品成为团结和凝聚力的象征。这个游泳池展示了戈尔自身的工程技术水平，以及他对团队力量的重视。他人生第一份工作当中的等级制度和官僚文化与这种自力更生、艰苦奋斗的创业精神完全相悖。因此，戈尔辞去了那份工作，与妻子维芙一起创办了自己的公司。

比尔·戈尔是社会科学类书籍的忠实读者，他从两位学者的著作当中汲取了知识应用于自己的组织，打造了独具魅力的企业文化。亚伯拉罕·马斯洛的著作《存在心理学探索》启发戈尔创造了一种促使人们实现自我的文化。道格拉斯·麦格雷戈的《企业的人性面》一书则帮助他了解了能够帮助员工实现自我的管理实践。正如戈尔所言："我梦想着能打造一个为所有有志加入的人提供巨大机

---

1 "苔原"（Tundra），又称冻原或冻土带，主要指北极圈内以及温带、寒温带的高山树木线以上的一种以苔藓、地衣、多年生草类和耐寒小灌木构成的植被带。

会的企业，一个能够促进自我实现的充满活力的组织，一个能够实现'1+1>2'的高效组织。"

为了实现这一梦想，戈尔鼓励员工自行确定项目，阐明这些项目如何推进公司战略，然后招募其他员工加入项目。他最大限度地减少了官僚主义，取消了正式的职级和头衔，而是称所有员工为"同事"，并确保员工有"赞助人"来帮助他们成长，而不是由老板来控制他们。他以"小团队的力量"为组织架构的基础，鼓励员工在5人或5人以下的团队中开展工作。他将每个实体机构的规模控制在200人以内，使同一工作地点的员工都有机会相互认识。1963年，戈尔的儿子罗伯特在取得化学工程博士学位后加入了公司，最终研发了公司的主要化合物戈尔特斯，并申请了专利。各个小团队开始行动，为这种材料寻找各种新的用途和市场，包括坚固的户外夹克、牙线、主动脉移植物、军用服装，甚至吉他弦。

到2005年凯莉接管公司时，公司市值已超过30亿美元，在全球45个地点拥有上万名员工。该公司多年来一直名列"世界最佳工作场所"榜单。

凯莉在戈尔公司工作了22年，她非常珍视戈尔的企业文化，也深知小团队的力量。然而，她也发现了致命的弱点。小团队能够激发员工的工作热情和创造力，但也在公司试图制定产业发展战略、进军全球市场的过程中带来了诸多困扰。戈尔的员工经常以不同的方式进入同一个市场，开发出的创新产品将公司引向不同的方向，从而造成市场混乱。每个地方团队还经常建立自己的通信、信息技术和人力资源系统，造成了严重的冗余效应和无效整合。

到了2008年，公司需要在企业层面加强纪律、提升效率来抵御全球经济衰退带来的冲击。正如凯莉所述："过去，一切都是自然而然的结果。团队只要聚集在一起，就会有所创新。此时，团队就会接受创新观点，推动创新实践，这样就可以了。然而，当你试图管理市值高达数十亿美元的企业时，投资和全球协调等事务就涉及了更多的纪律和决策。"

凯莉感到左右为难。在发展进程中，戈尔公司面临着新的挑战。眼下，戈尔公司需要在全公司范围内制定一个具有效力的整合性战略，使其能够在全球市场上发挥作用。然而，引入中央控制的想法却感觉像是破坏了公司的基石——授权和灵活身份。作为戈尔家族之外的第二位首席执行官，凯莉必须竭力在推动公司全球化进程的同时，传承比尔·戈尔创建的公司文化。凯莉看到了自己所处的两难困境背后的悖论。她发现，集权与分权、可控性与灵活性、小团队与大组织之间存在着相互对立又相互交织的力量。这些对立关系属于组织悖论的范畴，揭示了我们在构建生活和组织过程中遇到的冲突。在与我们合作过的组织中，我们还看到了其他组织悖论的例子——自治与独立之间的矛盾、自发性与计划性之间的矛盾、可控性与灵活性之间的矛盾等。随着我们进入更伟大的人工智能和机器学习时代，企业越发需要应对人类和机器之间的悖论，以及以技术为中心和以人为本的文化之间的悖论。而在我们的个人生活中，我们也会发现深思熟虑与随性而为之间或结构性与适应性之间的组织悖论。

认识到这些悖论是一个良好的开端。凯莉告诉我们："这些年来，我的做法是：我从不会对组织有所隐瞒——我总是和盘托出，因为我们都会不断感受到张力。"多年以来，她一直能感受到这些悖论之间的冲突，人们往往观点鲜明，有明确的立场。

激发活力

凯莉知道，戈尔公司可能正在陷入兔子洞。公司的企业文化带来了巨大的成功，然而这种成功又促使公司加倍重视这种文化。随着时代的变迁，这种文化更像是枷锁，而非引擎，致使公司走向恶性循环。

为了避免一开始就掉进兔子洞，或者帮助我们迅速脱身，我们需要能够激发活力的工具（见图 3-1）。动态性包括促进学习和适应，以及鼓励在相互竞争的需求之间不断进行调整。这种动态行动不仅能防止我们陷入困境，还能帮助我们利用创造性的张力。通过不断重新思考不同方面的性质以及它们之间的关系，我们可以释放出悖论的创造力——找到新的"骡子"或更有效地"走钢丝"。

保持灵活并不意味着优柔寡断。人们在驾驭悖论时可以做出明确的决策；然而，保持灵活性能确保他们对新信息持开放态度，容忍模糊性，并愿意根据新信息重新思考决策。我们特别指出了维持活力性的三个核心工具：按照严谨的步骤进行实验、把握机缘以及学会忘却。

我们用丰田公司这一组织的案例来阐释灵活性的实践。大园惠美、清水纪彦和竹内弘高发现，悖论是促进公司持续创新和走向成功的关键。他们在《极致丰田》一书中列举了丰田企业战略中的六大悖论，正是这六大悖论推动企业走向成功：

- 在"大步走"的同时循序渐进；
- 在花费巨额资金的同时培养节俭意识；
- 维持高效和冗余运行；
- 培养稳定和偏执的心态；
- 尊重官僚等级制度，同时鼓励不同意见；
- 保持简单及复杂的沟通方式。

这些悖论在公司内部根深蒂固。丰田的指导原则帮助员工在面对各种竞争性需求时保持灵活。例如，丰田汽车公司有两个指导原则。其中之一是"自动化"，指的是由人触发的自动化。公司网站介绍道："工艺是通过手工作业学习制造的基本原理，然后将其应用于工厂车间，从而实现稳步提高。这种人类技能和技术进步的循环……有助于加强生产力，促进人力资源发展。"另外一个原则是"准时化"。为了减少浪费，每个制造工厂都面临着一个挑战，那就是为制造汽车准备好所有部件的库存，并为满足客户需求而生产所有的汽车，但不能有额外的库存或生产多余的产品。基于"自动化"和"准时化"两项原则，丰田的员工可以参与实验和变革，从而应对自身最紧迫的悖论。"丰田生产体系"是一个促进持续学习和改进的系统，这一系统能够强化这两项指导原则。丰田的员工在自我管理的小团队中工作，最大限度地减少了全面领导，赋予更多地方决策权，并鼓励每个人尝试和改进过程和结果。这些原则和丰田生产体系相结合，使丰田能够以动态的方式驾驭悖论，从而实现企业发展的良性循环。

按照严谨的步骤进行实验

我们对某一事物投入得越多,我们对它的承诺就会不断升级。正如我们在第二章中所介绍的,心理学家将这种近乎病态的行为称为"承诺升级"。

即使某种行为、习惯或文化不再符合我们的目标,而我们也深知自身需要改变,我们仍然会坚持,害怕放弃已知的一切,也害怕进入充满了不确定性的新世界。严谨的实验可以让我们从这些承诺中解脱出来。

当我们面对困境时,实验可以让我们带着某种目的进行测试,将新想法付诸行动,然后评估结果。我们不再纸上谈兵,而是躬行实践,进行微小的尝试,并且收集数据来了解成效。而后,我们可以选择是沿着这条道路继续前行,还是转向一条新的道路。这样做能让我们时刻保持警惕。

快速成型

为了能够轻松地改变策略,实验应该是低成本、频繁且快速的。艾迪欧是一家备受赞誉的设计公司,位于加利福尼亚州帕洛阿尔托市。该公司的首席执行官大卫·凯利建立了一个流程来鼓励实验。设计师们创造原型,即设计的样品模型,来了解哪一部分有效,哪一部分无效,而后改进自己的设计。然而,凯利意识到,大多数设计师并不是这样利用原型的。大多数设计师会花大量时间分析问题,并预先思考解决方案。当他们创造出原型时,他们已经在这个过程中投入了大量的精力，以至于他们在改变设计时会犹豫不决。如此一来，原型就不再是促进动态学习和改变的工具了。

为了应对这种常见的情况，凯利鼓励艾迪欧的设计人员"快速成型"。他希望他们经常制作小型模型。我们的目标不是让每个模型的设计都尽善尽美，而是尝试各种想法，从中吸取经验并加以改进，然后再进行实验。重要的是，这些低成本的实验确保了设计人员不会过早地对想法作出承诺。

作为作家，我们深知"快速成型"的价值。在撰写本书的过程中，我们回顾了自己早年独立研究的经历。我们会花好几个小时来回纠结写在纸上的每一个字。完成初稿需要花费很长时间，以至于我们都不愿意再回头修改。具有讽刺意味的是，我们急于写出一份高质量的初稿，却让我们无从下手，从而进一步拖延了写作进程。我们与其他作家交流得越多，就越发现这种焦虑和瘫痪的模式是一种常态。然而，我们逐渐意识到，伟大的作品正是在编写过程中诞生的。写作帮助我们思考，而编辑则对这些思考进行润色。伟大的作家并不一定是那些初稿写得很好的人，而是那些能够迅速写出糟糕的初稿，然后通过修改来拓展观点的人。有写作障碍的作者会被鼓励使用自由联想的方法，以便将文字记录在纸上，从而开始编写和改进。作为合作伙伴，我们学会了一起努力实现"快速成型"，相互发送草稿，帮助彼此厘清思路。我们中的一个人会写出杂乱无章的初稿，另一人则负责修改。然后，我们会多次来回修改，不断改进。

丰田的企业文化倡导"快速成型"。1957年，当公司领导者开始探索将汽车运往美国的可能性时，他们知道了解美国市场的唯一途径就是尝试并从中学习。正如一位丰田前总裁所强调的那样："即使我们的汽车目前还不尽如人意，我们也没有时间袖手旁观。我们需要一个桥头堡。在进入市场的初期，我们可能会遇到一些挫折，但我们会一直积累宝贵的经验，并逐步改善业绩。"丰田推出普锐斯进入混合动力市场就是一个持续实验的案例。丰田的领导者们设定了一个大胆的目标：制造让空气更清洁的汽车。而后，工程师们开始努力实现这一目标。他们的第一个实验所制造的发动机根本无法启动。第二次制造的发动机只能让汽车移动几百米。丰田不断地进行小规模的实验，向着那看似不可能的目标迈进。

发现协同效应

实验能够在一定程度上揭示隐藏的协同效应，帮助我们驾驭悖论。当我们审视一个眼前的困境，我们更容易看到对立选项之间的矛盾。我们会看到不同的选择所带来的不同影响。然而，我们往往会忽略协同效应，即某一选择会为自身及其对立面带来效益。实验能够帮助我们注意到协同效应。

凯瑞·安·洛基摩尔从小就重视悖论，并且理解实验如何能够产生协同效应。她的父母一方是白人，一方是黑人，她在不同的文化和现实中成长。她深知，能够轻松地在两种文化间转换是她的巨大优势。

这种双重文化的优势帮助洛基摩尔取得了事业上的成功。洛基摩尔以学者身份开始了她的职业生涯，她主要研究混血儿如何驾驭不同的文化背景。作为一名学者，她意识到教师获得指导和支持的正式机会是多么的少，而成功的教师往往得益于非正式的指导。最细致入微、最个性化、往往也是最重要的指导发生在一天工作结束后的酒桌上，在高尔夫球场或壁球室，或是在某人家中的晚宴上。问题在于，这种非正式的指导往往会在系统中引入偏见。人们往往更容易与和自己相似的人建立联系。由于资深教师中少数族裔人数较少，青年教师获得非正式指导的机会也较少。青年教师需要更多的指导和支持，尤其是代表性不足的少数族裔。

洛基摩尔善于跨越界限和尝试新事物，于是，她开始进行自己的实验——创办了一家公司作为副业。她创建了一个在线社区，为教师提供指导、建议和支持。这一副业满足了一个重要的市场需求，并很快发展成为一家规模庞大的机构——国家教师发展和多元化中心（NCFDD）。

洛基摩尔将悖论融入了国家教师发展和多元化中心的核心战略。大多数这样的教育科技公司更注重"科技"而非"教育"——雇用更多工程师和企业家而非学者。正如洛基摩尔所述，"大多数其他公司将教师视为行动障碍，而非推进业务发展的重要合作伙伴"。洛基摩尔知道，如果她要为教师开发一款产品，他们需要从一开始就告知整个过程。她明白，她的企业能否成功将取决于教育工作者和企业家的意见和想法。

然而，试图整合不同群体的行事方式极具挑战。洛基摩尔指出："学者们花一年的时间研究一个问题并进行实验，才能深思熟虑，而后目标明确地作出决策。而企业家们会尽可能快速地尝试，在失败后迅速进行调整。"学者和企业家也有不同的侧重点。学者们希望产品有用且易于使用，可以为广泛的教师群体提供最丰富的内容。企业家们则习于商业思维，往往采用更务实、更市场化的视角。

他们会提出这样的问题：哪个产品能实现低成本、高收益？正是这些差异造成了持续的冲突。

其中，有一个十分棘手的难题：研究生怎么办？如果国家教师发展和多元化中心的目标是给教师提供支持，并且解决学术界的不平等问题，那么该公司若能及早从研究生时期入手，将会事半功倍。这样做从使命来看，会有很高的回报率，但企业家们却认为，这会降低公司的投资回报率。众所周知，研究生的资源有限，学校也不会像对待教师一样，给他们提供资助。

洛基摩尔和她的团队决定进行一项实验，为研究生创建一个项目——一个为期12周的强化训练营，让人们学习管理时间和提高工作效率的新技能。在训练营中，参与者以四人为一小组开展活动，并且由一名教练进行指导。通常情况下，大学会为他们的教师支付培训费用。不出所料，很少有大学派研究生参加。由于费用太高，这些学生无法负担，他们决定大幅降低费用，以满足研究生的需求。但这样做意味着公司必须降低自身成本。最大的成本之一是为每个小组聘请专职教练的费用。这些教练带来了巨大的价值，但考虑到目前的预算，他们尝试放弃聘请教练，让小组自行组织活动。

实验取得了巨大成功。即使没有引导者，参与者也对重要的内容和支持给予了高度评价。更重要的是，这项实验帮助公司拓展了其他业务。公司领导认识到，他们可以继续为其他无法负担全套课程的教师提供这种低成本的选择。他们的实验不仅使公司实现了自己的使命，而且最终找到了增加利润的新机会。

离巢

就在我（温迪）撰写本节时，一位老友打来电话，分享了她的困境。在她的个人生活中，通过实验来驾驭悖论的方法得到了验证。我的朋友和她的丈夫作为外籍人士在中国生活了多年，养育了三个孩子。2020年，在新冠肺炎疫情暴发之初，他们搬回了美国，以便离父母更近一些。当时他们的大女儿正在读八年级，即将升入高中。他们四处打听，却找不到一所高中能让他们的"第三文化"孩子（熟悉并认同中美文化）融入其中并提供成长空间。他们心血来潮，申请了几所寄宿学校。我们交谈时，他们刚刚收到好消息。几所寄宿学校都录取了他们的女儿。现在，他们必须决定是否把女儿送去。

这种两难局面引发了矛盾情绪。一方面，父母和孩子都对寄宿学校提供的机会感到兴奋。另一方面，他们又害怕彼此分离的痛苦，害怕还没准备好就拆散他们紧密团结的家庭。他们的女儿是家里的主心骨。如果她不在了，其他两个孩子会有什么反应呢？在他们的大家庭中，从来没有人上过寄宿学校，他们的家庭并没有这样的先例，这样的情况让他们感到心神不宁。听着他们的两难抉择，我发现了"抓紧"和"放手"之间的潜在悖论，其实也是对某个家庭成员最有利的选择和对整个家庭最有利的选择之间的悖论。

我们交谈时，我恰好在撰写这一节。"如果，"我问道，"你把去寄宿学校的决定当作一次实验呢？"其实，尽管他们可以推测送寄宿学校的决定可能会对他们的女儿、他们自身以及家庭的其他成员产生什么影响，他们必须真正尝试了才会知道真实的结果。如果他们先尝试送女儿去寄宿学校六个月,并达成共识,在六个月后重新评估这一选择呢?或许到那时,他们会觉得因此失去了太多,于是决定让她回家读书。也有可能到那时,虽然他们都有所失,但也获得了新的可能性——甚至是他们自己都未曾料想到的机会。这种思维重塑——将决定视为实验——帮助我的朋友们摆脱了非黑即白的思维困境,以一种更灵活的方式生活,既促进了对女儿的教育,又保持了温馨的家庭关系。

把握机遇

新的可能性有时会在我们最不经意的时候出现。我们所面临的挑战是注意到这些想法,并敞开心扉接纳它们,也就是说,对机遇保持开放态度。我们将机遇理解为"有计划的好运",这意味着我们并没有刻意寻找就发现了有价值的事物。虽然我们可能不会主动去寻找,但是我们可以时刻做好准备,并且在机遇来临时好好把握。无论是作为个体还是作为领导者,我们都可以为机遇创造条件。这种方法可以让我们接触新鲜事物,防止我们陷入窠臼。

明尼苏达矿业制造公司(简称"3M公司")的便利贴、维克罗的尼龙搭扣、青霉素,甚至是哥伦布的美洲之旅都是机缘巧合的经典案例。在每个案例中,发明家、科学家或探险家都专注于解决一个问题,却获得了意外之喜,为其他问题找到了解决方案。哥伦布的使命是找到一条通往中国的新贸易之路。然而,他却因此发现了美洲大陆。亚历山大·弗莱明爵士也在研究流感时发现青霉素可以治疗感染。

罗伯特·戈尔也是在机缘巧合下发现了后来被称为戈尔特斯的聚合物。他对这种化合物进行了几个月的实验，寻找使其更加耐用的方法。然而，他所做的一切——从加热到冷却——却都只是让它变得更加粗糙。有一天，出于沮丧，他用力拉扯这种材料，最终发现它拉伸了800%以上，但并没有断裂。那一刻，他终于开发出了戈尔特斯，这种材料成了公司众多产品的基础。凯莉接任首席执行官后面临的问题是，公司能否创造机缘在文化上进行类似的创新。

我（玛丽安）一生中曾多次体验到机缘巧合的力量，其中最明显的一次可能是在伦敦获得富布赖特奖学金的时候。那时，我迫使自己走出辛辛那提的舒适区，摆脱当时身为副院长肩负的职责，进行探索，试图拓展我的研究并扩大其影响力。为了充分利用这段时间，我在伦敦及其周边地区的众多商学院展示了我的研究，并获得了非常积极的体验，例如我在当时的贝叶斯商学院（原卡斯商学院）度过的一天。

然而，生活并不总是一帆风顺。在伦敦商学院，我历经了最大考验，承受了长达90分钟的拷问，我的研究当中的基本假设和研究方法等都受到了质疑。在现场，我努力克制自己的情绪，尤其是防御心理，让自己保持冷静，聆听老师们的批评，并从中吸取经验。那天，我没有乘地铁回家，而是步行了一个小时来舔舐伤口，消化新的领悟。

一年后，当我履新贝叶斯商学院院长时，我才意识到自己是多么幸运。一位资深教师曾是院长职位遴选委员会的成员。在我俩一起喝茶（毕竟我们当时可是在伦敦）时，我告诉他，我非常感谢能够获得富布赖特奖学金，是它让我在贝叶斯商学院度过了美好的一天，并且让我后来有机会成为院长。他笑着告诉我，并不是我到贝叶斯商学院的访问帮助我获得了院长的面试机会。其实，那一天在伦敦大学城市学院贝叶斯商学院，他旁听了整个过程，事后他告诉他的大学校长，一个能够以优雅的姿态和合作学习的态度接受这样的质询的人，一定能够胜任院长的职位。

我经常与学生分享这个故事。你永远不知道机遇从何而来。但是，你可以有意地做好准备。你可以保持一种心态，让自己能够意识到机缘的来临。你也可以制定计划，这样你就能以探索者的心态充分了解目标。

能否有效地驾驭悖论其实取决于能否为机缘巧合创造条件，也就是为机遇做好准备。路易·巴斯德认为有一句名言正体现了"机遇"的内涵——"好运总是眷顾那些有准备的人"。

不过，这一点极为重要，为机缘巧合做准备本身就是个悖论。我们怎样才能做好准备、迎接好运呢？葡萄牙新里斯本大学商业经济学院的管理学教授米格尔·皮纳·库尼亚和澳大利亚悉尼科技大学管理学教授马可·贝尔蒂提醒人们，在为好运的来临做准备时，切勿过于机械化。当我们在组织中强求机遇，或者在生活中搜寻机缘，我们就忽略了新发现的本质，也失去了探索与发现的乐趣。相反，他们建议采用一种更有机的方法，包括接受不确定性，鼓励怀疑，并允许即兴发挥。纽约大学全球事务中心全球经济项目主任克里斯蒂安·布什对这种准备方法进行了补充。他认为，运气取决于心态。我们可以培养自己的心态，以便在好运降临时打开心扉、敞开胸怀。

教育好下一代

儿童文学作家史蒂芬·科斯格罗夫依靠"机缘"来驾驭悖论，从而为他的人生带来了新的机遇。他告诉我们："我的一生就是机缘巧合。"这句话特别贴切，因为他写的第一本书的书名就是《机缘》（*Serendipity*）。他写这本书的过程确实是一个幸运的过程。我（温迪）对科斯格罗夫的书情有独钟，六岁的时候，我刚上小学一年级，那时我第一次读他的书，"机缘"这个词就在我的脑海中不断萦绕。在我联系了科斯格罗夫，了解了他的故事后，我对他的喜爱逐渐升华为钦佩。

1974年，科斯格罗夫是一家中型企业的高管，他走进一家书店，想给自己三岁的女儿买故事书。他想找短篇故事，但故事中要有良好的人物形象，并有良好的价值观，可以传递积极的信息。他想找到内容有深度且经济实惠的书，这样就可以买好几本。然而，他找到的大多是价格昂贵的精装书，要么是长篇故事，要么是过于简单化的短篇故事集，毫无寓意可言。面对艰难抉择，他决定一个都不接受。与其将就，不如尝试自己编写儿童读物。

他从小就喜欢阅读精彩的故事，在大学期间曾当过演员、写过小说。然而，他从未想过这些兴趣会成为他的事业。相反，他投身商界，先是为父亲工作，后来成为一家租赁公司的副总裁。站在书店里，他看到了重拾笔墨的机会。在租赁公司工作期间，他每天凌晨四点拿出打字机开始写作。他写了四本书，其中包括《机缘》。这些书既抒情又有趣，同时也塑造了令人钦佩的角色和积极的价值观。他还请罗宾·詹姆斯创作了彩色插图。

当科斯格罗夫试图出版这些书籍时，他遇到了一个新的难题。他希望以软皮书的形式出版，并将其推向大众市场，但他却难以找到愿意这么做的出版商。经过一年的努力，他终于收到了一家出版商的邀请，只要科斯格罗夫愿意去掉那些过于鲜艳的插图，去掉其中的深刻寓意，并以精装书的形式出版，该出版商就会给科斯格罗夫高额的稿酬。这与科斯格罗夫的想法背道而驰。沮丧之余，他再次向内部寻求帮助。于是，他决定利用自己的商业积累，自行出版。他成立了一家个人出版公司——机缘出版社。后来，《机缘》系列图书大受欢迎，在三四年的时间里，科斯格罗夫的前12本书的销量超过了300万册。现在，该系列包括七十多部作品，甚至激发了日本动漫系列和卡通系列的创作灵感。今年是《机缘》系列出版50周年，科斯格罗夫正在创作一部英文电视剧剧本书，并开始将这些翻译成中文。

科斯格罗夫随时准备迎接新的机遇。当他找不到想要的书籍时，他就利用自己的经验进行创作。当他找不到出版商时，他就利用自己的商业头脑成为出版商。他自身的积累与经历为他做好了准备，使他能够把握新的机遇。这样一来，他就能够驾驭在核心困境之下持续存在的悖论。

大众摩托车

关于商业机遇，汽车制造商本田就是一个很好的例子。在20世纪60年代，本田公司成功进入美国摩托车市场。本田的成功究竟是靠运气，还是靠周密的谋划？针对这一问题，一直存在着激烈的争论。

1975 年，波士顿咨询公司受英国汽车行业的委托撰写了一份报告，分析了英国公司在美国摩托车市场的份额如何从 49% 下降到 9%。这份报告讲述了在 20 世纪 50 年代，美国摩托车的使用率如何下降。当时，摩托车的主要使用者是穿着皮夹克的地狱天使[1]和其他骚乱群体。1960 年，本田进入美国市场，通过推出更小型、更轻量化的摩托车，打造了一个新的市场，创造了辉煌。这种摩托车在日本销量很好，因为可以满足城市居民的需求，使他们能够更方便地在城市中穿梭。与此同时，本田还开展了一项市场营销活动，宣称"骑着本田遇见最好的人"。报告指出，正是本田出色的低成本差异化战略和创造性营销，使公司的收入从 1960 年的 50 万美元激增至 1965 年的 7 700 万美元，占据了美国摩托车市场 63% 的份额。本田的成功就此成为全球商学院课堂上市场分析和战略智慧的典范。

斯坦福大学商学院教授理查德·帕斯卡尔曾十分怀疑这种说法是否真的反映了实情。他认为这种叙述似乎过度美化，也过度合理化了一切。他说，为了"消遣一下"，他邀请了在 20 世纪 60 年代本田在美国推出摩托车时的六位高管在 1982 年再次聚首。他们事后的回忆与波士顿咨询公司的描述截然不同。在这些高管看来，本田的成功纯粹是依靠运气，一位过于自信的领导者，以及一种追随机遇的意愿——尽管最初并不情愿。也就是说，高管们为机遇做好了准备，并在机遇出现时加以利用。

本田公司创始人本田宗一郎是一位发明天才，也是一个特立独行的人。他的精神充斥着整个组织，使他的合作伙伴藤泽武夫做出

---

[1] 地狱天使（Hell's Angels）是一个摩托车俱乐部，有相当严格的着装要求，成员都穿着皮夹克。

决定，拨款100万美元，派遣三名高管前往美国，为他们的摩托车开拓市场。高管们对美国市场了解甚少，对穿着皮夹克的主要客户群体一无所知。因此，他们一筹莫展，完全不知该如何进行销售。此外，他们甚至不太会说英语。彼时，他们三人在洛杉矶租了一间一居室的公寓，试图销售摩托车。

由于对美国市场的了解有限，他们最初的战略重点是销售重型摩托车（350毫升排量的摩托车）。不幸的是，他们的发动机无法满足当时美国市场对于长途旅行和重负荷的需求。这些机器屡次漏油，甚至离合器失灵。

第一个月，本田开拓美国市场的目标似乎就要宣告失败。高管们耗尽资金将摩托车运回日本，以便研发团队解决问题。他们等待着研发团队进行改装，手头很是拮据，却又不知道下一步该怎么走。这时，他们获得了一个幸运的机会。在等待期间，他们骑着从日本带来的轻型摩托车（50毫升排量）到洛杉矶附近办理琐事。西尔斯公司的一位高管注意到了这些轻型摩托车，并看到了向城市居民销售这些摩托车的可能性。一开始，本田公司的三位高管拒绝了西尔斯公司的提议，他们担心销售轻型摩托车会破坏本田在重型摩托车市场中的声誉。他们不仅担心这个新想法有风险，还担心通过西尔斯百货或其他体育用品商店进行销售会削弱本田在摩托车经销商中的地位。尽管如此，在等待重型摩托车改造的过程中，面临着岌岌可危的处境，高管们最终还是同意了——这是他们在美国摩托车市场取得成功的道路上的第一次机缘巧合。

帕斯卡尔将这样的故事归纳为"本田效应"。他阐释道，一些观察家在试图解释本田的成功时，过分强调准备和远见，而忽略了运气。"本田效应"取代了波士顿咨询公司关于卓越战略规划的合理化故事,成为动态平衡的"避雷针"。帕斯卡尔指出:"我当时并没有意识到,这个小小的发现会成为战略设计学派和战略学习学派之间结构性争论的重点。"然而,争论仍在继续,包括那些为替代方法提供有力论据的管理学者。

帕斯卡尔还详细介绍了一些能够持续创造机遇的工具。这些工具包括重视不同的选择,尊重并创造不同的观点,以及减少公司内部的权力动态,以听取各阶层的意见。帕斯卡尔和他的同事将这些实践称为"培养敏捷性"。我们一致认为,这种动态性是长期成功的必要条件,也就是能够带来好运的规划。

我们的同事米格尔·皮纳·库尼亚、亚美尼亚·雷戈、斯图尔特·克莱格和格雷格·林赛研究了本田的故事,他们强调了帕斯卡尔所采用的方法具有悖论性。这些学者指出,机遇不仅仅能帮助我们应对悖论,其本身也是悖论,包含了周密的准备与幸运的机会、计划性与自发性,以及战略的稳定性和变革的意愿。本田的高管们激发了库尼亚和同事们所说的"生成性怀疑的潜能"——他们都愿意接受这个现实,那就是在不确定性中可能存在机会。他们对本田故事的分析强化了本书的核心观点——驾驭悖论就是悖论。

忘却已知

我们在前文提到了艾迪欧设计公司,艾迪欧的设计实践包括它对"快速成型"的承诺,使公司具有非凡的活力,能够不断学习,并始终对变化持开放态度。然而,艾迪欧是否能够在必要时改变其基本流程，这也是其一路走来所面临的挑战。我们将这种努力描述为"忘却已知"——寻找方法来改变旧的思维模式，为新的思维模式腾出空间，使我们能够更灵活地驾驭悖论。

1998年，艾迪欧的设计师丹尼斯·博伊尔面临着一个新的机遇，但却难倒了他。他曾带领艾迪欧的一个团队帮助3M公司设计了"掌上领航员5"项目。与之前的"掌上领航员"相比，这一版本的早期掌上电脑设计得更加耐用、轻便和时尚。这一设计项目历时两年多，广泛地研究了人们如何使用"掌上领航员"，并且根据研究结果对产品进行改善。该团队必须与制造商合作，制造新的锂离子电池，还需要开发新的方法，用阳极氧化铝替代传统的塑料外壳。该产品已经投入生产，预计于1999年2月发货。

然而，1998年，负责该项目的几位领导者与3M公司友好协商后离任，想要寻求更大的自主权和更直接的经济收益。他们成立了一家名为"手翻"的新公司，想要生产一款价格仅为"掌上领航员"一半的产品，并在此基础上推出新颖的功能。他们与3M公司签订了操作系统授权协议。希望在推出"掌上领航员5"所需的一半时间内设计出这款新产品，以便在1999年12月的假日旺季销售这款产品。为了实现这一目标，他们需要在1999年4月之前快速完成设计。"手翻"团队与博伊尔在"掌上领航员5"项目中合作得非常愉快，于是他们询问博伊尔是否愿意在艾迪欧负责这个项目。

这个项目让博伊尔进退两难。一旦他接手了这个项目，就必须对艾迪欧已发展成熟的设计做出改变。首先，在设计过程中，员工们在不同的项目中进行头脑风暴，并利用非正式的走廊闲聊来创造机遇和深化学习。例如，在"掌上领航员5"项目中，博伊尔为帕拉奥托的200多名艾迪欧员工购买了掌上领航员，请他们就如何改进产品提供非正式的反馈意见。考虑到艾迪欧为掌上领航员提供了持续的支持，"手翻"项目需要秘密进行，这就减少了从其他非直接参与的同事那里获取建议的可能。其次，由于时间紧迫，艾迪欧团队必须大幅缩短设计过程中的实验阶段，这也减少了快速成型、获得反馈继而改进产品的机会。

博伊尔知道"手翻"项目将挑战他们的核心流程，那么，他是否应该接手这个项目呢？一旦接手，他们不仅得为新产品提出新的想法，还得为产品开发的核心流程提出新的想法。最终，博伊尔接受了这个项目。他知道，如果艾迪欧真的是一家致力于学习和设计的设计公司，那么它也必须致力于重新设计自己的流程。

双环学习

哈佛大学克里斯·阿吉里斯教授被人们称为"组织发展理论的奠基人之一"，他将博伊尔面临的挑战描述为"双环学习"。我们经常自发地进行单环学习——做出一个决定、进行尝试、获得反馈，然后利用新知识来改进我们未来的决定。双环学习则是对我们的内在假设、心智模式和决策规则的挑战，正是这些因素导致了我们最初的决策。阿吉里斯用恒温器作比喻。想象一下，恒温器的温度设定在19摄氏度。恒温器监测室内温度，收集数据，然后做出相应的反应，在温度过高时增加冷空气（或减少暖空气），在温度过低时增加暖空气（或减少冷空气），这个过程反映了单环学习的过程。双环学习则需要质疑为何恒温器要设定在19摄氏度。

我们的假设不断影响着我们的思考和决策，尤其是当我们面对悖论时的反应。考虑一下我们在本书中介绍的一些悖论所致的冲突，以及我们是如何挑战这些冲突之下的假设。在第四章，我们介绍了组织在关注使命还是关注市场之间所面临的冲突。我们讲述了杰里米·霍肯斯坦的工作，他发起了社会企业数字鸿沟数据。当霍肯斯坦开始为数字鸿沟数据提出想法时，他面临着一个影响深远的假设，即组织要么以市场为导向，要么以使命为导向，而不能两者兼顾。在书中，我们也提出了工作与生活之间的冲突。我们对自己的身份和责任的假设——自己是以事业为中心还是以家庭为中心，强烈地影响着我们如何应对这种冲突。

作者兼学者亚当·格兰特在其新近出版的《重新思考》（*Think Again*）中，鼓励我们学习如何忘却已知，重新思考影响我们思维的核心假设。他的研究鼓励我们在生活中敏锐地意识到自己的假设，并以谦逊的态度和实践不断挑战这些假设。格兰特呼吁，不要像政治家、传教士或检察官那样思考——捍卫自己的立场、意识形态或案件，而要像科学家那样思考，质疑我们的问题和证据，并寻求相互竞争的数据和观点。用一种动态的方法来驾驭相互竞争的需求，意味着我们愿意学习如何忘却已知。它使我们能够以更灵活的姿态"走钢丝"。它甚至可能意味着我们愿意扪心自问，自己是否走在正确的钢丝绳上。

在戈尔公司，泰瑞·凯莉需要做艾迪欧所做的事情。她需要引入新的实践，使企业能够创新其核心流程。戈尔公司在产品开发方面充满活力和创新，但在企业文化和组织结构方面却僵化呆板。具有讽刺意味的是，组织领导者在应用麦格雷戈的管理理论时，一直奉行麦格雷戈本人所不提倡的教条——像传教士一样思考，而不是像科学家一样思考。

凯莉面临的挑战是如何才能帮助公司顺利地"走钢丝"。凯莉意识到，她需要一种更灵活的方法，在全球一体化结构中建立小团队文化。她开始慢慢引入企业全局思维。她创建了一个公司协调流程，收集数据，了解每个子单位中哪些工作有效，哪些工作尚需优化。

这项工作需要极大的透明度和高效的沟通，才能帮助企业认识到整个企业的全球战略不仅不会削弱地方的力量和创造力，反而会促进其发展。凯莉召开了多次全体会议。她认真听取反馈意见。通过这些会议，她的团队采用了一个指导性的比喻——呼吸。为了生存，我们必须吸气和呼气。就像呼吸一样，戈尔的生存既依赖于全球思维，也依赖于地方行动——在这两种需求的共舞中生存。

本章要点

- 黑白思维会让我们陷入困境，落入窠臼。因此，我们需要采用灰度思维，使自己持续学习、发展和改变。这套工具旨在帮助我们保持活力，实现重要的持续发展。

  1. 按照严谨的步骤进行实验：采取小规模、频繁和低成本的步骤来测试新想法，从反馈中学习并向前迈进，这使我们能够在经历不确定性的同时继续前进。

  2. 抓住机遇：为好运进行规划，我们可以更好地推动创新和变革。通过有益的探索，我们能够做好准备迎接机遇，甚至创造机遇。

  3. 学会忘却已知：悖论是动态的，要求我们不断地重新思考和改变自身认知。要做到这一点，我们必须准备好放弃当前的确定性。

第三部分

应用:将灰度思维付诸实践

在生活中，你是如何面对困境的呢？你是如何面对激烈冲突所致的派系之争，又是如何领导组织机构，正视竞争性需求，将其整合，并最终实现目标的呢？在这些情境之下，我们都可以采用灰度思维。悖论系统能为这些纷繁复杂的问题提供框架。但是，当你面临挑战，深陷其中，又该如何利用这些工具，将理论付诸实践呢？

这一部分探讨了如何应用灰度思维，即将灰度思维付诸实践的过程。接下来的三个章节分别从个人、人际和组织三个不同的层面探讨了这一过程。我们提供了一些具体的案例用于阐释如何在生活中应用悖论系统。

| 第八章 |

个人抉择

是去是留？

> 我们遇到了一个悖论，真是太棒了！现在我们有点儿希望能取得进展了。
>
> ——尼尔斯·玻尔

让我们想想人生中遇到的某个问题，可以是在工作中遇到的问题，也可以是在家庭生活中遇到的问题。把它写下来。

灰度思维研讨会往往从这个问题开始。我们会先请人们大致描述他们面临的挑战，而后，鼓励人们构建一个更具体的困境。最后，重点是帮助人们识别其中潜藏的悖论。这时，用量子物理学家尼尔斯·玻尔的话来说，"我们有点儿希望能取得进展了"。

在本章当中，我们将讲述一个故事。这个故事将告诉我们如何识别潜在的悖论并在此基础上取得进展,从而帮助人们解决一些极具挑战性的难题。为了更清楚地阐释这一过程,我们将要谈谈艾拉·弗兰克面临的职业困境。弗兰克是一个化名,故事当中的诸多细节其实取自多年来我们的一些合作者的经历。鉴于我们曾多次见证过类似的职业困境,因此我们认为这是一个很好的案例,可以说明悖论系统如何适用于个人决策。

明确困境

艾拉·弗兰克在职场中充满活力,对自己的事业发展充满信心,但走到这一步可谓一路坎坷。她曾在医院系统的不同部门工作过,包括财务、战略和运营部门。每个岗位都有其优点,但大多数情况下也都有很多缺点,问题可能源自令人窒息的官僚作风、"卷王"同事和"有毒"的老板等。

经过了十年奋斗,如今,她在开发部门从事自己真正热爱的工作,身边的人也给了她很多动力。她很珍惜这次为医院的新项目筹措资金的机会。她很乐意与捐赠者联络,每当看到自己联系的捐赠者因自身对慈善事业的贡献而激动不已时,她也会感到快乐。现在,她也有很棒的同事和上司。在这个岗位上,她真切地感受到自己可以全身心地投入工作中,她的为人以及她对团队的贡献都得到了赏识。由于工作完成得非常出色,最近弗兰克升了职,开始负责医院的一个重要的资金筹集项目。她已经和同事们建立了深厚的情谊,于是精心挑选了一支"梦之队"来开展工作。他们整个团队一起确定了未来六个月的宏伟目标。

优秀人才总是备受关注。项目启动两个月后,她的"梦之队"出色地提前完成了目标。此时,她接到了猎头公司的电话,请她考虑到另一家医院(该地区最大的医疗机构)担任开发部主管。

弗兰克感到非常荣幸,但又十分犹豫。她好不容易才进入状态,也很热爱目前的工作,她以为自己永远不会跳槽了。然而,她也深知,自己在当前岗位处于巅峰状态的时候,正是接受一份新工作的最佳时机。她清楚地意识到在某条 S 形曲线上长时间停留存在弊端,正如我们在第二章中详细介绍的那样。她的一位导师更是进一步地提醒她,探索新的机会总是值得的,因为你永远无法预料自己在这个过程中可能会学到什么,所以弗兰克申请了这份新工作。这并没有什么坏处,尤其是当她说服自己,那家大医院绝不会聘用像她这样经验有限的人。但是,不可思议的事情发生了:她收到了聘用通知。而现在,她必须做出一个艰难的抉择。

表 8-1 "明确困境"中展示了弗兰克运用灰度思维应对挑战的第一步。她意识到了自己面临的问题,注意到了自己在不同方案间做出选择时内心的挣扎。如果你正在跟进这个过程,可能也想要花点时间思考自己生活中的难题。你可以将这些困境填入本章最后的表 8-2 中。

揭示潜在悖论

弗兰克遇到困境其实是件好事——涉及了太多有价值的选择。然而,她仍然需要做出抉择。她所面临的挑战可以归结为一个问题——"是去是留"。无论是在空间上、职业决策上,还是情感关

表 8-1

运用灰度思维应对弗兰克的困境		
弗兰克的困境和灰度思维		
1. 明确困境	这些年来，我不断寻找着适合自己的工作。经过多年奋斗，现在我发自内心地热爱自己的工作，热爱我的岗位，也很喜欢我的同事们。然而，我获得了一个机会，能够进入新的工作岗位，或许在这个岗位上我能发挥出更大的潜力。我必须尽快抉择。	
2. 揭示潜在悖论	**选项 A：留在当前的工作岗位** 留下 稳定 忠诚 表现良好	**选项 B：走上新的工作岗位** 离开 改变 机会 学习新事物
3. 重构为灰度问题	我怎样才能兼顾竞争性需求？	我怎样才能既坚守现在的岗位又尝试新的工作？
4. 分析数据 分离： 在目标、成本和收益方面，竞争性需求之间有何不同？ 连接： 能否找到某个总体愿景，能够同时满足竞争性需求？竞争性需求间能否互相强化并实现协同？	**选项 A：** • 忠诚：完成项目 • 以人为本：坚持"梦之队" • 优先考虑他人 总体愿景：拥有一份有影响力的事业 加强协同效应： • 完成当前项目对新项目有何影响？ • 如何让自己新的职业选择为现有团队及其成员创造新的机会？ • 现有的团队如何为新团队的工作提供借鉴？	**选项 B：** • 机会：创造新的可能性 • 专注于角色：走上理想的工作岗位 • 优先考虑自己
5. 打定主意 骡子：创造性整合。哪些选项可以在两种需求之间实现协同作用？ 走钢丝的人：一贯的不一致。哪些选项可以一直在不同的需求间摇摆？	骡子选项： • 接受这份新工作，并且带上一些当前团队的成员。 • 利用这个新的工作机会与我现在的单位进行协商，以获得更高的职位。 走钢丝选项： • 与新单位协商，推迟我的入职日期，争取有更多的时间为我目前的职位寻找接班人。 • 在老团队培养出新的领导者之前，想办法在新公司做一段时间的顾问。	

系中，我们都遇到过这类问题。英国朋克摇滚"冲撞乐队"在他们1981年发行的歌曲中就已经指出了这个普遍存在的困境。[1]

当你开始思考自己目前遭遇的困境时，你可能也会想到有关职业变动的问题、工作与生活之间的冲突，或者是优先事项之间的冲突。你也有可能会纠结于如何招聘不同的人才、如何分配预算或者如何向下属提供反馈等。

困境之下往往潜藏着悖论，而这些悖论勾勒出相互矛盾的需求。许多困境都与时间、空间和金钱等资源的稀缺性相关。当我们分配这些资源的时候，我们会经历内心的拉锯战，而此时，悖论就出现了。例如，工作与生活的两难困境就与时间支配上的取舍相关。人才招聘时的两难困境往往可以归结为资金分配问题。我们的身份、价值观、目标和行为的不同所带来的冲突也会造成一些两难困境。"如何给予下属反馈"这一问题就涉及了对立的身份。我们可能认为自己善良、友好、体贴（讨人喜欢），但一旦需要批评他人，也就意味着有些人可能不喜欢我们。工作与生活的困境往往涉及身份的一致性问题，因为我们既要努力成为一名优秀的专业人才，又要维持其他身份，例如优秀的父母、优秀的子女或优秀的社区成员，这些竞争性需求揭示了潜在的悖论。当我们从黑白思维转向灰度思维时，我们首先需要确定备选方案。一旦我们确定了备选方案，我们就可以开始转变假设，改变思维模式，并重视其中的矛盾性。我们会意识到这些选择为何相互冲突而又相互促进。

表8-1"揭示潜在悖论"罗列了弗兰克所面临的两难困境之下更

---

[1] 冲撞乐队（The Clash）于1981年发行了歌曲《欲走还留》（*Should I Stay or Should I Go*），收录在他们的专辑《战斗摇滚》（*Combat Rock*）中。

深层次的悖论。在她"去与留"的抉择之下，潜藏着稳定与变化、对现有团队的忠诚与尝试新事物的机会、良好的工作表现与学习新技能之间相互依存的紧张关系。如果你在表8-2中写下了自己面临的困境，那么现在请回过头来思考一下这种困境所揭示的相互矛盾而又相互依存的冲突。通常情况下，悖论会涉及两种选择，如自我与他人、今时与明日、稳定与变化等。当然，你所面临的困境也可能会涉及多种选择，如果事实如此，请随意增加一栏，写下其他选择。

重构为灰度问题

在人们明确困境并意识到其中相互竞争的需求之后，我们通常会认为这些需求相互排斥，因此自己只能选择其中之一。如果这一困境涉及资源分配中的冲突，我们可能会认为这些资源有限且零和。如果我们把资源花在一件事情上，我们就不再有资源花在其他事情上。我们还可能会认为自己的身份、目标和价值观需要保持一致。如果我们想要实现身份的一致性，那么我们的行为就必须符合身份。这样的推理会将我们引向黑白思维。

那么，如何才能改变脑中的假设，转而运用更复杂的灰度思维呢？为此，我们开始将相互竞争的需求视为不仅相互矛盾，而且也相互依存的悖论。我们需要揭示这些对立的力量是如何相互影响、相互促进的。改变假设以应对悖论的最基本、最有力的工具就是改变我们提出的问题——这一观点贯穿全书。重构问题有助于我们重新思考各种选择的本质，并开始注意到它们之间相互依存的关系和它们之间的差异性。

改变问题所带来的影响不可估量，因为这样做可以改变我们的假设，并且帮助我们尝试运用灰度思维。实际上，在我们组织的研讨会当中，我们通常会在此时暂停片刻，以确保参与者都能捕捉到这个重要观点。如果他们突然走神，思绪游离于自己的待办事项，或者他们开始在手机或电脑上查看短信或电子邮件，我们就会请他们将思绪拉回研讨会上，并重述这一观点。驾驭悖论最基本也是最有力的工具就是改变问题。在追求涅槃和冥想极乐的过程中，你可以从专注于一次呼吸开始。同样，想要培养灰度思维，你也可以从改变一个问题开始。

当我们面对竞争性需求时，与其问："我应该选 A 还是选 B？"不如问："我怎样才能兼顾 A 和 B？"

对我们来说，改变问题似乎已经成为一种职业条件反射[1]，或者说是一种职业病。我们的同事都知道，当我们听到大家在讨论不同的备选方案时，我们会打断讨论，并提出一个灰度问题。我们的孩子也很了解这一点。当我家的（温迪家的）双胞胎还小的时候，他们就知道，如果我被卷入他们之间的冲突，我就肯定会让他们想出一个两全其美的方案，使他俩的需求都得到满足。他们极少能找到解决冲突的整合性方案，但是，至少在我提出问题的时候，这对双胞胎心有灵犀，拥有了共同的烦恼。

让我们回到弗兰克的困境，她也可以将问题从"我是坚守自己现在的岗位，还是跳槽尝试新的工作"转变为"我怎么做才能既坚守现在的岗位又尝试新的工作"。表 8–1 "重构为灰度问题"展示了

---

[1] 大脑接受外界事件刺激后做出的职业本能反应，即一种职业习惯。

这一步骤。当然，这个新的问题听起来有些不可思议。我们不可能同时出现在两个地方，也不可能同时完成两份全职工作。或者，我们真的能做到吗？

这样的质询会促使我们更深入地探讨自己身处的困境，并进一步思考潜在的悖论。对于弗兰克来说，这意味着她需要想想自己当前的工作有哪些方面可以为她的新工作所用，而新的工作又能为当前的工作提供哪些帮助。继续往下阅读，你就会发现，深入探讨每种竞争性需求当中的不同要素都会引致更为微妙的问题。但就目前而言，仅仅提出一个灰度问题就能让我们产生新的思考。

如果你正在跟随我们的步伐，那么就请你将自己的灰度问题填入表8-2中。即使你觉得这个问题不可能得到解决，它也会为你开辟新的思路。

分析数据：分离和连接

如果我们采用传统的二元法，我们就会通过分离及分析的方式来处理问题——将备选方案分开来看，分析每个方案的利弊。与此相反，在悖论系统中，我们强调创建结构的价值，以实现分离和连接。这个步骤通过以目标为导向的分析提供了这种结构，帮助我们将对立的选项进行分离及连接。

人们会采用不同的方法来分析各自的选择。有些人非常理性，会收集每种选择相关的详细数据，并一一列出利与弊。另一些人则会利用人际关系，向导师、顾问和朋友寻求建议和意见（甚至也会求助互联网）。还有一些人则更倾向于相信直觉。通常情况下，无论是有意还是无意，我们都可能会将这些方法混合使用。比如说，我们可能会产生某种直觉，然后试图寻找与直觉相吻合的数据（也被称为"确认偏误"[1]）。

弗兰克可以很容易地分离每个选项并进行分析。新工作令她兴奋不已。这家大型医院即将大幅扩张，医院的领导层希望她制定一项筹款战略，能够接触许多新的捐赠者，并开展优质项目。新单位提供的薪酬待遇将远高于她目前的工作单位，而且还为她的事业发展提供了额外的资源。

但是，她也顾虑重重。首先，她不太了解这里的人。虽然在整个面试过程中，他们看起来都很友善，但这家大医院的企业文化更具竞争性。她也向新同事打听了情况，听说高层领导之间存在一定的冲突与竞争。由于以前曾在一个"有毒"的环境中工作过，她挺在意这方面的问题。

其次，她也想不好跳槽的时机。弗兰克非常忠诚，一想到要离开目前的团队，放下他们的宏伟目标，她就感到非常痛苦。然而，新单位的领导希望她尽快上任，使医院能够迅速开展大型项目。在得到这份工作后的几天里，弗兰克一直在迷雾中徘徊。前一分钟，她说服自己离开；后一分钟，她又说服自己留下。黑白思维把她困在了两种选择之间。

灰度思维会给评估过程带来细微的变化，不再将选项分离并进行分析，而是将选项分离并重新连接。我们仍然会逐一思考每种选

---

[1] 确认偏误（Confirmatory Bias）是一个心理学名词，又被译为确认偏差、证实性偏见、证实偏差、肯证偏误、验证偏误、验证性偏误，指的是人们在为了做出某一决定而寻找信息的时候，倾向于那些支持自己猜想的信息。

择。通过分离，我们可以充分考察每种备选方案的优缺点。但是，与传统方法不同的是，当我们寻找连接点时，数据收集工作仍在继续。

寻找连接点的方法之一是哈佛大学心理学家埃伦·兰格所提出的"上升一个层次"和"降低一个层次"。"上升一个层次"意味着将选择与更宏观的愿景联系起来。对于弗兰克所面临的"是去是留"这一困境，"上升一个层次"意味着明确她的价值观和更长远的目标。她的人生目标是什么？这一决定能否帮助她实现人生目标？长远目标能够帮助我们开阔视野，并且在对立的选择之间找到联系。比如说，如果弗兰克的愿景是拥有一份颇具影响力的工作，为世界带来积极而有意义的改变，那么，她就应该思考目前的岗位和新的工作机会是否有助于这一目标的实现。

"降低一个层次"则意味着需要弄清每个选项的利害所在。比如说，弗兰克可能会疑惑："完成当前的项目会对新的项目产生什么影响呢？"找寻潜在捐赠者是一件技术活。同一个捐赠者可能会通过多种渠道捐款。但是，出于忠诚、正直和职业精神，她不能去联系自己为了当前的项目已接触的捐赠者，因为他们正在与自己的前单位洽谈合作。但是，一旦他们确定了捐赠，她就可以联系他们向新单位提供捐赠，或者请这些捐赠者介绍其他潜在的捐赠者给她。因此，完成当前的募捐项目可能会对新单位有益。

她同样也可以提出这个问题："接受一份新的工作怎样才能为我当前的团队创造机会？"鉴于她对团队的忠诚和承诺，她也不想扔下自己的团队。然而，当领导者离开团队时，其他人也就获得了发挥领导能力的机会。其实，伟大的领导者会培养团队中其他人的领导力，这样即使他们不在场，团队也可以正常运行。如果弗兰克走了，团队里可能会出现新的领导者。她也可能会提出这个问题：当前的团队如何为我的新工作提供帮助？她热爱自己目前的团队。那么，或许可以把团队成员一起带到新单位，为他们创造更多成长和事业发展的机会。表8-1"分析数据"展示了弗兰克是如何将困境中的不同选择进行分离并重新连接的。

如果你曾经研究过谈判技巧，你可能会认识到这些策略能帮助我们达成双赢，或做出综合决策。罗杰·费希尔和威廉·尤里在他们的经典谈判书籍《谈判力》中指出，当我们坚定立场时，往往会造成直接冲突。当我们身处困境，我们往往会先列出自己的选择，将它们具体化，并使它们相互对立，这就造成了直接冲突。以此为起点，如果谈判当中的每一方（或者困境当中的每个选项）都能深入探讨，分享他们真正的兴趣所在，就极有可能会找到共同点。也就是说，分离选项以了解更多关于每个选项的信息，可以为建立联系创造更多可能性。

假设你想买套房子，有套房子的挂牌价为25万美元，但你认为它的价值不超过20万美元。也许你和卖方无法弥合这5万美元的差距。你可能觉得自己得放弃这套房子，重新再找一套。但是，或许你和卖方也可以互相妥协，把房价定在22.5万美元。费希尔和尤里则建议，还有另一种选择，那就是先尝试挖掘自己真正的需求。想象一下，如果卖方有意卖掉房子，但不想负责房子的修缮。如果你认识一个承包商（或者你就是一个承包商！），房子的修缮对你来说就是小菜一碟，那么会发生什么呢？如果你同意承担修缮工作，卖方可能愿意大幅降价，而且对于你来说，房屋修缮也并不是一笔很大的开销。再设想一下，如果你想尽快搬家，你可能就会愿意花更多的钱，将过户日期提前到比卖方最初建议的日期更早一些。

现在，请你想想自己面临的困境，思考每种选择有何独特之处，想想自己如何能通过上升一个层次和确定自己的长远目标，来找到对立和需求之间的联系。而后，再降低一个层次，找到强化协同效应的方法。请把你的想法填入表8-2中。

打定主意：选择中……

当我们采用传统的黑白思维时，我们的目标是在备选方案中"做出选择"。与此相反，当我们运用灰度思维，我们的目标则是"选择中"。区别在于我们如何在更广阔的背景下理解选择。"做出选择"意味着某种终结。而"选择中"则像是找到了一个可行的解决方案，推动我们前进，即使将来我们可能会重新评估和考虑各种选择。处于"选择中"能让我们认识到，我们永远无法解决潜在的悖论，而且我们必须时刻准备好再次与之不期而遇。同时，处于"选择中"也能帮助我们认识到悖论的动态性，并且在应对悖论时采用更灵活的方法。

在本书中，我们确定了两种选择模式——"骡子"和"走钢丝"。骡子模式更容易理解。骡子是马和驴的杂交品种，体现了一种创造性的整合，提供了一种优雅且实用的解决方案，同时满足了相互竞争的需求。弗兰克有一些"骡子"模式的选择。她可以接受这份新工作，并且带着目前团队的一部分成员一起去，这样在迎接新挑战之时，就无须担忧与新团队之间的磨合问题。她也可以利用新的工作机会与目前的单位进行谈判，寻求职位上的晋升，从而也可以在熟悉的工作环境中迎接新的挑战。

此外，她也可以选择"走钢丝"，在不同的选项之间游移，从而形成一种始终不一致的模式。走钢丝者通过不断地左右移动重心来保持身体平衡。他们并不是在保持静态平衡，而是在不断地寻求动态平衡。当我们遇到悖论时，我们也会遇到同样的情况——随着时间的推移，在不同的选择之间不断转换。弗兰克有一些"走钢丝"的选择。例如，她可以与新单位协商，推迟她的入职日期——这样她就可以有更多的时间为她目前的岗位制订过渡计划，并完成目前的募捐项目。她还可以探索如何在原有的团队培训出新的领导者之前，继续担任前单位的顾问。表8-1"打定主意"列出了这些不同的选择。

最终，弗兰克决定接受这份大医院的新工作，但她与新单位的高层领导协商，允许她在过渡期内担任老团队的顾问。总的来说，这样的安排效果很好。她的新上司非常看好她对老公司的忠诚和对当前资金筹集项目的承诺，认为这些特质对于大医院来说也是一项宝贵品质。他还意识到，如果弗兰克能先把原来工作中的遗留问题处理好，她会在新的工作中更投入。于是，他给了弗兰克一个选择，在新岗位的前四周中每周抽出一天时间和她现在的团队一起工作。在这段时间里，弗兰克发现并培养了她的接班人，一位来自老团队的后起之秀。但弗兰克也知道，在同一个团队中，还有另一位后起之秀，她有出色的能力，但还没有准备好担任这样的领导角色。弗兰克了解这位后起之秀的能力，也意识到她可能会对同事成为自己的新上司感到不满。于是，弗兰克把她招进了新团队，从而也确保了老团队的和谐。

表 8–2

在你自己面临的困境当中运用灰度思维		
你的困境和灰度思维		
1. 识别困境	我最主要的困境是……	
2. 揭示潜在悖论	选项 A：	选项 B：
3. 重构为灰度问题 我怎样才能兼顾竞争性需求？		
4. 分析数据 分离：在目标、成本和收益方面，竞争性需求之间有何不同？ 连接：能否找到某个总体愿景，能够同时满足竞争性需求？竞争性需求之间能否互相强化并实现协同？	选项 A：利与弊 总体愿景 加强协同效应	选项 B：利与弊
5. 打定主意 骡子：创造性整合。哪些选项可以在两种需求之间实现协同作用？ 走钢丝的人：一贯的不一致。哪些选项可以一直在不同的需求间摇摆？	骡子选项： 走钢丝选项：	

让我们再次回到自己身处的困境，想想潜在的"骡子"和"走钢丝"的选择——你自己的创造性整合和一贯的不一致性。你可以继续填写表 8–2，列出你的想法。与此同时，我们要提醒你：旁观者清，大多数人通常能更清楚地看到他人运用灰度思维的机会，却容易忽视自己面临的机会。当涉及个人问题时，我们可能会出现前文所述的防御心理，我们会因紧张而不知所措。而面对他人的困境时，我们的情感投入要少得多。有一种方法可以帮助人们在不适感中找到一些安慰，并超越自己的情感防御，那就是向他人寻求帮

助，集思广益，解决自己的困境。

我们想请你尝试一下：如果你在运用黑白思维时陷入僵局，请你邀请一位朋友帮助你分析你所面临的困境，提供一些能够兼顾不同方面的建议。现在请注意你的反应。你的大脑很有可能会悄然进入防御状态，并且告诉你：朋友的想法可都行不通哦！我们希望你能给自己的大脑放个假，听听朋友的想法，你可能会有意外之喜。

| 第九章 |

人际关系

弥合不断扩大的鸿沟?

我们不仅要包容差异,而且要将其视为一种必要的两极分化。在两极之间,我们的创造力可以像辩证法一样迸发出来。只有这样,相互依存的必要性才会变得不具威胁。只有在这种相互依存的、公认的、平等的不同力量之中,才能产生某种新的力量,在世界上创造新的存在方式……

差异是一种原始而强大的联系,我们的个人力量就来源于这种联系。

——奥黛丽·洛德[1]

悖论会造成持续的人际冲突——个体或群体之间的冲突。某个人或某个群体持有某种观点,而另一个人或另一个群体则可能会

---

1 奥黛丽·洛德(Audre Lorde)是美国作家、女权主义者、图书管理员和民权活动家。本段引自其所著的《姐妹局外人》(*Sister Outsider*)。

持反对意见。我（温迪）有与陌生人攀谈的习惯，我依稀记得，有一次在乘坐长途飞机时，我与邻座的一位女士攀谈起来。当她问起我的研究时，我告诉她，我们正在探索组织机构的领导者之间相互竞争的需求。领导层常常制造"断层线"[1]，将分歧融入企业发展当中。我的邻座点了点头，表示她的个人经历也验证了这一点。她曾是一家马戏团的总经理。在接下来的航程中，她讲述了自己和其他的马戏团管理人员，以及与表演者——自负的驯象师、挑剔的杂技演员等之间不断发生冲突的痛苦经历。她在这些故事中讲述的冲突类型并不新鲜。组织长期以来一直经历着管理者与创作者之间，或管理者与员工之间的冲突。虽然这些冲突一直存在，但是，由于人们越来越频繁地站在对立面，人际冲突也就日益增多。随着政治两极分化愈演愈烈，政府的行动受阻，也引起了家庭破裂、朋友决裂甚至同事不和。

其他学者已经撰写了大量文章，试图为人们提供一些应对人际冲突的策略。我们认为，悖论为大家提供了一个重要的视角，能够帮助人们更深刻地理解这些裂痕，从而寻找弥合裂痕的新方法。人际冲突通常与派系之间的对立所致的紧张关系相关。某些个人经历和群体行为极易激发人们的防御心理，加剧恐慌情绪，放大焦虑，使人们更快陷入恶性循环。因此，我们所面临的挑战是：在观点对立和情绪高涨的背景下，如何携手合作，揭示并驾驭潜在的悖论。

---

[1] "断层线"是地质学中的术语。当地壳岩石承受的压力超过其本身的强度之后，就会发生断裂，出现断层，断层面与地表的相交线被称为"断层线"。如今，"断层线"也常常应用于金融领域，指的是能够引发金融危机的重大风险。

在本章，我们将演示如何运用悖论系统解决人际冲突。为此，我们借鉴了同事巴里·约翰逊和他在极性伙伴关系的团队所开发的框架和程序。约翰逊和他的团队已经成功地将不同环境中的交战派系聚集在一起，帮助他们认识到彼此之间的紧张关系中所蕴含的悖论，并找到其中的协同点和连接点。他们的工作能够突破难题、识别深层情绪，并制订新颖的解决方案。我们想通过他们的一个成功故事来分享这种方法，这个故事围绕着执法部门和公民之间的一个特别尖锐、实时和具有挑战性的分歧展开。同时，我们也建议将这种方法应用到其他各类人际冲突当中。

确保查尔斯顿的公共安全

2015年6月17日，星期三，南卡罗来纳州查尔斯顿市的伊曼纽尔非裔卫理公会教堂正在举行每周一次的圣经学习活动。当时，一名年轻的白人男子走进教堂，在牧师克莱门塔·平克尼的身旁坐下，参与讨论。晚上九点左右，圣经学习结束后，大家开始祷告。就在此时，21岁的迪伦·鲁夫从他的腰包里掏出一把枪，叫嚷着带有明显种族主义倾向的激烈言辞，开始向圣经学习小组的成员开枪。房间里一共12人，他装了5次子弹，杀死了其中9人。一名女性和她的孙女躲在桌子下面装死而幸免于难。鲁夫告诉另外一名女性，饶了她一命是为了让她向其他人讲述这个故事。随后，他用枪指着自己的头准备自杀，但子弹打光了，他逃走了。

当晚，查尔斯顿警察局局长格雷格·马伦对媒体说，这起仇恨犯罪[1]所致的惨案是其"职业生涯中最糟糕的一起"。然而，在查尔斯顿，这可不是第一起因种族问题而引发的案件了。其实，伊曼纽尔非裔卫理公会教堂的历史就与种族犯罪相关，关乎社区中黑色人种与白色人种对彼此的不信任。1822年，白人社区领袖怀疑获得自由的奴隶、黑人教会创始人之一丹麦·维西策划了奴隶起义。为了平息叛乱，白人社区领袖烧毁了教堂，绞死了35名教会成员，并将另外35名成员驱逐出州或境。就在伊曼纽尔非裔卫理公会教堂枪击案发生的几个月前，另一起种族事件也在社会上引起了轩然大波。一名黑人男子被查尔斯顿的一名警察射杀。警官迈克尔·斯拉格在路检时拦下了一辆刹车灯出现故障的汽车，车主沃尔特·斯科特下车后试图逃跑，于是双方发生了口角。斯拉格用泰瑟枪[2]向斯科特射击，但斯科特继续逃跑。随后，斯拉格掏出1把枪，连开了8枪，击中了斯科特5次，致其死亡。根据斯拉格的口述，斯科特曾试图夺取他手中的泰瑟枪，这一行为迫使他掏枪射击。一名旁观者拍摄的视频却与他的陈述相矛盾。针对这一事件，伊曼纽尔非裔卫理公会教堂的平克尼牧师积极倡导给警察配备更多的执法记录仪，以便更准确地记录此类事件发生的过程。

自2006年马伦局长加入查尔斯顿警察队伍以来，他一直在努力解决黑人社区成员与警察之间强烈的不信任和分歧。伊曼纽尔非裔卫理公会教堂的悲剧凸显了这项工作的重要性。

---

1 "仇恨犯罪"指的是以种族、民族或血统偏见等为动机的犯罪行为。
2 "泰瑟枪"（Taser），即电击枪，是一种非致命性武器，在美国，警察往往会配备手枪和电击枪。

执法人员和公民：为了相似的目标而争论不休

在社区安全问题上，执法人员和公民之间的冲突体现了"种族正义"这一议题，因此解决这类冲突显得尤为迫切，且极具挑战性。其实，我们希望读者在此处暂停片刻，思考自己对这个问题的看法，而后，再继续阅读。我们猜测，至少对于美国的读者来说，根据自己的知识背景和经验，可能在这个问题上已经选择了自己的立场。

如此一来，你将找到很多持相同观点的同伴。黑人社区的治安问题已经成为美国政治两极分化的"避雷针"[1]。2020年夏天，警察杀害了乔治·弗洛伊德和布伦娜·泰勒等黑人男女，加剧了警察与公民的分歧。抗议活动爆发，暴力事件接踵而至，黑人社区的治安问题成为2020年美国总统大选的核心议题。一方要求减少对警局的拨款，另一方则呼吁加强执法；一方支持"黑人的命也是命"，另一方则宣称"警察的命也是命"[2]。这场持续的冲突引起了各方的激烈情绪。

我们之所以与大家分享这个例子是因为确保社区安全和基本正义对于我们的社会结构来说至关重要，但这一问题却造成了两极分化的困境，并且两极分化仍在加剧。群体冲突始于地方社区，但却在国家和国际范围内产生反响，不断强化。在南卡罗来纳州，

---

[1] "避雷针"指的是引起大量批评的人或事，尤指为了转移人们对更严重问题的注意力或让一个更重要的公众人物显得无可指责。

[2] "警察的命也是命"（Blue Lives Matter）是针对"黑人的命也是命"（Black Lives Matter）的一个支持警察的活动，支持警察和执法人员的自卫权，让他们不被歹徒攻击。

马伦局长无疑感受到了这种冲突。灰度思维表明，如果我们让对立的双方进行合作，而不是在他们之间做出选择，我们就能找到更有创意、更有效、更持久的解决方案。马伦局长与极性伙伴关系的顾问合作，试图一起解决查尔斯顿社区的潜在矛盾。他们采用了极性伙伴关系所构建的一种流程，这种流程能够将人们聚集在一起，共同解决流浪汉、种族和性别不平等、医疗保健等问题。

在继续阅读本章之前，我们想请你停下来想想自己正在经历的群体冲突。该冲突可能涉及有关国家政治的对立观点。它也可能是你在组织机构、社区团体，甚至是你自己的家庭中遇到的更为本土或更私人的冲突。我们想请你在处理自己所遭遇的人际冲突时尝试使用这一方法。

极性伙伴关系提出的用于分析复杂悖论的模型

巴里·约翰逊将极性定义为相互依存的对立面：(1) 由两极组成；(2) 两极相互依存并面临持续挑战。正如他所指出的，极性类似于悖论。按照约翰逊所描述的方式，我们一致认为，我们的想法不谋而合，都着眼于潜藏在当前困境之下的相互矛盾而又相互依存的因素。在本章中，我们交替使用"悖论"和"极性"这两个术语，以强调我们在本书中介绍的观点与极性伙伴关系的工作之间的联系。约翰逊和他在极性伙伴公司的同事们开发了一种简称为 SMALL[1] 的模型，用于分析复杂情况下的悖论（见表 9-1）。

---

[1] SMALL 的五个字母对应的是模型中五个步骤英文名称的首字母，包括识别两极（S）、描绘两极（M）、评估两极（A）、评估总结（L）和利用两极（L）。

表 9-1

极性伙伴关系提出的 SMALL 五步转型模型

1. 识别两极 · 用中性或积极的语言识别对立的两极。
2. 描绘两极 · 定义更高的目标陈述（总体愿景）以及与每一极相关的价值观。
   · 识别与每一极相关的更深层的恐惧和特定的恐惧。
3. 评估两极 · 指出每一极的优缺点。
4. 评估总结 · 评估当前系统中每一极的优势和劣势。
5. 利用两极 · 反思数据，以揭示张力的矛盾本质。
   · 考虑以下问题，并制订行动计划：
     怎样才能保证每一极都有积极影响？
     我们能做些什么来减少每一极的消极影响？

这一流程是一种应用悖论系统的特殊方法，尤其适用于群体冲突，因为这一方法明确要求双方反思其立场的优缺点。SMALL 模型既尊重群体间的差异，又促进群体间的融合，能够引导我们稳步地消除两极分化。表 9-1 介绍了 SMALL 过程中的每一个步骤。在接下来的章节中，我们将详细介绍每一个步骤，并将其与悖论系统中的工具相结合。

应用 SMALL 模型

玛格丽特·塞德勒是一位接受过极性伙伴关系流程培训的组织发展顾问，也是查尔斯顿的居民，她帮助马伦局长完成了整个流程。2010 年，也就是伊曼纽尔非裔卫理公会教堂枪击案发生的五年前，塞德勒与查尔斯顿的社区委员会合作，试图解决犯罪率上升的问题。起初，她发现，居民的黑白思维扰乱了自己的工作进程。社区成员当中独户住宅区的居民将犯罪率上升归咎于附近多户公寓的居民，并呼吁警方在该地区加强巡逻。塞德勒发现，居民们将"我们"与"他们"分割了开来。独户住宅区的居民将问题归咎于"他们"——多户公寓居民,并要求其他人——在这个案例中,是警察——来解决这个问题,而不是为自己在挑战中所扮演的角色负责。她甚至发现自己也陷入这种黑白思维的陷阱。

塞德勒意识到,采用悖论视角可以帮助大家转换思路。她思考如何才能引导观点相左的人进行对话,探讨潜在的悖论。她邀请了独户住宅社区和多户公寓社区的领导进行对话。在一次晚宴上,他们一起探讨了共同面对的冲突,以及他们对加强社区公共安全的共同愿望。

马伦出席了那次晚宴,他意识到塞德勒所谈到的紧张关系与自己在工作中的体会不谋而合。晚宴结束时,他向塞德勒邀约,希望第二天早上能再见一面。为了解决查尔斯顿警队与社区之间的冲突,他们从此携手踏上了征程。

识别两极

人们必须要先意识到悖论的存在,才能有效地驾驭悖论。正如我们所指出的,悖论往往潜藏在我们所面临的挑战之下。SMALL流程从改变假设开始,帮助人们进行深入的思考。

极性伙伴关系利用极性图来帮助人们揭示潜藏的悖论。如第二章所述,极性图描述了对立观点或两极的优缺点。第一步是审视冲突,识别并标注两极。这一步能帮助人们转变假设,从注重对立的黑白思维转变为既注重对立又注重融合的灰度思维。重要的是,绘制极性图的个体可以根据自己的情况为两极贴上最适宜的标签。但是,这些标签应该用中性或积极的词语来进行描述。

语言扮演着至关重要的角色。如果我们支持一种方法，我们通常会为自己所支持的一方贴上积极的标签，而为另一方贴上消极的标签。以美国堕胎权之争为例，拥有不同信仰的人会用截然不同的语言来表达对立的观点。立场相左的人哪怕使用委婉的语言，也会迅速引起对方的防御心理，并为双方之间的讨论横加限制。

如果困境背后的悖论并不明显，约翰逊通常会先考虑通过改变来帮助人们意识到这些悖论。他会请人们描述他们想象中的未来。理想情况下，如果顺利解决了这些挑战，他们的社区（工作、组织、家庭、生活等）会变成什么样？然后，他请人们描述他们当前的现实。正如他所指出的那样，我们往往会与现实背道而驰，朝着想象中的未来前行。我们从哪里来，又想到哪里去，这两者之间的差异蕴含着悖论。例如，一个组织可能正在摒弃似乎会拖慢工作进程的过度官僚主义，转而采用更加灵活的方法。这种变化的背后是灵活性和可控性之间持续存在的紧张关系。这种考虑当前现实和理想未来的策略，能够揭示潜藏在当前困境之下的悖论。

与社区领导的晚宴结束后的第二天早上，塞德勒与马伦见面了。马伦已经在查尔斯顿的紧张局势中生活了相当长的一段时间，他非常清楚在寻求社区公共安全的过程中爆发的潜在矛盾。马伦与塞德勒一起将冲突的主要两极标记为"执法"和"社区支持"（见图9-1）。

如果你正在处理自己团体或组织内部的冲突，请花点时间想想整个系统。你需要确定挑战背后矛盾的对立两极，并为每一极找到中性或积极的标签。你可以使用本章末尾的空白极性图（见图9-4），也可以在极性伙伴关系的网站上找到极性图。

查尔斯顿社区安全的极性图：识别两极

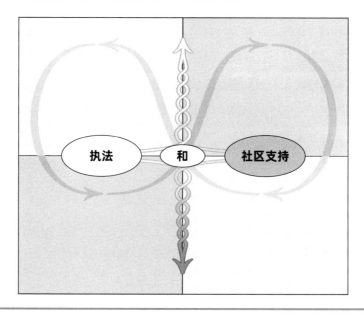

图 9-1

绘制两极

在悖论系统中，我们强调需要建立分离和连接的结构（边界）——分离两极以显示每一极的价值，同时也寻求两极之间的连接点和协同作用。当运用 SMALL 流程时，绘制两极这一步骤能够帮助我们分离和连接两极。在遭遇人际冲突或是群体间冲突的时候，这可能是最难的一步，因为我们必须认真倾听并理解某一可能与我们自身认知截然相反的真理。我们需要控制自己的情绪，侧耳倾听。当我们面对冲突的观点时，我们需要意识到固有的防御心理，并加以克服。正如前文所言，我们必须努力适应驾驭悖论所带来的不适感。

我们会注意到，在悖论系统中，我们可以通过阐明包含竞争性需求的更高目标来找到对立两极之间的连接点。极性伙伴关系成为一个更宏大的目标，理想情况下，它应该既鼓舞士气，又振奋人心。为了阐明更宏大的目标所具有的价值，我们还应该确定极性伙伴关系所称的更深层次的恐惧——如果团队不知该如何合作会引发焦虑情绪——由恶性循环所致的终极负面影响。当更宏大的目标和更深层次的恐惧结合在一起时，就形成了一个统一的边界，将对立的双方维系在一起。

对马伦来说，思考更远大的目标帮助他明确了自己战略规划的宗旨——加强社区安全。更深层次的恐惧则恰恰相反——社区缺乏安全性会导致执法人员和公民之间的不信任加剧，犯罪率上升，最终导致无政府状态。

一旦确立了这些边界，下一步就是更深入地研究两极——将它们独立看待。悖论的每一极都有优点和缺点。例如，让我们仔细思考制定组织战略的两种对立的方法——未雨绸缪（计划性）和临机设变（自发性）。未雨绸缪的优点在于，它能够提供更多的确定性，并鼓励人们参与进来，共同实施战略。但缺点是缺乏灵活性，应对变化时反应迟钝。相比之下，临机设变的优点是灵活且反应迅速，而缺点则是更难协调战略实施。要全面了解每一极，需要同时探究其优点和缺点。

在面对人际冲突时，了解对立两极的一个重要途径是与利益相关者广泛接触。当各方支持者能坦诚地分享和倾听彼此的观点时，大家就都能对冲突有更详细的了解。公开对话可以将观点截然不同的人们聚集在一起，因此，是一个强有力的工具。然而，这种开放性也是这一进程中另一个具有挑战性的部分，尤其是在一个充满分歧和争议的时代。在当今世界，持有不同观点和看法的人们已经习惯于在安全的社交媒体上肆无忌惮地发言，而非互相尊重，倾听彼此的观点。有效地驾驭对立群体之间的悖论取决于我们彼此对话的能力。

为了验证每一极，马伦和塞德勒邀请了35名警局员工参与讨论，其中既有警官，也有不同年龄段的普通警员。马伦和塞德勒深知，他们需要先向警局员工介绍极性思维的概念，然后再向更多的社区成员推广，才能取得成功。

塞德勒组织35名员工开始了第一次培训。他们很快就绘制出了极性图，指出了执法和社区支持的优缺点（见图9-2）。然而，正如我们在本书中多次强调的那样，悖论是相互嵌套的。我们很少遇到单一的悖论，与之相反，我们往往会经历互相影响的多重悖论。虽然马伦和塞德勒最初将执法和社区支持视为两极，但通过更深入的研究"加强社区安全的进程中所面临的挑战"，研讨会上的员工很快就发现了其他交织于其中的悖论。例如，他们发现了变革的悖论，指出延续警方一贯的执法准则和意识到需要改弦更张之间存在冲突。在塞德勒的鼓励下，他们扩大了关注范围，揭示了有关社区安全的五种不同悖论。他们在几个小时内绘制出五张极性图。通过勾勒对立两极的焦点之外的盘根错节，他们还模糊了两极的边界，放松了对两极的限制。

如果你正在思考自己面临的人际冲突所揭示的悖论，那么花点时间在图9-4中写下自己更长远的目标及对未来的宏观愿景，或者

查尔斯顿社区安全的极性图：更高的目标、更深层的恐惧、优点及缺点

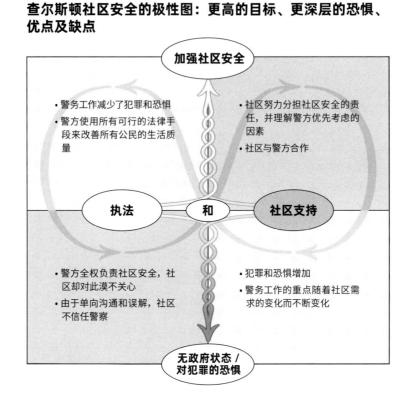

图 9–2

更深层次的恐惧。现在，仔细想想这四个方框当中的内容。每一极都有哪些优点？过于关注某一极会有哪些缺点？当你问自己这些问题时，你可能会注意到其他的悖论逐渐显露了出来。

评估总结

在分析了每一极的优缺点之后，SMALL 流程的下一步是根据当前的具体情况评估两极。当前的现实在多大程度上利用了每一极的

优点，又在多大程度上体现了每一极的缺点？

团队可以采用各种不同的方法来评估当前的现实。他们可以采用更随意的方法——请大家聚在一起，提出各自的观点；也可以采用更正式的调查，请大家对现状进行评估。在与警局员工的第一次会议上，塞德勒试图了解人们对当前现实的第一反应。她将员工分成若干小组，要求每个人写下两极的优缺点。然后，大家在小组内相互交流，并通过讨论达成共识。

极性伙伴关系的顾问通过在极性图上绘制循环圈来指代评估过程。图9-3中的极性图展示了理想的循环模式，其中环路经过了两极的上方而尽量避免了下方区域。然而，如果现实情况是，当前形势强调某一极的优点，以及另一极的缺点，那么你所绘制的循环圈就可能会反映这一现实。极性关系网站上有一些极性图的例子，其中的循环圈反映了不同的现实情况。

在你自己绘制的极性图中，你的组织在多大程度上利用了每一极的优点和缺点？如果你是某个小组的成员，你可以从小组中收集一些数据，然后讨论结果，就组织的情况达成共识。图9-4显示了强调两极优点的极性循环，然而，你也可以绘制不同的循环图，从而更准确地反映现实情况。

为了有效地驾驭悖论，我们的目标是重视两极的优势，同时尽量减少劣势。然而，在现实生活中，大多数组织或团队都会在强调某一极的优点时，关注另一极的缺点——黑白思维。这种方法最终会引发钟摆式晃动，导致我们在第二章中描述的恶性循环。随着时间的推移，一味强调某一极的优点最终会引发另一极的缺点，当人们对某一极感到越发挫败，就会转而走向另一极。在本书的前半部分，我们描述了乐高是如何陷入这种钟摆式晃动的，当时乐高正处于关注当下和规划未来的矛盾之中。20世纪90年代末，乐高取得了巨大的成功，因此，乐高的领导者认为没有必要进行组织变革。但很快，新技术就追赶上了这家玩具制造商，乐高被远远甩在了后面，困在了一条旧的S形曲线上，缺乏资源走上新的曲线。作为回应，乐高的领导者进行了根本性转变，转向了与过去相反的创新极端。这样做的危害更大，因为组织毫无纪律地进行创新，导致成本飙升，利润下降。正如这个例子所示，这种激进的摇摆最终会导致某个人或某个组织在两极的弊端之间摇摆不定，从而形成恶性循环。

随着查尔斯顿警察局的成员对其所处环境的两极进行分析时，他们对系统中的张力、对立两极之间的相互依存关系以及积极尊重两极的必要性有了新的认识。他们还认识到，即使他们的行动促进了执法，但要发挥社区支持的优势，还有大量工作要做。

当你看着自己的极性图时，你能学到什么？如果你与他人合作，他们能从你的现状中学到什么？你是否更看重某一极的优势？你是否更明显地体验到某一极的劣势？

利用两极

SMALL流程的最后一步是通过制订一项行动计划来利用两极，该行动计划必须重视每一极的优势，以及极与极之间的协同作用。极性伙伴关系提出了一些关键问题，有助于制订行动计划。首先，哪些行为将增加各极的优势？其次，哪些早期预警指标表明你可能已经过度偏向于某一极的不利因素？你将如何调整来避免这种情

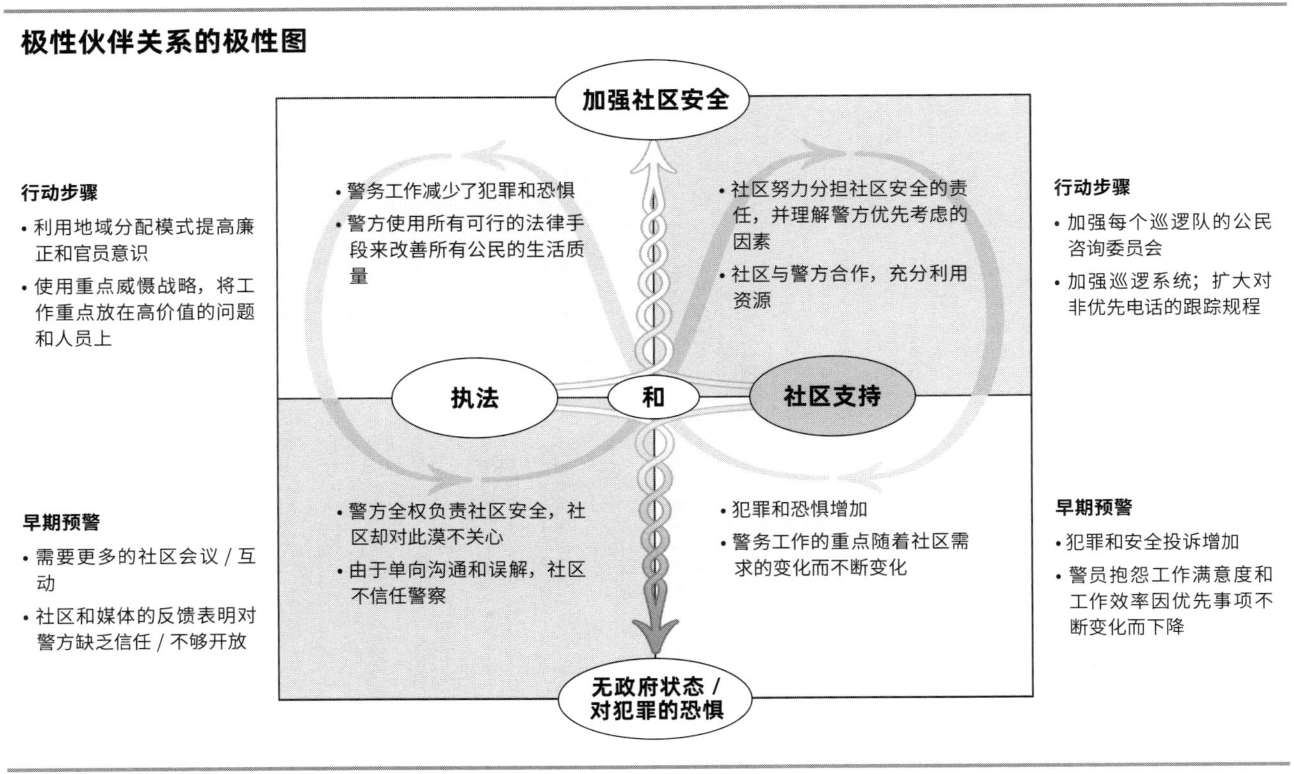

极性伙伴关系的极性图

加强社区安全

- 社区努力分担社区安全的责任，并理解警方优先考虑的因素
- 社区与警方合作，充分利用资源

行动步骤
- 加强每个巡逻队的公民咨询委员会
- 加强巡逻系统；扩大对非优先电话的跟踪观测

↑ 社区支持

- 警务工作减少了犯罪和恐惧
- 警方使用所有可行的法律手段来改善所有公民的生活质量

行动步骤
- 利用地域分配模式提高廉正和警员意识
- 使用重点威慑战略，将工作重点放在高价值的问题和人员上

和 执法

- 犯罪和恐惧增加
- 警务工作的重点随着社区需求的变化而不断变化

早期预警
- 犯罪和安全投诉增加
- 警员抱怨工作满意度和工作效率因优先事项不断变化而下降

→ 无政府状态／对犯罪的恐惧

- 警方全权负责社区安心，社区却对此漠不关心
- 由于沟通和误解，社区不信任警察

早期预警
- 需要更多的社区会议／互动
- 社区和媒体的反馈表明对警方缺乏信任／不够开放

图9-3

况？这些行动步骤提供了一种灵活的方法来应对悖论，鼓励人们尝试新的策略来增加各极的优势，同时意识到陷入劣势是多么容易，并准备好在发生这种情况时迅速做出反应。在警察局，早期的对话显示，实现社区安全需要加大力度重建警察与社区成员之间的信任（见图9-3）。这项工作将促进社区支持，加强执法，而非取代执法。

你可能需要花一些时间来制订自己的行动步骤（见图9-4）。当你继续处理自己遭遇的人际冲突时，请仔细思考你能采用哪些步骤

极性伙伴关系的极性图

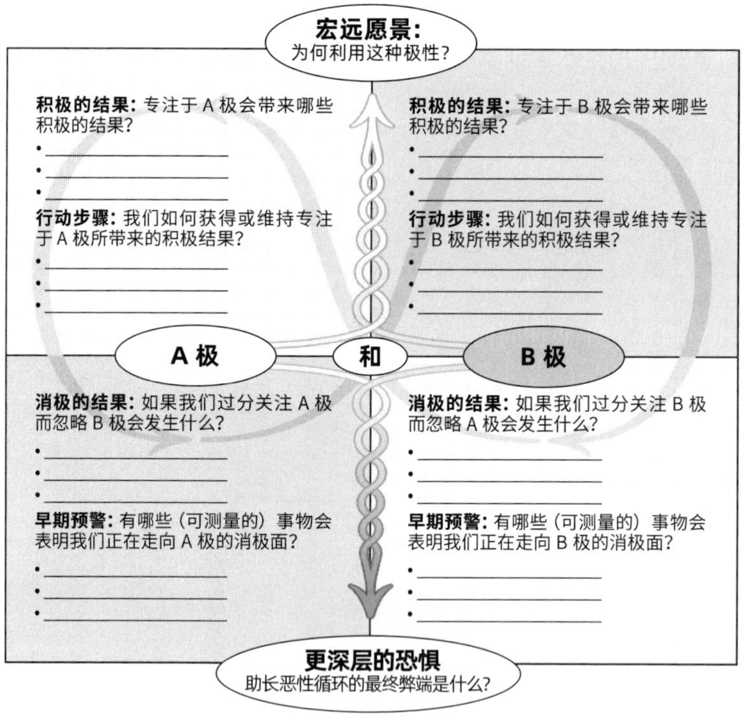

宏远愿景： 为何利用这种极性？

积极的结果： 专注于A极会带来哪些积极的结果？

积极的结果： 专注于B极会带来哪些积极的结果？

行动步骤： 我们如何获得或维持专注于A极所带来的积极结果？

行动步骤： 我们如何获得或维持专注于B极所带来的积极结果？

A极　和　B极

消极的结果： 如果我们过分关注A极而忽略B极会发生什么？

消极的结果： 如果我们过分关注B极而忽略A极会发生什么？

早期预警： 有哪些（可测量的）事物会表明我们正在走向A极的消极面？

早期预警： 有哪些（可测量的）事物会表明我们正在走向B极的消极面？

更深层的恐惧： 助长恶性循环的最终弊端是什么？

图 9-4

来利用每一极的优点。现在，想想有哪些预警信号可能会表明你正偏向不利的一端，而你又能采取哪些措施来规避这种可能。

为查尔斯顿绘制极性图有何影响？

塞德勒为查尔斯顿警察局举办的研讨会改变了人们的观点和思维方式。警察部门的成员开始意识到，维护社区安全需要加强执法，并且也需要获得社区支持。这些警局员工承诺采取相应的行动措施来实现这两个目标。马伦局长将社区合作作为警察局的核心战略，致力于与社区团体建立联系，使警察局的工作更加透明，促进执法部门与公民之间的信任。

马伦也向社区的其他组织介绍了灰度思维的理念和为极性伙伴关系所做的努力。他对创造性张力的影响力深信不疑，于是联系了查尔斯顿的首席财政官，他们一起将这一过程介绍给了其他城市机构，以增进民生福祉。而这些机构正在努力处理利益相关群体之间的冲突。

在查尔斯顿市中心的商业区发生了一场颇具争议的冲突，城市领导者尝试运用灰度思维来应对这一冲突。该地区发展夜间文化所带来的不同利益造成了城市眼前的困境。酒吧老板和餐馆老板看重丰富的夜间文化带来的生意，而周围居民则对人流、噪声和公共安全所受的威胁感到沮丧。为了应对这些对立的观点，并找出潜在的悖论，市政府采用了极性合作伙伴的 SMALL 流程。他们召集了 21 人组成了委员会，这些人持有不同的观点，但他们共同致力于实现同一个目标，即确保查尔斯顿仍然是一个充满活力且高瞻远瞩的城市，既发展经济又满足住宅区的需求。这场持续的冲突原本可能导致整个城市分崩离析，如今却形成了强有力的合作关系，创造了新的机遇。委员会制定的一系列关键提案得到了市议会的一致支持。

2015年6月17日晚上，在伊曼纽尔非裔卫理公会教堂发生的因仇恨犯罪所致的大规模枪击案摧毁了查尔斯顿社区，震惊了全世界。警方早在几年前就开始加强与社区的联系，这也帮助人们积极且有力地面对此次恐怖事件。警察和平民、白色人种和黑色人种、市政官员和其他社区成员都聚集在一起为受害者哀悼。两天后，部分受害者家属站在法庭上，宽恕了迪伦·鲁夫。查尔斯顿因在集体哀悼过程中表现出的同情心和凝聚力而闻名。然而，马伦局长知道还有更多工作要做：

> 这个可怕的夜晚永远地改变了查尔斯顿和我的命运。它清晰地展示了人类精神的力量和韧性，也将永远提醒我们，每个人都拥有在善恶之间做出选择的能力。这一次，令人难以置信的是，一切毫无预兆地结束了，没有带来冲突、对抗或是更多暴力。因此，我并没有将其视为另一个可怕的局面，而是积极采取行动。虽然一切令人意外，但我们必须抓住这次机会，进一步加强这次悲剧所体现出的公民与警察之间稳固的关系。

马伦知道，执法部门与市民之间的不信任仍然是查尔斯顿及其他地区加强社区安全进程中所面临的核心挑战。他看到了如何将存在分歧的群体聚集在一起，共同运用灰度思维促进城市进步，帮助人们治愈伤痛。他看到了从伊曼纽尔非裔卫理公会教堂枪击案的悲剧走向社区转型的机会。他和玛格丽特·塞德勒、查尔斯顿社区的其他成员,以及来自极性伙伴关系的合作伙伴一起,努力促进警民之间的联系,重建警民之间的信任。他们工作的核心是认识到强大的社区既取决于公共安全,也取决于个人权利,需要执法部门和公民的共同努力。

2017年8月,马伦、塞德勒和其他合作者共同发起了"照明项目"。该项目的核心是组织听证会,并且由警察和社区成员共同参与。这些会议围绕灰度思维和悖论的力量展开,邀请与会者讨论他们在社区安全方面的不同经验。在这一过程中,参与者使各自不同的观点合法化,增加了他们对自己和彼此的理解,加深了他们之间的信任和联系。查尔斯顿的一位警官告诉《查尔斯顿邮信报》,当他听到市民们说他们担心警察可能会伤害他们时,他倍感震惊。由于他穿着警服,许多市民仅仅坐在他旁边就会感到焦虑不安。他说:"我们会从某一个维度出发思考问题,但也必须从另一个维度来思考其他人的出发点。"一名社区成员指出了能够发声所带来的影响,同时也认识到社区成员需要对自己的安全负责,而不仅仅是责怪警察。

2018年1—8月,"照明项目"在查尔斯顿举行了33场听证会,就如何改善社区安全、维护个人权利,以及加强警察与公民之间的信任,收集了2 226条建议,其中许多想法由警局提炼并付诸实施。"照明项目"的领导者现已经将这项工作推广到了美国的其他社区。

极性伙伴关系的SMALL模型并不是团体审视其冲突和悖论的唯一方法,但它是一种结构合理且有力的方法,有助于尊重相互竞争的需求,并将对立的双方凝聚在一起。

| 第十章 |

组织领导力

走向可持续

> 高瞻远瞩的公司不会在短期和长期之间寻求平衡。高瞻远瞩的公司不光是在理想主义和盈利能力之间寻求平衡,还追求高度的理想主义和高昂的利润。简言之,富有远见的公司不希望把阴和阳混合成灰色,成为既非至阴、又非至阳、不清不楚的圆圈,而是以阴阳分明为目标,阴与阳自始至终均同时存在。
>
> ——吉姆·柯林斯和杰里·波拉斯[1]

如果你正在领导一个组织,无论规模大小,在应对悖论的过程中,你可能都会感到压力越来越大。其实,你并不孤单。2018年,

---

[1] 本段引自吉姆·柯林斯和杰里·波拉斯的著作《基业长青》,该书介绍了18个高瞻远瞩公司,研究其长盛不衰的经验。此处译文参考了2009年出版的《基业长青》真如译本。

牛津大学的迈克尔·斯梅茨教授与蒂姆·莫里斯教授，曾与海德思哲国际咨询公司（一家高管人才猎头公司）合作，采访了来自世界各地的150多位首席执行官，收集了他们面临的最大挑战。研究者们想要了解是什么让这些领导者夜不能寐。猜猜他们发现了什么？没错，就是悖论！首席执行官们不断地历经内心的拉锯战，比如他们既要适应持续不断的变化，也要忠实于组织的核心使命。不仅如此，这些领导者既要面向全球，又要立足本土。研究团队发现的每一个问题，其核心都是悖论：面对相互竞争但同样相互有效的利益相关者的需求，首席执行官们越来越频繁地需要在一个正确选项与另一个正确选项之间做出选择。为了做到两全其美，首席执行官必须先平衡个人的悖论，才能为公司找到平衡点。

最近，有两家咨询公司的研究成果均强调了组织领导者运用灰度思维的重要性。普华永道指出，高效的领导者需要成功驾驭六种悖论，比如，他们应当成为具有全球视野的本土主义者、谦逊的英雄和精通科技的人文主义者。德勤人力资本趋势的调查结果则表明，领导者需要"将悖论作为前进的方向"。

人们对领导者的期望越来越高，希望他们能够欣然接受悖论并在悖论中实现发展，这也引发了一个紧迫的问题：如何做到呢？给挑战贴上悖论的标签是一回事，知道如何应对又是另一回事。这一问题将我们带回了研究的起点。我们也希望能超越"灰度思维"的标签，了解领导者该如何有效地驾驭组织中的悖论。

如果你读到了这里，你就会意识到，答案没有这么简单，你并不仅仅需要一位睿智的首席执行官或者一批能够运用灰度思维的高管，也不仅仅需要搞清楚组织的结构、使命、目标和策略。其实，驾驭悖论的关键在于利用各种工具来创建一个综合系统，从而构建认知假设，获得情感慰藉，建立静态边界，实现动态实践。我们已然认识到，这些工具本身就是矛盾的——既揆情度理，又动静结合。正如我们贯穿全书的论点——驾驭悖论本身就是悖论。

尽管拥抱张力并非易事，但我们已经看到从初创企业到《财富》500强企业的领导者都成功地做到了这一点。在本章中，我们将介绍领导者可以采取哪些措施以将其组织打造成一个悖论系统。保罗·波尔曼所展现的领导力令人鼓舞，我们将以他的故事作为案例。他与安德鲁·温斯顿合著的新书《净正面效益》详细介绍了波尔曼如何将联合利华从2008年金融危机后濒临倒闭的企业转变为可持续发展的企业典范。如果你正在领导一个组织，无论规模大小，无论是营利性还是非营利性，抑或介于两者之间，这一章的内容都可以为你所用。

联合利华扭亏为盈

2009年，当联合利华聘请波尔曼担任首席执行官时，该公司正处于"死亡旋涡"当中。联合利华曾创造了百年辉煌，但当时正面临恶性循环。并购狂潮带来的损失大于收益，引发了短期的成本削减，大大影响了产品质量、客户忠诚度和员工积极性。这些损失引发了更多短期战略决策，继而造成了更大的损失。彼时，联合利华似乎已经自暴自弃，公司员工也不再信任自己公司的产品。波尔曼曾观察到这样的现象——"公司卫生间用的是竞争对手的肥皂，公司食堂提供的是竞争对手的茶"。在这个时候担任联合利华的首席执行官,对于波尔曼来说究竟是一个千载难逢的机会,还是一个会葬送其职业生涯的选择呢?

波尔曼曾经在宝洁和雀巢公司任职,积累了丰富的经验,因此,他深知消费品行业的难处,也了解公司所面临的长期挑战。时值2009年,全球都受到金融危机的影响。全球化和技术发展为经济的持续增长带来了希望,但也使全球经济变得极为脆弱,凸显了全球北方和全球南方[1]之间的差距,加剧了不同人群之间的不平等,并揭示了自然环境所受到的威胁。正如波尔曼反复提醒公司高层的那样,我们正处在一个变幻莫测(VUCA)[2]的世界——一个波动性、不确定性、复杂性和模糊性不断加强的世界,公司绝不能忽视这些挑战。气候危机以及大流行病会加强企业对环境的依赖,反之亦然。生态系统极为脆弱。为了使联合利华延续百年辉煌,波尔曼知道,他必须好好想想公司怎样才能适应岌岌可危的全球环境。

许多领导者都想知道自己的公司如何才能应对如此严峻的经济形势和环境状况。然而,波尔曼想知道,如果联合利华的领导者开始提出不同的问题,那将会发生什么。与其思考公司如何才能在这样的全球挑战中取得成功,不如思考公司如何才能积极地改变这些挑战。如果联合利华不仅仅关注利润,而是寻求以积极的方式解决全球性难题,会发生什么呢?如果企业能够推动社会发展而非危害

---

1 "全球北方"是指大多位于北美、欧洲和其他地区的更富裕的国家。"全球南方"一般指的是非洲、拉丁美洲和加勒比地区、太平洋岛屿以及亚洲的发展中国家。
2 "VUCA"是易变性(volatility)、不确定性(uncertainty)、复杂性(complexity)、模糊性(ambiguity)的首字母缩写。

社会，又会发生什么？如果成为一家可持续发展的公司意味着采用更广泛的方法来实现全球可持续发展，那会怎么样？如果联合利华致力于ESG[1]目标——环境改善、社会进步和可持续治理，又会如何？用波尔曼的话来说，公司如何才能做到"由内而外"——让公司服务社会，而不是"由外而内"——让社会服务公司？

这些问题最终促使波尔曼和他的团队提出了联合利华可持续行动计划（USLP）——一个雄心勃勃且具有长远影响的宏伟愿景。在这个计划中，联合利华将通过改善地球健康，保护环境与生命，成为一家可持续发展的公司。波尔曼知道，可持续行动计划不仅能将公司从目前的困境中解救出来，还可以引领公司在未来取得新的成就。然而，为了实现这一目标，波尔曼既要汲取联合利华的丰富传统，又要对公司进行转型，以满足现代化需求。他必须依靠公司在现有市场上业已取得成功的品牌，同时也要推出新产品并建立新市场，尤其是在发展中国家。正如波尔曼所指出的那样，组织领导者需要将可持续发展作为战略核心。他们需要将公司的战略核心从履行"企业社会责任（CSR）"转变为波尔曼口中的"有社会责任感的企业（RSC）"。

波尔曼的大胆尝试取得了巨大的成功。当他于2019年离开公司时，他被誉为"英雄领袖"。他将公司扭亏为盈，股东在此期间获得了300%的回报率。他还为公司的可持续发展制定了新的目标。其实，波尔曼正是在领导公司的过程中运用了悖论，才取得了如此成就。

---

[1] "ESG"是环境（Environment）、社会（Society）、公司治理（Governance）的首字母缩写。

第三部分 | 应用：将灰度思维付诸实践

相互交织的组织悖论

悖论是联合利华可持续行动计划的基础。该计划的核心就是应对公司使命与市场之间的矛盾。联合利华试图将环境足迹减半，减少其产品和工艺所消耗的能源和自然资源，以试图改善地球上十多亿人的健康和福祉。公司将这些目标转化为数个项目，以期降低公司的用水量，最大限度地减少浪费，并且采购可持续的原材料，改善产品的营养价值，与小农户一起发展更繁荣的供应链等。

这些目标之间的矛盾点在于，联合利华的领导层承诺在实现这些环境和社会目标的同时使公司的利润翻倍。在《净正面效益》一书中，波尔曼和温斯顿认为，采取以目标为导向的可持续发展战略使联合利华处于股东们更严格的监管之下，因为他们随时都想证明ESG目标会降低企业业绩。联合利华的领导者们开始采取行动证明事实并非像他们想象的那样。"随着联合利华向目标迈进，企业开始承受更大的压力，因为他们必须创造更好的业绩。"这些领导者意识到，他们绝不能失败。

然而，联合利华所面临的挑战远不止领导层所经历的使命与市场之间的冲突。本书的第一章介绍了四种类型的悖论——绩效悖论、学习悖论、组织悖论和归属悖论。在整本书中，我们强调了这些不同的悖论如何影响我们生活的方方面面。同样，所有组织的领导者或多或少都会经历这些悖论。我们将这些组织挑战归纳为职责、创新、协调和全球化四类，并展示了它们如何反映出四种类型的悖论。悖论的本质即如此，某一挑战所揭示的悖论往往与其他挑战所揭示的悖论相互缠绕，形成了某种交织的结构。这种结构可谓牵一发而动全身，拉动其中一个悖论的绳索，就会牵动其他悖论（见图10–1）。

与四种悖论相关的组织性挑战

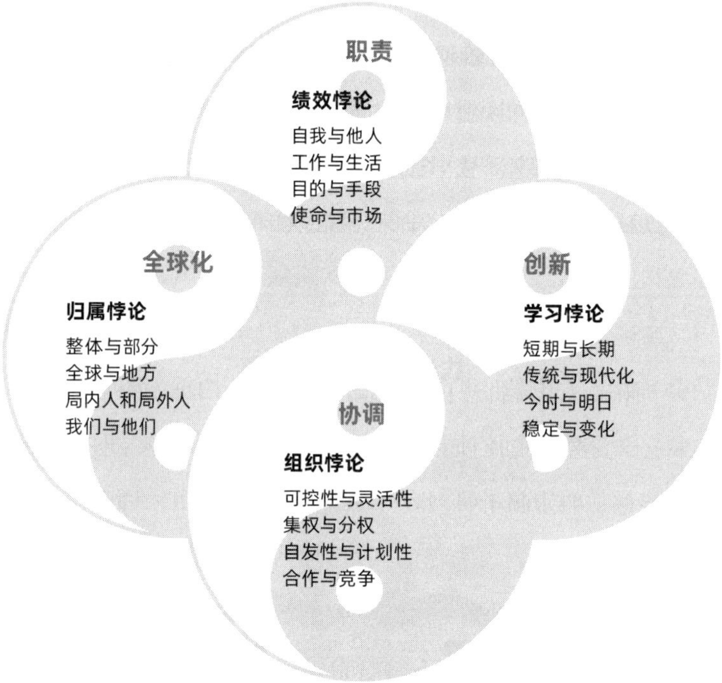

职责
绩效悖论
自我与他人
工作与生活
目的与手段
使命与市场

全球化
归属悖论
整体与部分
全球与地方
局内人和局外人
我们与他们

创新
学习悖论
短期与长期
传统与现代化
今时与明日
稳定与变化

协调
组织悖论
可控性与灵活性
集权与分权
自发性与计划性
合作与竞争

图 10–1

当领导者试图对不同的利益相关者负责时，诸如使命与市场之间、业绩表现与社会责任之间的冲突就会加剧。绩效悖论指的是与组织的成果、目标和期望相关的那些相互对立而又相互交织的需求。传统战略狭隘地关注某一方利益相关者（通常是股东）。与此不同，波尔曼通过对更广泛的利益相关者群体做出承诺，在可持续行动计划中嵌入了悖论。他的战略强调以市场和财务股东为中心的生产目标。但是，该计划也致力于实现社会和环境目标，这些目标侧重于使命驱动的结果。创新挑战涉及学习悖论，因为它们要求领导者既要考虑今天，也要考虑明天；既要考虑短期成功，也要考虑长期愿景；既要考虑稳定，也要考虑变化。对于波尔曼来说，实现企业的成长和可持续发展意味着以新的方式利用现有产品开拓新市场。在全球南部，一个每天靠1美元生活的人，不可能接受全球北部的物价，花10美元购买一瓶洗发水。然而，波尔曼为联合利华的创新战略设立了进一步的标准。他要求所有的努力都要减少资源的使用，降低组织对环境的影响。他的倡议引发了新的紧张局势。解决这些问题需要采用新的流程和方法。联合利华的领导者们开发了各种方法，尽可能地避免使用棕榈油、塑料包装、纸张、化石燃料和其他资源。这些创新方法还降低了成本，提高了公司的盈利能力。

解决这些不同的问题带来了协调方面的挑战，使诸如集权与分权、合作与竞争、自发性与计划性等潜在的组织悖论浮出水面。波尔曼明白，只有利益相关者所构成的生态系统给予支持，他的计划才能取得成功。为了找到新的增长点并解决一些最棘手的问题，他们需要与绿色和平组织、世界自然基金会、联合国儿童基金会、世界粮食计划署等激进组织[1]合作，而非与它们对抗。因此，波尔曼与政府及非政府组织建立了合作伙伴关系，帮助制定和维护标准，推动变革。联合利华也需要说服竞争对手参与其中，尤其是在森林砍

---

[1] "激进组织"指的是由积极参与社会或政治运动的人组成的团体，旨在推动某种变革或改进。

伐或海洋塑料污染等关系到人类未来的问题上。波尔曼非常注重耐心和信任的培养。他数次强调，一旦行业开始采用可持续发展标准，成本就会下降，风险也会减少。在可持续发展方面通力合作将使整个行业更具竞争力，并且创造新的机遇。

随着技术的发展，人们能够跨地域进行联络，人与人之间的交流变得更加密切和便捷。因此，组织领导者面临着越来越多的全球化挑战。这些挑战中蕴含着归属悖论，即全球一体化与本地独特性、自我与他人、整体与部分、本地人与外地人之间的冲突。波尔曼亲身经历了这些冲突，同时也有意地强化了这些冲突。他经常强调，为了改善全球数十亿人的生活水平，联合利华需要在发展中国家建立市场。他再次提出了一个高标准和矛盾性的要求。他呼吁联合利华利用其全球品牌来满足当地的独特需求，充分利用来自先进市场的解决方案和生产规模，但同时也尊重各个社区的不同喜好、文化和需求。

在推行联合利华可持续行动计划的过程中，波尔曼对其中固有的冲突探索得越深入，他就越深刻地意识到任何企业所面临的棘手难题之下都潜藏着悖论。波尔曼认识到了很重要的一点——组织本身就有悖论性，这使他对联合利华和领导力有了更广泛的理解。人们所面临的挑战是：如何避免陷入冲突，揭开悖论的面纱，并利用悖论寻找新的思路。波尔曼采用了灰度思维，揭示了联合利华所面临的相互交织的悖论，使这些悖论更为显而易见，并受到重视。而后，他创造了组织环境，帮助人们驾驭悖论。他向我们描绘了这些挑战：

任何组织都有其内在复杂性，比如矩阵型组织结构涉及各种相互关联的职能和项目。在其中的任何一个交叉点上，人们都有可能会因为不同的视角和需求而产生摩擦，有时也无法避免会有不同的绩效驱动因素。各个组织都迫切需要将摩擦转化为正能量。那么，如何做到这一点呢？究竟该把时间花在哪些方面？这并非难事，但确实需要付诸努力。为了达到这个目标，你必须注意力高度集中且坚持不懈，而且永远无法做到完美。在联合利华，我们有时并不能很好地应对冲突，但我们希望能常常有所收获。

将组织发展成悖论系统

建立一个可持续发展的企业并非难事，但也并非易事，因为这项任务充满了悖论。联合利华的高管们驾驭悖论的能力为企业带来了竞争优势。在本章中，我们将重点介绍究竟可以采取哪些行动来为组织营造这样的环境，并描述这些行动会带来什么样的影响（见表10-1）。这些领导任务的目标是将悖论系统的各种工具植入组织，并创造机会让灰度思维当中的假设、边界、舒适度和动态性四种工具共同发挥作用。

为灰度思维营造环境

如果想要帮助组织更有效地驾驭悖论，就需要营造一种能够欣然接受灰度思维的环境，并请人们运用这种思维方式。我们提供了一些实用的方法，能够帮助领导者创造这样的环境。

将组织张力与更高的目标联系起来

正如波尔曼所言："对我来说，首要的工作，也是我在组织中一直花费大量时间在做的事，就是使组织与更高的目标保持一致。"

一个更高的目标——一个充满激情的总体愿景——夯实了悖论的基础，激励人们接受这些相互矛盾的要求。在悖论系统中，我们注意到拥有更高的目标是如何提供结构性方法——边界——来促进整合和联系。这些总体愿景有力地包容了悖论，原因如下。首先，悖论揭示了不同利益相关群体之间的冲突。由于拥有了更高的目标，人们方能超越冲突进行思考，采用更全面的方法适应相互竞争的需求，并消除眼前的摩擦。争夺短期资源的交战派系一旦考虑到长期结果，往往能找到协同方法。在第五章中，我们介绍了IBM数据管理部总经理珍妮特·佩纳，她在每次高层领导会议开始时，都会提醒团队注意更高的目标，为整合思维奠定了基础。当团队成员之间的关系变得紧张时，她会提醒团队成员他们拥有共同愿景，并请他们思考如何利用对立的观点同心协力实现这一愿景。正如波尔曼所说，目标设立得越高，人们就越能快速达成一致。

在制定更高的目标时，波尔曼着眼于过去，将公司推向未来。联合利华的前身是创建于1885年的利华兄弟公司，曾是英国的一家肥皂生产商。然而，在利华兄弟看来，公司的目标远不止生产肥皂，他们还致力于"让清洁成为常态，并减轻妇女的劳动强度"。利华兄弟公司在英国阳光港当地社区的建设中发挥了不可或缺的作用。他们千方百计地改善居民的生活，比如创建学校、医疗设施和艺术馆，争取推行一周六天工作制（而非七天工作制），在第一次世界大战期间引入养老金制度并保障员工的工资和工作岗位等。即使在1929年利华兄弟公司与荷兰联合麦淇淋公司合并之后，这种利用商业手段来满足社区需求的精神依然延续着。

波尔曼曾致力于帮助公司"寻根"。他在阳光港召开了第一次领导层会议，邀请领导层回顾公司的悠久历史和广泛影响。他希望公司的领导团队能重拾公司的初心——在利润之外创造价值。波尔曼和他的高级团队与利华兄弟最初的想法不谋而合，他们制定了一个具有前瞻性的目标宣言——"让可持续生活成为常态"。有了对这一更高目标的承诺，领导者们接下来就必须调整组织文化、结构和实践，以有效驾驭这一愿景中的悖论。

在悖论的两极建立护栏

雄心壮志能够激励和凝聚人心，然而，即使拥有最雄心勃勃的愿景，领导者仍然会面临认知、情感和行为陷阱的诱惑，从而陷入非黑即白的思维定式。例如，将实现创新作为组织的目标是一回事，但在面对当今世界的需求时坚持这一目标又是另一回事。同样，致力于可持续发展非常鼓舞人心，但利润动机也会在此过程中起到强烈的反激励[1]作用。领导者不仅需要明确提出兼顾各种需求的总体愿景，还需要为员工创造条件，让他们不断地参与到这些对立的力量中去。

确保组织领导者持续满足相互竞争的需求的一种方法是在组织

---

1 "反激励"指的是一种抵消或减弱激励作用的因素，使人们不愿采取某种行为。

表 10–1

在你的组织中实施悖论系统的领导力任务	
为灰度思维营造环境 领导行动	**引导人们运用灰度思维**
将组织张力与更高的目标（边界）联系起来 • 制定长期愿景，从整体论出发，热切地将对立的两极联系起来 **在悖论的两极周围筑起护栏（边界）** • 设定目标和角色，并让利益相关者作为两极的代表参与进来 **使利益相关者（边界）更为多样化** • 与潜在的竞争对手合作 • 领导层多元化 **鼓励实验（动态性）** • 开展低成本实验，尝试新的可能性 • 利用语言、文化和奖励来激励低成本实验 • 在做出更广泛的决定之前评估实验 • 愿意接受失败并不断改进	**揭示潜在的悖论（假设）** • 定义张力 • 用语言来描述张力的悖论本质 **接纳不适感（舒适度）** • 营造能够袒露脆弱面的环境 • 请员工感知潜在的恐惧、焦虑以及对不确定性和冲突的不适感 **培养管理冲突的技能（寻找慰藉）** • 示范冲突建立技能，并且愿意给予和接受批评反馈 • 向领导者传授明确且富有成效的冲突应对技能 **为员工提供个性化悖论（假设）** • 将相互竞争的需求与每个员工的目标联系起来 • 培养员工的悖论心态
后果与影响	
• 通过与对立双方接触，同时保持彼此之间的张力，以建立联系并实现协同作用，从而创造价值 • 为持续学习和适应提供更多的实践和流程	• 鼓励个体重视悖论，并且更熟练也更从容地共同应对冲突

结构中建立护栏。护栏包括人员、流程和实践，它们能够抑制相互对立的需求。这些结构特征中，有的履行对矛盾某一极的承诺，有的则履行对矛盾另一极的承诺。就像道路上的护栏一样，这些结构性特征起到了边界的作用，使组织不至于在某一个方向或另一个方向上走得太远。同时，它们也提供了一个空间，在这个空间内，相

互竞争的需求可以浮出水面,并促使我们寻找更具创造性和生产力的解决方案。

联合利华的领导者们已经拥有了确保实现财务目标的护栏,包括短期指标以及市场和股东的期望。然而,波尔曼和他的领导者们需要建立护栏,以确保他们的社会和环境目标不会被持续的财务压力所淹没。这一努力的关键在于聘请杰夫·希伯莱特担任首席可持续发展官,他是一位经验丰富的领导者,将帮助联合利华发起各项倡议并管理联合利华可持续行动计划。值得注意的是,虽然公司最初需要将希伯莱特的角色独立出来,以确保对可持续发展倡议的关注和重视,但最终可持续发展工作融入了公司每个人的工作中。领导团队还为环境和社会影响制定了具体的目标和指标。联合利华可持续行动计划的三大举措包括数十个极具挑战性的小目标,每个目标都有明确的指标。相比用业绩来衡量企业成功与否,可持续发展目标通常更加广泛、抽象和长远。但是,正所谓"有衡量,才有管理"。联合利华的领导团队致力于创建一张记分卡,以便跟踪并衡量其社会和环境目标的短期成果,从而推动他们朝着长期目标迈进。

重要的是,波尔曼承诺在实现这些可持续发展目标的同时,将业务规模扩大一倍。更难能可贵的是,波尔曼期望通过实施该计划,实现业务规模翻番,而不是仅在追求业绩提升的同时实施该计划,更不是完全置该计划于不顾。正如他和温斯顿在《净正面效益》一书中所指出的那样,这个计划并不是企业社会责任的附加物,与核心业务无关。它过去是,现在也是,企业战略的一部分,并且与企业发展计划紧密关联。因为可持续行动计划并非一个独立的计划，如果它宣告失败，公司将无法取得成功；反之，如果公司没有取得成功，可持续行动计划也无法独善其身。商业目标和可持续发展目标共同构成了联合利华竞技场的边界。在竞技场内，领导者需要找到全新的方法来运营整个企业。

波尔曼最大胆且最具争议的举措，无疑是设置护栏，将可持续发展使命与财务报告结合起来。上市公司需要披露季报，然而，过于频繁地披露财务报告可能会促使领导者做出一些不利的决策。波尔曼知道，要求公司高层每三个月披露一次财报，与可持续行动计划的目标相悖，会导致公司忽视长期可持续发展目标。在他上任的第一年，他就叫停了季报。投资者感到无比震惊，他们当中有一部分因此撤资。做出这个决定需要很大的勇气，但是波尔曼坚信，降低披露财务报告的频率对于让员工专注于长期发展至关重要。他也明白，他需要的是那些因为可持续发展计划而支持联合利华的投资者，而非不看好可持续行动计划的投资者。

使利益相关者更为多样化

人是悖论的重要护栏，能够为相互竞争的需求建立额外约束。由于人们有着不同的背景，有着不同的经历，也扮演着不同的角色，因此，人们往往会有特定的观点，能够支持悖论的一极。关键在于将不同背景的人聚集在一起，从而兼顾对立的两极。然而，多样性是一把双刃剑。如果处理得当，各种不同的声音就可以汇聚到一起，揭示冲突，凸显差异，从而促进更具创造性的整合。然而，不同的观点也可能会造成分歧。

波尔曼希望利用不同的视角、技能和经验来成功实现可持续行动计划的不同目标。他从董事会入手。董事会的许多成员并不理解波尔曼的悖论战略。他们质疑可持续发展能否带来经济效益，更不用说是否能拯救一家濒临倒闭的公司。相反，他们认为可持续发展会带来不必要的风险。波尔曼通过引入新的董事会成员来拓宽思路——这些成员在气候变化、粮食安全和其他可持续发展问题方面拥有专业知识——这些成员拥有的知识和经验将为可持续行动计划的实施提供有力的指导。新加入的董事会成员与现有的董事会成员进行了充分的沟通来应对冲突。波尔曼与现有董事会成员密切合作，并致力于确保董事会的性别多元化，因为他深知这样做不仅是正确的，而且是审慎之举。在高层领导中性别平等程度较高的公司，其财务业绩也会有所提高。然而，真正实现性别平等的公司仍然凤毛麟角。波尔曼和他的团队致力于提高董事会和管理层在其他方面的多样性，例如种族、性取向、国籍等。为了进一步扩展联合利华的洞见和实力，他将注意力转向如何与国际机构、非政府组织和环保组织建立合作伙伴关系。这些机构通常是《财富》500强企业的死对头，它们负责监督营利性企业对社会和环境的影响。联合利华可持续行动计划的目标超过了许多监督机构设定的标准，联合利华需要的是它们的合作，而不是威胁，只有这样才能取得成功。因此，波尔曼与联合国儿童基金会、救助儿童会和世界可持续发展工商理事会等环保组织和非政府组织建立了紧密的联系。

鼓励实验

由于相互竞争的需求不断相互碰撞，形成了各种全新的困境，因此悖论常常会导致持续的变化，并制造严重的不确定性。例如，

IBM的创新效率非常惊人。20世纪90年代，就在IBM摸索如何进入个人计算机和客户服务器领域时，新的网络技术席卷而来，带来了新的挑战。

驾驭这些悖论意味着保持活力——在没有充分信息的情况下保持灵活并尝试新的可能。为了保持活力，企业需要不断尝试。正如波尔曼和温斯顿在《净正面效益》一书中所写的那样，"联合利华可持续行动计划就像是一颗启明星，但它也十分灵活，能够随着企业和世界的变化而进行相应的改变"。

得益于公司对于透明度、谦逊文化和伙伴关系的重视，联合利华实现了持续的变革。联合利华可持续行动计划的目标大胆而进取，激发了人们的热情和兴趣。然而，实现这些目标的详细计划却模糊不清。比如说，联合利华需要采用可持续的原材料，但他们还需要对此进行探索。波尔曼从一开始就认识到，许多问题当前并没有确切的答案，他们需要与其他组织机构合作，进行实验。波尔曼指出："我们当前面临的许多挑战都过于纷繁复杂，任何一个组织或部门，甚至政府都无法独立解决。只有通力合作，我们才有希望找到长期解决方案。"波尔曼能以谦卑的态度认识到公司的局限性，并公开承认公司的缺点，这也使其他人愿意加入谈话，帮助每个人更好地自我教育，建立联系，并对实验持开放态度。

其他企业领导者也采用了各种能够激发活力的方法。例如，在2014年，网飞公司通过人力资源实践最大限度地减少了对员工工作流程的控制，从而激发了员工的创造力，提升了绩效，一跃成为行业领导者。广为人知的是，首席执行官里德·哈斯廷斯在网上发布了一份长达125页的演示文稿，详细介绍了这些实践。这份文稿中提到,"大多数公司在成长过程中会限制自由,变得官僚主义。"其他公司会强加更多的规则和流程,这会削弱创造力,而网飞公司领导者却承诺,"在公司发展过程中,通过不断培养高绩效人才,而非设置条条框框,来避免混乱"。这份文件大部分都是文字,只有几张图片,而阅读量却迅速飙升至数百万次(我们上次查看时阅读量已经超过了两千万次)。这份文件本身就是一次实验。网飞公司的领导者起草了一份未经修饰的人力资源核心理念的范本,并借助网上人们的广泛反馈来促进这些理念的发展。

这些理念本身就彰显了活力,体现了网飞的人力资源实践所坚持的基本边界和内部灵活性。对于网飞公司来说,其人力资源实践的基本边界是一系列指导原则:"诚实守信""把员工当作成年人看待"和"以网飞的最佳利益行事"。然后,他们用这些原则来指导灵活的工作实践。他们告诉员工,公司的休假政策就是没有休假政策。公司并没有对员工的休假天数进行规定,员工可以根据需要自由休假。其实,网飞的高管们更担心员工放弃休假,而不是担心他们滥用休假政策。科技行业吸引了那些不愿休假的勤奋人士。由于担心员工过度劳累,高层领导以身作则,要求员工休假并明确休假时间。公司还减少了常规开支,取消了跟踪管理,而是提醒员工"以网飞的最大利益为重"。在大多数情况下,文化规范会使人们更有成本意识,组织领导者通过根除官僚主义和严格把控支出,大大降低了成本。这些实践使网飞能够在自由与责任之间游刃有余,在系统中建立起灵活性。

杰里米·霍肯斯坦在数字鸿沟数据公司创建之初就给公司植入了实验文化。1999 年在柬埔寨建立一家社会企业意味着组织领导者对未来一无所知。一路走来，领导者们愿意尝试各种新的做法，从而实现其使命。他们雇用了最弱势的群体来满足商业技术需求。然而，有时领导者不得不放弃尝试。例如，该组织的一些领导者曾设想将他们的工作推广到柬埔寨最贫困的人群，即生活在泥屋里、生活水平处于最低贫困线的稻农。一位领导人将此称为"茅草屋梦想"。为了实现这个梦想，数字鸿沟数据公司的领导层与一家为农村社区提供服务的非政府组织合作，创建了一个实验项目。他们很快意识到，技术基础设施的不稳定性和不可预测性、具有挑战性的社会规范，以及农民极其有限的技术技能，都构成了巨大的障碍，最终将毁掉整个业务。数字鸿沟数据公司的领导者们设置了护栏——领导者们必须履行承诺，以能够维持企业发展的方式实现其社会使命。这个实验帮助数字鸿沟数据公司的领导者认识到，"茅草屋梦想"实际上是"茅草屋噩梦"。请注意，实验的意义就在于帮助人们放弃某些似乎行不通的想法。尽管如此，数字鸿沟数据公司的这一尝试为领导者提供了新的信息，使他们了解到公司可以通过其他方式为生活在农村地区的人们提供机会。数字鸿沟数据公司的领导层决定在柬埔寨马德望设立办事处，这个城镇邻近许多农村社区。此举意味着数字鸿沟数据公司仍能从农村地区雇用原本没有工作的员工，并确保技术的稳定性和可预测性。此外，这种做法还有助于公司更有效地筛选出学习能力更强的人。

在这些案例中，活力和变化都是通过护栏和其他结构实现的。这些界限既有助于遏制，也有助于利用悖论的创造性张力。联合利华可持续行动计划致力于实现其社会使命和市场目标，既激励又限制了持续变革。网飞围绕一些明确的指导原则建立了灵活的人力资源实践,这些原则能使员工在享有自由的同时又肩负起责任。数字鸿沟数据公司的护栏包括员工、外部利益相关者及实践,以确保其成功实现社会使命和业务目标,并使实验更加灵活。

正如这些例子所示,边界定义并激发了动态性。而动态性又创造了实现目标的实践。的确,驾驭悖论就是悖论。

鼓励人们采用灰度思维

当高层领导就如何在组织中植入灰度思维进行探讨时,有一个问题却反复出现:"我的组织中有多少人需要了解和接受悖论?"这个问题并不令人意外。驾驭悖论需要我们应对不确定性和非理性。大多数人都不喜欢面对这种挑战。员工通常希望他们的领导能够为他们提供简明扼要的指导,而当他们感受到悖论的复杂性时,就会感到沮丧。许多领导者都希望为员工提供庇护,避免让他们遭受这种挫折。他们的目标是提供简明扼要的指令,就像船长一样,用明确的指令来指挥这艘船。一些领导者认为,他们可以将矛盾冲突控制在自己的角色范围内或高层团队内部,从而使公司其他成员免受冲突的影响。我们研究了高层管理者的不同组合,根据谁掌握着矛盾,将管理团队划分为以领导者为中心或以团队为中心。

团队中如果有更多人能运用灰度思维,那么团队也就能获得更多学习机会,找到更有效、更持久的解决方案。然而,究竟有多少人需要运用灰度思维,才能创造出一种接纳悖论的文化,这个神奇的数字却各不相同。例如,我们曾合作过的一家大公司的首席执行官估计,她需要所有的高层领导者,也就是大约10%的员工,来一同应对悖论。而另一些人，如保罗·波尔曼和齐塔·科布则为全公司所有员工创造了应对悖论的条件。为了营造一种公司文化，让所有员工都能欣然接受悖论，我们探索了切实可行的领导任务。

揭露潜在的悖论

波尔曼并没有回避联合利华可持续行动计划当中相互竞争的需求，他将其揭露出来，并将这些冲突视为悖论。正如他在计划启动不久后告诉我们的那样："人们通常把'张力'看作一个负面的概念，喜欢用'妥协'或'权衡'等词来形容。但在我看来，这实际上是对张力的误解。如果你经营一家公司，你就应该努力驾驭'张力'，以达到比以前更高的水平。"然而，为了实现这一计划，他需要帮助人们转变基本假设，并且学习悖论心态。

科布是一位客栈老板，也是行绛的创始人。她经常鼓励人们思考他们的社会企业中存在的悖论，这可并非易事。人们通常喜欢更清晰、直接的愿景。然而，科布提供的却是更长期的、全面的愿景。一位行绛的领导者告诉我们："我们经常开玩笑说，齐塔的名字以英文二十六个字母中的最后一个字母 Z 开头，以第一个字母 A 结尾。她在 Z 点，我在 A 点，而我需要从 A 到 Z，这就造成了某种冲突。她有很多想法，而我必须一个一个字母挪动，从 A 到 B，从 B 到 C，再从 C 到 D，因此造成了巨大的张力。"

然而，即使在科布不断运用悖论的同时，她也非常耐心地帮助他人，让人们慢慢地按照自己的方式来理解悖论。她经常讲述故事，使用隐喻，或是用诗歌和图像来拓宽人们的思维。就像洋葱一样，故事和隐喻也有层次。人们可以在自己偏好的层面上解读这些信息，并利用这些信息指导自己的行动。此外，故事和隐喻易于记忆，人们可以将这些理念作为口头禅来提醒自己的总体理念。例如，当行绿的员工感到被多方牵绊时，科布经常与他们分享新西兰诗人格伦·科尔库洪的诗歌《直立行走的艺术》的最后一节：

"如此，直立行走的艺术就是使用双脚的艺术。
一只脚支撑，一只脚放松。"

通过这样的分享，她并没有告诉人们该如何思考，而是请他们接受和拥抱自身处境的复杂性。行绿的每一位高层领导似乎都知道这句诗，当他们面对不同观点发生冲突时，他们会念念这首诗。公司还将花椰菜作为公司的标志，这个符号象征着当地社区的独特性，就像每一朵小花一样，同时也与全球茎干紧密相连，依赖于全球茎干。这些丰富的沟通工具赋予人们信心和能力，将他们对竞争需求的假设从非黑即白的思维方式转变为更为复杂的灰度思维。当被问及该组织的目标是支持福戈岛当地社区还是改变全球资本主义的面貌时，花椰菜标志提醒领导者们，他们的目标是两者兼顾。

领导者往往没有充足的时间去耐心地等待人们转变心态。波尔曼就是在这种时间紧迫的情况下，采取了迅速而专注的方法。考虑到联合利华面临的挑战，他需要一些高层领导者迅速加入。正如波尔曼和温斯顿在《净正面效益》一书中所述，"有些人总是半信半疑，但他们行动力极强，这无可非议，但愤世嫉俗者是有害的。"波尔曼知道，人们需要相信他的愿景，也需要能够忍受悖论的复杂性。他聘请了一家外部咨询公司对高层领导进行评估，此举暴露出领导层思维上的一些差距，包括领导者对更广泛的系统方法和组织目标的参与度。由于这些差距，联合利华在 100 名高层领导中解聘了大约 70 人。

领导者在帮助人们转变思维方式时，会采用不同的策略，可能会非常耐心，也可能会非常大胆。无论哪种方式，领导者都需要不断重申悖论的基本假设——从黑白思维转向灰度思维。任何值得采纳的想法都需要不断地被重申。这就是为何带有感恩、自信、坚忍等积极信息的宣传品（比如墙上的标语、钥匙链、手链等）能拥有巨大的市场。同样，领导者需要不断加强悖论的传播。正如齐塔·科布所发现的那样，用具有深远意味的意象——隐喻、故事、诗歌——来进行传播的效果极佳。例如，在第七章中，我们注意到戈尔公司的首席执行官泰瑞·凯莉向她的团队使用了"呼吸"这一比喻。为了活着，我们需要吸气和呼气。同样，为了确保组织的生存，她必须提醒戈尔的领导者们，组织需要回顾过去并展望未来，既要具备全局视野，也不应忽视小团队的力量。组织还需要实现全球化与本地化的平衡。深吸一口气，然后缓缓呼出。

接纳不适感

当我们面对悖论时，往往会产生强烈的情绪。假设涉及我们的理性思维，而情感则涉及我们的直觉反应。直觉往往会驱使我们对相互竞争的需求直接作出反应。悖论会带来不确定性，引发潜在的恐惧和焦虑情绪，从而导致防御心理，引发黑白思维。为了运用悖论思维，我们必须尊重自己内心的恐惧，同时抑制防御心理。我们需要寻找方法，帮助自己在不适中寻找慰藉。当我们进入了良性循环，我们的能量、热情和激情就会涌现出来。

长期以来，企业领导者都认为人们可以在工作中管理情绪，从而专注于理性认知。现在，我们都知道现实并非如此。伟大的领导者并不会假定人们可以否认或压抑自己的情绪，而会创造某种环境，帮助人们意识到自身情绪反应，接纳自身的脆弱。

2009年波尔曼接任联合利华首席执行官时，公司士气正处于历史最低点。公司专注于削减成本，并且流失了数十万名员工，这无疑给每个人都带来了情绪上的压力。在这种压力下，波尔曼为了推行联合利华可持续行动计划的许多举措都遭受了重重阻力。正如前文所述，波尔曼早期停止向投资者提供季报的决定在市场上引起了轰动。一些股东愤而离开了公司。与此同时，董事会成员认为，对环境、社会和管理目标的承诺使公司过度暴露于风险之中。尽管有大量的例子和可靠的研究证明他们的观点是错误的，但董事会仍然反对这些举措。

波尔曼深信，随着时间的推移，当员工们看到联合利华对全球的影响，并将自己的个人目标与公司的崇高目标紧密相连时，公司对更高目标的承诺将释放出积极的能量。然而，他明白，他需要迅速展现出成果。因此，他立即采取了措施来扭转局面，比如削减非增值成本，同时大力投资关键业务。这些举措在早期取得了成功，为组织内部注入了一些信心。他还在哈佛商学院为100名高层领导组织了为期一周的高管培训项目。该项目由美敦力公司前首席执行官、《真诚领导力》一书的作者比尔·乔治等教师专家推动。这一周培训的核心是请领导人深入反思自己所面临的挑战和恐惧，以及自己的期望和激情所在。通过培训，他们能够清楚地阐释自己生命中的关键时刻是如何造就了现在的自己。为了加强联系和凝聚力，领导者们互相分享了这些重要的时刻。波尔曼以身作则，率先分享了自己的脆弱时刻，包括目睹父亲为了让孩子们过上更好的生活同时打两份工，与八位盲人共同攀登乞力马扎罗山，以及在孟买遭遇恐怖袭击等。通过真诚的分享，他鼓励大家敞开心扉。

其他领导者也采取了一些措施来解决因悖论而产生的不适。领导者本来就是感性的。驾驭悖论会增加情感强度。我们曾与一些领导者合作，他们通过冥想、瑜伽或每周的心理治疗来觉察和管理自己的情绪。一些领导者将正念培训引入组织，为大家提供支持。还有一些领导者为更广泛地表达和尊重情绪创造了机会。与我们合作的一位领导者面临着其高层管理团队成员之间的持续冲突，她认识到恐惧是防御和冲突的核心。在一次会议上，她邀请所有高层领导进行反思，并在纸上写下他们最大的恐惧。她给了他们一些时间思考，因为我们中的许多人都需要停顿一下，以挖掘出我们的不适、焦虑和愤怒背后更深层次的恐惧。然后，她请大家悉心思考，如果不解决这些矛盾的张力，可能会发生什么。为了鼓励大家袒露心扉，分享自己的反思成果，她自己也开始这样做。这一经历加深了高层领导之间的联系，也加深了他们对彼此的理解。即使冲突和对立观点仍然存在，这个高层团队中的领导者们也能够更加坦诚地倾听彼此的意见，并以更有成效的方式应对冲突。

领导团队是一项情感挑战，而悖论的存在加剧了这一挑战。如果你正在领导一个组织，你现在可能需要思考如何管理自己的情绪，并为他人创造机会来管理他们的情绪。如何才能尊重自己和他人的恐惧，从而控制这些恐惧，而不是被恐惧控制？如何激发自己和他人的激情，从而为自己和员工加油鼓劲？虽然一开始，人们总会将情绪视为小病小痛不予理会，但若等久病成疾，也就无药可医了。伟大的领导者会将情绪导向积极的结果，而不是等着收拾更大的烂摊子。

培养管理冲突的技能

驾驭悖论的一个主要挑战在于如何有效地管理冲突。拥有悖论思维的领导者会尊重并接受冲突的存在。20世纪20年代，管理学先驱玛丽·帕克·福莱特（Mary Parker Follett）曾写道："我希望你们能……将'冲突'视为中性词……它并非象征着战争，而是差异的表象，可能是不同的意见和利益……既然世界上存在冲突——差异，既然我们无法避免，那么我认为，我们不如学会妥善利用。"

想想当会议上剑拔弩张，现场会发生什么？人们会将矛盾点出来，还是掩盖矛盾？他们是选边站队，选择一种方案并为其辩护，还是尊重其他观点，努力倾听、学习并重视每一方独特而又相互交织的观点？

有效地处理因矛盾而产生的冲突是一种技能，通常需要示范和传授。波尔曼告诉我们，他乐意接纳冲突。事实上，他知道联合利华可持续行动计划的多方利益相关者和复杂性本质上必然会创造冲突，如果高管们没有向他汇报冲突的存在，他就会主动要求创造冲突。国家教师发展和多样性中心的首席执行官凯瑞·安·洛基摩尔在她的组织中更进了一步。她邀请培训师向整个高层领导团队传授处理有效冲突的技巧，这些技巧有助于在不引起防御反应的情况下表达不同观点。在她的高级团队中，处理有效冲突的能力成为一项必备技能。同样，网飞的首席执行官里德·哈斯廷斯也十分重视建设性批评和公开辩论。他在《不拘一格：网飞的自由与责任工作法》一书中强调，营造一个既开放又有争议的环境必须有明确的目的。从新员工入职培训到年度绩效评估，再到领导力发展计划，雇主不仅需要认识到冲突的价值，还要了解如何促进学习和合作。

为员工提供个性化悖论

解决别人的问题比解决自己的问题要容易得多。悖论也是如此。我们很容易就能看穿别人的紧张情绪，但当我们站在舞台中央，面对四面八方审视的目光，就很难做到了。置身事外可能是有益的。保持一定的距离，我们也许能够给处于冲突中的人提供一些明智的建议，但我们也可能充当狙击手，站在我们偏向的一方狙击冲突的另一方。在组织中，远离高层领导挑战的员工可能会有好的想法与大家分享，也可能会提出片面的质疑。悖论无处不在。将悖论个性化——帮助员工探索个人矛盾与组织冲突——可以培养他们的悖论心态和悖论意识。

波尔曼试图将联合利华可持续行动计划当中的悖论与每个员工的个人挑战联系起来。为此，他采用了拉里·博西迪和拉姆·查兰两位作者在《执行》一书中描述的方法。波尔曼要求17万名公司全体员工写下自己的目标——三个与公司战略相关的业务目标和一个个人目标。这样做提醒了员工公司的更高目标，并帮助他们认识到，他们在自己的工作中经历着与公司高层领导同样的竞争要求。

领导团队浏览了一部分样本，了解了员工的目标，并从中挑选了一些，直接联系了他们，就这些目标进行了深入交流。在某些情况下，领导会赞扬员工的抱负和参与度。在另一些情况下，他们会要求员工提供更多的意见，甚至要求他们实现更有吸引力的目标。对于员工来说，这种做法会使他们与高层领导一起进入竞技场。

越来越多的领导者主动联系我们，希望给员工提供驾驭悖论方面的培训。他们的目标相当一致：帮助个人发展自己的悖论思维，同时培养组织对悖论的共同话语和理解。我们已经参与了几种不同的培训。例如，我们最近与一位新任首席执行官合作。他试图带领一家拥有百年历史的风险管理公司扭亏为盈，并且他知道自己很快就会需要领导团队来帮助他一同驾驭悖论。我（温迪）与同事乔什·凯勒教授共同协助他和公司亚洲区的150名领导。首席执行官提出了一个经过深思熟虑的方案，经由我们实施，用一个最初的主题演讲来促进开放性思维。作为准备工作，我们对所有领导者进行了悖论心态调查（量表见附录），以便我们以散点图的形式展示数据，展示不同领导者和不同地区团队之间的差异。随后，我们组织了个人和小组讨论，深入探讨了灰度思维的工具。然而，重点是，领导者不能仅仅评估悖论心态，而是要真正建立起一种文化，让人们在工作中勇于面对悖论。

当你思考自己的组织所面临的境况时，我们希望你能回到自己的竞争性需求和自己设定的边界。哪些竞争性需求对组织来说至关重要？组织成员是否了解悖论？怎样才能鼓励他们接纳创造性张力？领导者设定的情境和邀请员工参与的方式，使员工能够齐心协力，确保他们的组织反映出一个悖论系统。

悖论：保持自信与谦逊

我们想鼓励各位——作为组织领导者和个体——在你们的组织和生活中建立一个悖论系统，并在此过程中保持大胆和自信，但也要保持谦逊和慈悲。作为能够运用灰度思维的思考者，我们必须意识到结束标志着新的开始。祝愿你们在拥抱创造性张力的过程中取得成功，也希望你们能在各自的旅程中有所收获并茁壮成长。在此，我们想引用一段我们都非常喜欢的话。玛丽·C.莫里森经常提醒我们，悖论能够帮助我们解决自身面临的最大挑战：

> 我们身陷矛盾的旋涡，却茫然不知如何应对：法律与自由、贫穷与富有、左与右、爱与恨——矛盾似乎层出不穷，而悖论就在其中生根发芽、蓬勃发展。它是一种艺术，擅长在矛盾的对立面之间寻找平衡，既不会让它们相互抵消，又能让我们在矛盾中找到新的火花。悖论审视着我们绝望的黑白选择，并告诉我们，真正的答案其实在于兼而有之——生命比任何概念都要伟大，如果我们允许，它就能包容我们生活中的一切困苦与挑战。

| 附录 |

悖论心态量表

我们的工作世界充斥着各种不同的需求，这些需求往往相互冲突。我们必须采用富有创造力的方法及时解决问题，既要有计划性又要有灵活性，既要学习新的技能也要利用好当前的能力，既要全力以赴做好本职工作也要乐于助人。其实，能否在事业上取得成就取决于我们如何理解与应对竞争性需求。悖论心态量表可以帮助我们评估自己在多大程度上达成了这一目标。

在你开始使用这份量表之前，想想自己曾面对的竞争性需求。请一边思考，一边阅读表 A–1 中的陈述，并衡量自身情况是否符合陈述。

这份量表能帮助你评估自身处理竞争性需求的水平。量表分为两个部分：第一部分是你所感知的张力；第二部分则是你在应对冲突时的心态。

张力感知

得分：请计算第 1 至第 7 项所有得分的平均值，作为你的得分

平均分：白领的平均得分为 4.38 分

对张力的感知不但因人而异，而且因事而异。在我们的研究中，我们发现人们在以下环境中会体验到更多张力：(1) 变化更多的环境——当未来更快来到；(2) 更稀缺的环境——当我们不得不分配有限的资源；(3) 更多元的环境——当我们面对更多不同的观点。如果你的得分很高，那么你可能会比那些得分相对更低的人面临更多的竞争性需求。研究进一步表明，即使在稳定的环境中，有些人对张力的敏感度也更高。如果你在本量表中得分很高，你可能会敏锐地意识到周遭的竞争性需求，甚至会主动找出这些竞争性需求。如果你的得分较低，你也可能只是忽略或者回避了竞争性需求。

悖论心态

得分：请计算第 8 至第 16 项所有得分的平均值，作为你的得分

平均分：白领的平均得分为 4.9 分

人们会采取不同的方法来应对相互竞争的需求。如果你的得分较低，那么你更倾向于采用二元法，将竞争性需求视为左右权衡和两难抉择，这意味着你所采用的是黑白思维。如果你的得分较高，那么你更倾向于采用悖论心态，并运用灰度思维。你认为相互竞争

悖论心态量表

表 A-1

	非常不同意	不同意	有些不同意	中立	有些同意	同意	非常同意
张力感知							
1. 有时我的脑海中会同时浮现两个看似矛盾的想法。	1	2	3	4	5	6	7
2. 我经常需要同时解决相互矛盾的需求。	1	2	3	4	5	6	7
3. 我的目标常常相互矛盾。	1	2	3	4	5	6	7
4. 我经常需要表达到相互矛盾的要求。	1	2	3	4	5	6	7
5. 我的工作充满了矛盾和冲突。	1	2	3	4	5	6	7
6. 我经常需要在对立的选项中作出选择。	1	2	3	4	5	6	7
7. 当我试图解决一个问题时,解决方案通常看起来是相互矛盾的。	1	2	3	4	5	6	7
悖论心态							
8. 当我通过相互矛盾的视角看待问题时,我就对其有了更好的理解。	1	2	3	4	5	6	7
9. 我能够自如地同时处理相互冲突的需求。	1	2	3	4	5	6	7
10. 与矛盾共存是我成功的关键。	1	2	3	4	5	6	7
11. 不同观点之间的冲突会给我带来能量。	1	2	3	4	5	6	7
12. 我很享受追寻相互矛盾的目标。	1	2	3	4	5	6	7
13. 我时常感受到自己正在同时体验相互冲突的需求。	1	2	3	4	5	6	7
14. 我能胜任相互矛盾的任务。	1	2	3	4	5	6	7
15. 当我意识到两个对立观点都可能是真理时,我感到很振奋。	1	2	3	4	5	6	7
16. 当我设法解决相互矛盾的问题时,我感到精力充沛。	1	2	3	4	5	6	7

的需求不仅相互矛盾,也相互依赖——是同一枚硬币的两面。并且通过提出"我怎样才能两者兼顾?"的问题,想方设法满足两种需求。你可能会实现某种创造性的整合,也可能在不同的需求之间始终保持不一致,频繁地转移注意力和资源。

驾驭悖论的四个区域

我们的研究表明,你在冲突中成长的能力取决于你是否能够感知其中的张力,以及你如何应对冲突(见图A-1)。其中的每一个因素——你对张力的感知和处理方式——都可以通过提高认知和训练,或者更换环境来进行改变。这两个因素的相互作用决定了你能否成功驾驭悖论(见图A-1)。让我们思考以下四种可能的结果,看看图中的四个区域。

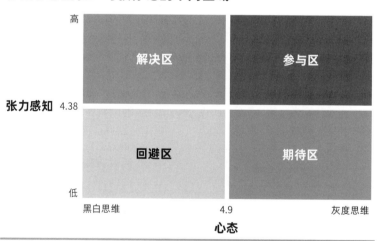

图 A-1

参与区：如果你的得分位于参与区，那么你往往会体验到更多的张力，更易接受并适应困境之中的潜在悖论。你会意识到这些悖论相互矛盾、相互依存，并且将持续存在。你也明白悖论永远无法解决，但仍然试图以一种富有成效的方式与它们打交道。你通常重视对立力量如何相互依存、相互促进。参与区可能充满挑战，颇具不确定性，并且让人恐惧，但同时也难以置信地能令人充满活力和动力。我们的研究表明，当人们采用灰度思维来驾驭悖论时，他们会表现得最好，最具创新能力，对自己的工作也最满意。

解决区：如果你的得分落在解决区，那么你在大多数情况下会想要解决冲突。你会权衡各种方案的利与弊，审时度势，而后作出正确的选择。你能够注意到关键的矛盾点，但总是想要作出结论。这种黑白思维往往能够促使问题得到解决，但如果仅仅在备选方案中选择其一，你可能会错失更具创造力、更有成效且更综合的方法。此外，当人们在备选方案中做出选择时，关键的矛盾和问题往往会再次浮出水面。我们的研究表明，当人们试图用黑白思维快速解决矛盾时，他们的创新能力和对工作的满意度都会降低。将冲突视为同时接触对立面的机会，就能得到更具创造力和可持续性的解决方案。

期待区：如果你的得分落在期待区，那么你可能已经做好了运用灰度思维的准备，但你所处的环境中冲突较少，或者你很少感知到这些冲突。然而，条件和感知是可以改变的。你所处的环境可能会发生变化，给你带来更大的时间压力、更少的经济资源，以及更多不同的观点——这一切都可能使你感知到更多张力。你可能会发现有些冲突一直存在，过去却被你忽视了。当你陷入矛盾与冲突，你就能从灰度思维中获益。你能积极寻找矛盾，并且寻找机会同时考虑对立的需求和想法，从而变得更有创造精神和创新意识。

回避区：如果你的得分属于回避区，你可能会回避冲突并希望解决它们。你可能会体验到有限的张力。我们发现，如果你在大多数情况下采用黑白思维，那么你在压力较小的情况下会表现得更好。但是，如果环境发生变化，你面临更大的时间压力、更少的经济资源和更多不同的观点，那么你很可能会把这些问题视为亟待解决的困境，而非机遇。这样一来，你的绩效、创新能力和满意度都会降低。你可以通过积极感知张力，并将其重新定义为与对立力量接触的机会，从而变得更有创造精神和创新意识。

人们可能最初会落在其中某个区域，但也可以学习和改变。首先，我们可以增强悖论意识，并学会适应悖论。我们可以积极感知张力，并且让其发挥更大的创造力。我们也可以学习在驾驭悖论时采用灰度思维。而有效学习这些方法的第一步就是了解我们的初衷。

致 谢

本书的写作过程在很多方面都与悖论相关。在这一过程中，我们所感知和应对的张力帮助我们开阔思路、寻找机遇。我们想要对所有在这段旅程中给予我们力量的人致以最诚挚的感谢。令人感到矛盾的是，在这份致谢当中，我们知道可能在无意间遗漏了一些人，为此我们深表歉意，并且我们希望能单独向您致以谢意。

个人的创造力源于集体的互动。虽然这本书的封面上只有我们俩的名字，但书中的想法是在许多人的启发和帮助下产生的。在过去的二十五年里，我们的学术导师和同事都在我们深入研究悖论的过程中提供了帮助。能够成为如此包容且富有创造力的学者团体的一员，我们心怀感激。我们俩的职业生涯都是在导师的鼓励下开始的，导师鼓励我们发表看似有些离经叛道的论文。在此，我们想感谢迈克尔·图什曼、艾米·埃德蒙森、埃伦·兰格、理查德·希克曼、安迪·格里姆斯和基斯·普罗文给予的指导。我们站在了巨人的肩膀上进行悖论研究，他们早在我们之前就开始拓展人们对悖论的认知。我们曾经与许多出色的学者进行探讨，讨论过程十分热烈，产生了很多宝贵的观点，对此，我们记忆犹新。这些学者包括珍·巴图耐克、迈克尔·比尔、大卫·伯格、金·卡梅伦、斯图尔特·克莱格、凯西·艾森哈特、查尔斯·汉普顿-特纳、查尔斯·汉迪、巴里·约翰逊、安·兰利、琳达·普特南、鲍勃·奎恩、肯温·史密斯、汤姆·彼得斯和拉斯·文斯。当我们还在酝酿观点时，保拉·加扎科维斯基就已经认识到了在全球范围内研究悖论的力量。在她的帮助下，我们于2010年在欧洲组织研究学会召集了我们的第一个分会。这个分会汇聚了国际上的学者——这个群体还在不断壮大，我们通过这个群体建立了重要的联系，加强了我们的研究。

我们也非常感谢我们的众多合作者——科斯塔斯·安德里奥波洛斯、丽贝卡·贝德纳雷克、玛丽亚·贝沙洛夫、肯·博耶尔、戈登·德勒、曼托·戈齐、艾米·英格拉姆、乔什·凯勒、洛特·吕舍尔、埃拉·米隆·斯佩克托、米格尔·皮纳·库尼亚、塞巴斯蒂安·莱施、乔纳森·沙德、马修·希普、纳塔莉·斯拉温斯基、沙米·桑达拉穆尔蒂、康妮·范·德尔·拜尔和安·威尔士。我们一同推动了悖论研究，并且使研究过程充满了乐趣。我们也重视那些在自己的研究中提出这些想法的人，同时鼓励这个全球化的群体蓬勃发展。我们与许多了不起的学者建立了联系并向他们学习，其中包括伊娜·奥斯特、马可·贝尔蒂、西蒙·卡尔米内、盖尔·费尔赫斯特、梅德哈内·盖姆、安吉拉·格列柯、托比亚斯·哈恩、凯特琳·海切尔、迈克尔·贾勒特、埃里克·奈特、马克·考茨贝格、简·勒、瓦莱丽·米肖德、沃尼·庞菲勒、卡米尔·普拉蒂、斯蒂芬妮·施拉格、格里玛·沙玛、哈拉尔德·图克曼和罗伯特·怀特等。我

致谢

们还想为我们的年轻一代谢伊·卡尔马茨喝彩,他在如此稚嫩的年纪就成为一位悖论思想家。

一路走来,还有很多同事给予我们支持,给我们提供宝贵的建议、见解和反馈,与我们建立了深厚的友谊。我们通过我们的家庭和访问机构与这些同事建立了联系,这些机构包括特拉华大学勒纳商学院、辛辛那提大学林德纳商学院、贝叶斯商学院、哈佛商学院、剑桥大学和新里斯本大学商业经济学院。我们想要向这些机构内的许多人,以及其他给予支持的人致以感谢,尤其是安迪·宾斯、多莉·丘格、阿曼达·考恩、沙萨·多布罗、劳拉·恩普森、艾丽卡·阿里尔·福克斯、詹妮弗·戈德曼-韦茨勒、亚当·格兰特、伊莱恩·霍伦斯贝、约翰娜·伊尔菲尔德、亚当·克莱因鲍姆、苏珊娜·马斯特森、珍妮弗·派崔列、托尼·西拉德、乔·西尔维斯特、斯科特·索南沙因、尼尔·斯托特、保罗·特蕾西和BJ.齐格。

撰写这本书是一项挑战,也带来了诸多乐趣。我(玛丽安)非常感谢富布赖特项目,这个项目为我提供了时间和空间来开展我的研究并撰写这本书。那次学术休假让我在商业、学术和职业生涯中面临更大的压力,也带来了巨大的意外收获。

在撰写这本书的关键时刻,我(温迪)得到了特拉华大学女性领导力倡议团队的帮助,团队成员包括阿曼达·布洛、伊丽莎白·卡利奥、林恩·埃文斯和艾米·斯坦格尔。你们让我意识到这个世界充满了悖论,同时也让我认识到与大家一同驾驭悖论是多么有趣。我还要感谢在女性领导力论坛上我的主持搭档芭芭拉·罗奇,她曾在深夜给我打气,给我提供非正式指导,帮助我完成了这本书。我还要感谢我在国家教师多样性和发展中心的团队成员——莫里斯·史蒂文斯、克里斯·德梅特里和乔西·约翰斯顿，以及杰出教练雷纳·塞尔泽。在这些同事的帮助下，我得以有充足的时间和空间来撰写这本书。最后，我非常荣幸地结交了来自波士顿、艾里山、以色列和耶鲁大学的朋友。他们与我保持定期联络，建立了长期的友谊关系，给我提供了支持与动力。

这本书融汇了许多人的学术观点和现实经验。为此，我们要感谢那些熟练地驾驭持续存在的悖论的领导者，感谢他们花时间与我们分享他们的经验和方法。在此，我们要感谢齐塔·科布、史蒂芬·科斯格罗、杰里米·霍肯斯坦、巴里·约翰逊、泰瑞·凯莉、珍妮特·佩纳、保罗·波尔曼和凯瑞·安·洛基摩尔。我们撰写这本书的原因之一就是与世界各地的读者分享这些鼓舞人心的故事。我们希望自己客观地描绘了他们在运用悖论思维领导组织的过程中所体现的勇气与智慧。我们还要感谢其他的领导者，包括迈克尔·切托克、戴安娜·艾什勒曼、杰森·菲尔德、杰森·福克斯、塔米·甘克、斯泰利奥斯·哈吉-约安努、弗农·希尔斯、黛安·霍金斯、钱德拉·欧文、杰克·雅各布斯、穆泰康、马文·科洛兹克、苏珊·基尔斯比尔、尼科斯·默克基安尼斯、杰夫·希伯莱特、迪克·索恩伯勒、麦克·乌尔曼、马特·厄特巴克、马蒂·维克斯特罗姆和南希·齐默菲尔。感谢他们帮助我们更好地理解灰度思维。

只有与大众分享，想法才具有价值。为此，我们想对优秀的出版工作者致以敬意，是他们帮助本书问世。在我们开始与莱拉·坎波利合作的那一刻，我们就知道我们的梦想即将成真。莱拉有丰富的出版经验，非常了解出版业。她很快就领会了我们对本书的期许。在出版的过程中，她帮助我们逐步实现愿望。当凯文·埃弗斯

| 致 谢 |

开始担任我们的编辑时,我们意识到,或许我们的梦想比想象中更远大。凯文给我们提供了重要的支持,并且在此过程中不断提出问题,帮助我们打磨作品。他十分认同我们的核心观点,并且鼓励我们将作品打造得更明晰、更有力、更简洁。莱拉和凯文,你们是最强拍档。感谢你们!

此外,我们还要感谢哈佛商业评论出版社的团队,他们在本书成型的各个流程,包括设计、审稿、出版、营销和宣传等方面,都有过人的能力。我们一同将这本书精雕细琢,最终问世。人生有形,不离阴阳。我们的家庭为我们提供了坚实的后盾,使我们能够安心实现自己的知识追求,而我们的个人成长为我们的职业成就提供了动力。

我(温蒂)想感谢我的引路人——我的父母朱厄尔·史密斯和拉里·史密斯。他们用自身的奉献精神和超凡毅力为我树立了榜样。他们接纳我的全部,并且推动我进步。你们在为我骄傲的同时,激励我不断成长、学习和实现自我。我的婆婆罗达·波斯纳·普鲁斯也一直对我的工作充满好奇。感谢您给我发电子邮件,与我分享您对灰度思维的看法,并且细心地帮助我修改书稿。我会永远感激我的姐姐希瑟·马丁,她既务实又乐观,还有令人羡慕的幽默感。我很庆幸能在我们每天(甚至一天多次!)交谈的过程中体验到这一切。我也惊叹于自己每天都能从我的孩子雅艾尔、乔纳和阿里身上学到很多东西。你们三个不断地指出你们在世界上看到的灰色地带,并且在你们自己的想法、行动和人际关系中展现了灰度思维的创造力。我知道,如果世界上的每个人都能运用悖论思维,这个世界将变得更加美好。最后,迈克尔,感谢你成为我的另一半。阴阳和合，天清地宁，是你帮助我重新审视这个世界，也让我成为更好的自己。你坚定不移地相信这部作品，相信我，相信一切皆有可能，你每天都在给予我力量。

我（玛丽安）得到了无条件的爱和支持。他们让我明白，秉持高标准并且拥有坚定的价值观会带来无穷的力量。金，以及我的孩子们——杰森、萨姆森和弗兰妮，我对你们的爱无法用言语表达。你们给予我无限能量。如果没有你们的鼓励和耐心，这本书和其中的研究都无法实现，我的领导才能也无法施展。此外，我爱我的父母史蒂夫·惠尔赖特和玛格丽特·惠尔赖特，以及我的兄弟姐妹琳达·布朗、克里斯蒂·泰勒、马特·惠尔赖特和斯宾塞·惠尔赖特。在我们培养下一代时——卫斯理、赛勒斯等，我每天都在向你们学习，我很感谢你们的激励。我还要特别感谢我的父亲，也是我最敬重的导师，感谢您为我树立了榜样。作为思想领袖，学术领军人，最重要的是，家庭领导者，您教会了我爱与自律，自信和谦卑，计划和创新，也教会了我平衡个人生活和专业发展。

最后，我们要感谢广大读者。你们是在生活中驾驭悖论的实践者，能够将这本书的想法变为现实。我们希望大家都能够参与其中，从而创造一个更可持续、更具创造力且更繁荣的世界。